高职高专旅游类专业精品教材

酒店管理实务

主编 王颖凌 / 副主编 连丽娟 刘亢

清华大学出版社
北京

内容简介

本书以就业为导向，紧密围绕我国高职高专新型人才的培养目标和现代酒店业人才的实际需求，按照“原理先行、实务跟进、案例同步”的原则，全面介绍酒店的基本概况和业务知识，共5个项目16个模块，主要内容包括：酒店概述、酒店从业者的职业认知与职业素养、酒店主要接待部门管理（前厅部、客房部、餐饮部、康乐部）、酒店服务与酒店服务质量管理、酒店职能部门管理（人力资源管理、财务管理、安全管理、营销管理）。

本书内容简明、设计新颖、案例丰富，融可读性、通俗性、实用性于一体，适合高职高专酒店管理、旅游管理、国际邮轮乘务管理等专业学生作为教材使用，也可供相关行业人员学习、培训使用。

图书在版编目（CIP）数据

酒店管理实务/王颖凌主编. —北京：清华大学出版社，2018（2022.8重印）
（高职高专旅游类专业精品教材）
ISBN 978-7-302-48971-9

Ⅰ. ①酒… Ⅱ. ①王… Ⅲ. ①饭店—商业企业管理—高等职业教育—教材 Ⅳ. ①F719.2

中国版本图书馆CIP数据核字(2017)第294165号

责任编辑：吴梦佳
封面设计：傅瑞学
责任校对：赵琳爽
责任印制：朱雨萌

出版发行：清华大学出版社
网　　址：http://www.tup.com.cn，http://www.wqbook.com
地　　址：北京清华大学学研大厦A座　　**邮　　编**：100084
社 总 机：010-83470000　　**邮　　购**：010-62786544
投稿与读者服务：010-62776969，c-service@tup.tsinghua.edu.cn
质量反馈：010-62772015，zhiliang@tup.tsinghua.edu.cn
课件下载：http://www.tup.com.cn，010-62770175-4278
印 装 者：三河市君旺印务有限公司
经　　销：全国新华书店
开　　本：185mm×260mm　　**印　　张**：14.25　　**字　　数**：325千字
版　　次：2018年2月第1版　　**印　　次**：2022年8月第6次印刷
定　　价：38.50元

产品编号：076326-01

前言

FOREWORD

世界旅游经济高速发展，中国逐步由旅游资源大国向旅游强国转变，旅游业成为国民经济新的增长点。酒店作为旅游业中最为重要的组成部分，在就业、经济发展、旅游商贸往来中发挥着举足轻重的作用。旅游业的迅速发展带来机遇的同时，也带来了挑战，国际大型酒店集团纷纷进驻我国市场，给国内酒店带来一定的冲击。这些国际大型酒店集团在经营管理、人力资源、信息与市场方面具有较强的优势，因此，面对激烈的市场竞争，转变经营管理方式、培养现代酒店业高素质和高技能型人才，成为增强酒店核心竞争力的关键。

本书在编写时，既参考了多年从事酒店教学的专家学者的意见，也调研了多家合作酒店，采纳了有丰富从业经验的酒店行业人士的建议，将理论与实践结合，呈现以下特色。

(1) 以“基本”和“前沿”为原则。本书作为酒店基础教材，在内容上既包括酒店管理的基础知识，又涵盖酒店主要的对客接待部门和职能管理部门的业务知识，可让学生全面掌握酒店基本情况。此外，由于编写团队所在学校地处海南三亚，与众多国际高端品牌酒店合作，能及时掌握酒店行业最新信息，力求做到编写内容实用、新颖，紧跟行业发展前沿。

(2) 在结构上以“项目”和“模块”取代传统的“章”和“节”。在内容上划分为酒店概述、酒店从业者的职业认知与职业素养、酒店主要接待部门管理、酒店服务与服务质量管理、酒店职能部门管理五个项目。项目和模块后，配有针对性的“教学案例”，有提问、有分析，并设置“相关链接”，使全书特色突出、有吸引力。

(3) 注重职业能力培养。为提高学生的职业素养，本书创新性地单独设立“酒店从业者的职业认知与职业素养”项目，根据编者多年从教经验和学生在酒店行业的发展情况分析，要在酒店行业取得成绩，职业素养是核心要素。认同酒店行业，具备酒店从业者的职业意识和职业素养是从事酒店业的关键。否则，纵然是优秀的人才，最终也无法留在酒店行业。

(4) 强化服务质量管理。现代酒店业的竞争，已不仅限于硬件设施设备的档次的竞争，更重要的是提供卓越的服务达到甚至超越客人的期望。因此，本书独立设置“酒店服务与酒店服务质量管理”项目，对服务质量的知识与技能进行强化。

本书由王颖凌任主编并统稿，连丽娟、刘亢任副主编，三亚航空旅游职业学院酒店教学团队共同编写完成。作者分工：项目一，项目三中的模块一和模块二，项目五中的模块四由王颖凌编写；项目四，项目五中的模块一由连丽娟编写；项目二，项目五中的模块三由何进武编写；项目五中的模块二由刘亢编写；项目三中的模块三（工作任务一、三、四、五）、模块四由杨晓梅编写；项目三中的模块三（工作任务二）由侯萍编写；连丽娟负责本书课件的制作。

本书在编写过程中得到金茂三亚丽思-卡尔顿酒店、三亚亚龙湾瑞吉度假酒店、三亚海棠湾喜来登度假酒店、三亚美高梅度假酒店的大力支持，在此表示感谢！

为方便教学，本书配有辅助教学资源，包括 PPT 和复习思考题参考答案。使用本书的教师，可以登录清华大学出版社网站（http://www.tup.tsinghua.edu.cn/index.html）免费下载使用。

由于参编教师的知识和经历有限，书中难免有不足之处，敬请读者批评指正。

编　者

2017 年 5 月 12 日

酒店管理实务

目录

CONTENTS

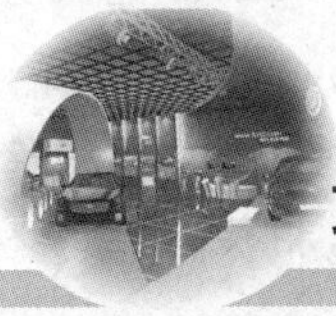

项目一 酒店概述

学习目标

- 掌握酒店的概念、性质和业务功能。
- 熟悉酒店的分类和等级评定。
- 理解酒店的计划管理、组织结构和管理制度。
- 了解酒店的历史沿革和现代酒店的发展趋势。

引例

“刷脸”自助办理酒店入住　厦门上线国内首个“酒店智慧前台”

读取身份证→将脸部对准摄像头“刷脸”快速完成身份识别→自助选房→用手机扫码移动支付，来厦门旅游的万先生1月30日在厦门希阁酒店大堂内，在一台类似ATM机大小的“智慧前台”前，全程自助完成了酒店入住办理流程。细心的他特意看了一眼手表，“只用了九十秒”。

这是由厦门信息集团研发的中国首个应用到酒店的自助入住智能化系统——“酒店智慧前台”，这是一款集合了酒店管理系统、第三方在线订房系统、支付、开卡、人证合一智能认证、入住信息实时上传和发票管理为一体的智能终端。经过此前的试运行，这一系统在厦门多家酒店上线正式使用。

厦门是中国著名旅游城市之一，2016年接待游客数量达6700多万人次，未来可能还将呈现上升趋势。研发这一技术的项目负责人陈女士表示，希望借由此系统，进一步改善游客在厦门的旅游体验，利用互联网技术让厦门这座城市更智能。

陈女士介绍，厦门是公安部居民身份证网上认证应用首批试点城市之一，“酒店智慧前台”就是身份证网上认证技术的实践运用。通过这一系统，客人在网上预订酒店后，到达酒店时只要在自助机上刷一下身份证、完成人脸识别就可自助办理入住登记、选房、取房卡以及住宿结束后退房、退房卡、开具发票等功能。运用这一系统后，对酒店而言，可以让人工智能代替酒店员工完成烦琐的验证、查房、选房工作，最终可实现无人值守，提高运营效率、节省人工成本；对于住客而言，到店无须排队等候，更加便捷、安全、自由和私密。在安全性方面，因为全程由客人本人操作，客人入住信息实时在线加密上传，相较以往的人工办理，“酒店智慧前台”更有利于保障客人身份信息的安全。

资料来源：唐云云.“刷脸”自助办理酒店入住　厦门上线国内首个“酒店智慧前台”[EB/OL].[2017-03-30]. http://www.chinanews.com/cj/2017/03－30/8187845.shtml.

模块一　酒店的内涵和功能

任务导入

开展班级讨论，同学们一起分享曾经入住酒店、宾馆的经历和感受。

工作任务一　酒店的内涵

酒店原指贵族在乡间招待客人的别墅，是贵族、名流聚集的地方，后来许多欧美国家沿用这一名称来指代商业性的住宿接待设施。酒店的称谓很多，我国有酒店、宾馆、度假村等，英语名称中有 Hotel、Inn、Guesthouse 等。随着酒店业的不断发展，现代酒店除了为客人提供基本的住宿和餐饮服务外，还提供娱乐、商务、购物等多种服务，满足不同类型客人的需要。

一、酒店的概念

酒店是以一定的建筑设施为基础，能够接待客人，为客人提供住宿、餐饮、娱乐、购物及其他服务的综合性服务企业。酒店作为企业，经政府主管部门批准，有固定的名称和经营场所，独立经营、独立核算、自负盈亏，是具有法人资格的经济组织。

从上述定义可以看出，作为酒店应具备以下四个条件。

(1) 酒店应具备一定的房屋建筑、设施设备及用品，作为酒店提供服务的首要条件。

(2) 能满足客人在住宿、餐饮等方面的需求，各部门分工明确，各司其职，员工都经过严格的岗前培训。

(3) 酒店的服务对象是公众，除了外地旅游者，也包括其他普通消费者和本地居民。

(4) 酒店是以营利为目的的商业性服务企业。

二、酒店产品的特点

（一）酒店产品的无形性

酒店生产的大部分产品都是无形的服务，客人购买酒店产品，主要购买的是服务，是对酒店产品的一种体验。由于产品的无形性，使酒店无法向客人描述和展示产品，客人也无法在购买前进行检验或试用，无法对酒店产品的质量和价值作出准确判断。因此，客人在选择酒店时，一般会根据已有的信息作出判断。因此，酒店必须树立良好的声誉和品牌形象。

（二）酒店产品的不可存储性

酒店产品无法像实体产品一样进行存储，当客人购买并在现场消费时，酒店产品才会产生价值。例如酒店的客房商品，当天未出租，就意味着价值没有实现，即使第二天出租，也无法弥补第一天的损失，不像一般商品那样，一时无法售出，可以存储供以后再销售。因此酒店要实现收益，就要尽量避免客房的闲置。

（三）酒店产品的不可移动性

酒店的空间无法移动，这决定了酒店产品具有不可移动性，客人只能在酒店的空间范围内进行消费。所以，酒店在建造时就应根据其市场定位进行合理的选址、布局和设计。

（四）酒店产品的差异性

酒店产品的差异性主要表现为服务的差异性。服务是由酒店员工提供的，同一家酒店的不同员工，甚至是同一名员工，在不同时间、不同场合，面对不同客人所提供的服务存在差异性。同样，不同客人对酒店产品的感受也存在差异。所以，酒店需要对员工进行培训，制定标准化的服务规范。

（五）酒店服务的综合性

酒店应该满足客人多样化的需求，由各个部门共同提供，配合完成。例如，现代旅游要求酒店能满足客人吃、住、行、购、娱、商务等多种服务，所以酒店管理者应加强各部门之间的协调，为客人提供多层次消费的综合性商品。

（六）酒店产品的季节性

受到季节、气候等自然因素以及节假日、各类活动等因素的影响，酒店产品具有比较明显的季节性。旺季，客人人数增加，酒店产品的需求量增加，导致酒店产品价格上涨；淡季，产品需求减少，酒店应采取适当的促销手段，增加产品销售，并利用淡季充裕的时间进行员工培训和酒店设施设备的养护与更新。

工作任务二　酒店的业务功能

随着时代的发展和客人需求的变化，酒店的业务功能逐渐向智能化、特色化发展。按其出现时间的长短，酒店的业务功能分为传统功能和现代功能。

一、酒店的传统功能

酒店的传统功能在酒店出现之初就已经具有，主要包括：住宿功能、餐饮功能、集会功能。

（一）住宿功能

住宿功能是指酒店向客人提供舒适、安全的居住和休息空间。现代酒店区分为不同的档次，为客人提供不同标准和等级的设施与服务。酒店的档次越高，其设施则越豪华，服务也越完善。

（二）餐饮功能

餐饮功能是指酒店为客人提供饮食及相关服务。酒店通常设有不同风格的餐厅和酒吧，提供多样化的美食和饮品，供来自世界各地、具有不同消费习惯的客人选择。

（三）集会功能

集会功能是酒店的传统功能之一。酒店为客人提供集会、交流、信息传播的场所和相关服务。现代酒店的会议设施和功能不断完善，接待能力大大提高，能满足不同层次客人的会议需求。

二、酒店的现代功能

酒店的现代功能随着时代的进步和客人的需求变化而不断发展。现代酒店力求通过完善的设施和服务满足客人的需求，以争取更多的客源。酒店的现代功能主要有以下四种：文化娱乐功能、商务功能、购物功能、交通服务功能。

（一）文化娱乐功能

现代酒店作为文化娱乐交流的重要场所，可以承办各种文化活动，如演出、展览、宣传等，同时为客人提供许多康体设施和娱乐服务，如游泳、健身、水疗、棋牌等，既可以满足客人的需求，也可以拓宽酒店的经营渠道。

（二）商务功能

现代酒店设有商务中心、行政楼层、商务会议室，为客人提供办公、上网、传真、国际长途、复印、翻译等多项商务服务。随着科技的发展,未来酒店的商务功能还将加强,更加智能化、信息化,使商务客人的需求得到极大满足。

(三) 购物功能

酒店根据自身的特点和客源结构,在酒店内设置商铺,销售旅游纪念品、高端消费品,有的酒店还销售日常生活用品,以满足客人的购物需求。

(四) 交通服务功能

现代酒店为方便客人出行,可以为客人预订出租车,提供火车票、飞机票等票务服务。许多大型酒店拥有自己的车队,直接为客人提供用车服务。

随着酒店业的发展,现代酒店的业务功能不断更新,许多酒店力求帮助客人解决遇到的所有困难,不但想客人之所想,而且想客人所未想,为客人提供满意加惊喜的个性化服务。

相关链接

五大国际品牌酒店的"另类生意经"

只有淡季的思想,没有淡季的市场。在中国酒店市场"腾云驾雾"的国际品牌酒店,依靠的不仅是扎实的品牌影响力、细致的运营管理,还有最另类的"生意经"。它们推出1元下午茶,用最低的价格、最美味的甜品、最真诚的服务吸引客人;它们让100分服务变成101分满意。品牌精神固然需要"厚积薄发",然而在这个新媒体时代,只要做得好,"噱头"也可以很完美。

索菲特酒店:用文化巡演传播中法文化

2013年,"音乐与文学"文化巡演活动于5月8日在北京万达索菲特大酒店拉开序幕,并陆续在成都、重庆、广州、澳门、上海等6座城市内的7间酒店进行演出。"我们希望通过这一融汇法国特色与中国元素的文化演出活动,带领索菲特的客人们一同体验来自法国高雅艺术形式的无限魅力。"雅高大中华区索菲特品牌区域市场及传讯总监萧盈盈表示。如今,每个酒店都在努力提升硬件、软件质量,但是如何在众多高端酒店品牌中脱颖而出,则需要在酒店文化上下功夫。索菲特率先意识到了这一点。"所以我们很努力地在索菲特的三大元素——设计、美食、艺术上着力,希望让客人感受独特的法兰西个性。"萧盈盈表示,"我们希望运用独有的法国DNA去更好地演绎法式优雅的经典理念。"

凯宾斯基酒店:1天=25小时

按照国际惯例,客人无论几点钟入住酒店,都要在中午12点钟退房,有时很晚入住,只住了八九个小时,也需要付一整天的房费。凯宾斯基却打破了这一惯例。青岛凯宾斯基酒店推出无限制"25小时计划",在保证客人入住时间达到24小时的基础上,还将退房时间顺延1小时,让客人享受最大的便利。该酒店介绍,这一方案不仅有效避免了客人因不可抗力造成延时退房带来的额外房费支出,而且可以让客人更合理地安排自己的行程;在节约出行费用的同时,享受更人性化、更周到的服务。青岛市旅游局市场处处长范晖认为,在日益激烈的市场竞争中,"25小时"的服务将会为该酒店争抢到更多的客源。

朗廷酒店：1元下午茶

提到朗廷，笔者第一想到的是"1元下午茶"。伦敦朗廷酒店于1865年6月10日成为全球首家供应下午茶的酒店，于是每年6月10日推出"1元下午茶"也成为朗廷酒店的传统。下午茶包含精致蛋糕、迷你点心、新鲜果酱、手指三明治以及其他精美点心，配以顶级茗茶德国罗纳菲特。据悉，每家酒店每年提供的茶点都有所不同。深圳东海朗廷酒店德籍总经理伊思文表示，朗廷英式下午茶如今已经成为一道风景线，不少绅士、淑女慕名前来品尝。"不少人是喝了下午茶，才认识了朗廷，由此把朗廷作为他们生活方式的一部分。"

喜来登酒店：付费参观

具有"月亮酒店""马桶圈酒店"之称的湖州喜来登温泉度假酒店，提供88元/位的付费参观酒店服务，一方面控制慕名而来的旅游参观者，一方面提高酒店的小收入。"来参观旅游的人还是蛮多的，这个一开始我们也没有想到。就目前的情况来看，参观门票费平均一天有两千多元。"湖州喜来登温泉度假酒店市场传讯部总监Eric表示。付费参观曾经是迪拜"七星级"阿拉伯塔酒店的一大亮点，如今，该酒店已不提供付费参观服务，客人可以去吃一顿1000元以上的自助餐，顺便参观酒店。

半岛酒店：劳斯莱斯幻影　客人的专属座驾

中国香港半岛酒店，是时常在电视节目中作为奢侈和豪华代名词的场所。劳斯莱斯幻影——香港半岛酒店VIP客户的"出租车"（得换个优雅的名字，就叫"专属座驾"吧）。据悉，劳斯莱斯都是纯手工打造，在允许的范围内，每一辆车都可以按照客户的要求而呈现。香港半岛酒店的"幻影"，特设了一个冰箱，以便使客户擦手的毛巾保持低温；另外，还有印有香港半岛酒店英文字样的脚踏板，以及更大的行李厢等。在众多客人眼中，劳斯莱斯与半岛酒店一直如影相随。从1970年开始购买劳斯莱斯Silver Shadow作为接待用车后，半岛酒店就持续购买劳斯莱斯旗下的车辆。酒店的所有司机，也都在英国Sir Henry Royce学校接受过礼宾司机特训。

黄金SPA、定制烟草、香料阁、跟酒店大厨学烹饪……而今，酒店创意无限，极具吸引力且达到极致完美的"另类生意经"塑造了现代化、个性化、创意化的酒店服务。墨守成规的酒店，需要开始思考属于自己的"生意经"了。

资料来源：周飞霞. 五大国际品牌酒店的"另类生意经"[EB/OL]. [2013-09-05]. http://info.meadin.com/IndustryReport/91426_1.shtml.

模块二　酒店的类型和等级

任务导入

安排参观当地的星级酒店和非星级酒店，初步了解不同档次酒店的规模、类型和等级。

工作任务一 酒店类型划分

随着经济和社会的发展,为满足不同客人的需求,不同类型的酒店应运而生。下面对酒店的主要分类进行介绍。

一、根据接待对象划分

(一) 商务型酒店

商务型酒店一般位于比较繁华的城市中心、商务中心、当地政府办公机构附近,以接待商务客人为主。通常等级较高,其外观、设计、配套设施和服务充分考虑商务客人的需要,设有商务中心,为客人提供打印、传真、文秘、翻译等各类服务。有的商务酒店还设有会议室、商务谈判室、行政楼层。

(二) 度假型酒店

度假型酒店多位于湖泊、海滨、山区、温泉等风景优美的地方,远离城市中心,以接待度假、休闲、养生的客人为主。此类酒店服务设施完善,并专门提供休闲、娱乐为主的服务项目,如开设游泳池、健身房、音乐酒吧、棋牌室等康乐设施,以及经营网球、高尔夫球、滑雪、骑马、温泉、潜水等体育项目。这些休闲、娱乐项目成为吸引客人的关键。在酒店业发达的地区,出现了一些度假与商务相结合的酒店,这成为现代酒店发展的新趋势。

(三) 会议型酒店

会议型酒店主要接待各种会议团队,通常建在大城市、经济繁华区或交通便利的风景名胜地。酒店设有数量较多、大小不一的会议室和大规模的多功能厅,配备完善的会议设备,如投影仪、摄像机、音响、同声翻译装置、先进的通信和视听设备。酒店一般还配置专门的会议工作人员,帮助会议组织者协调、组织会议的各项事务。近年来,会议旅游、商务旅游、度假旅游经常融为一体,因此会议、商务、度假酒店有结合发展的趋势。

(四) 长住型酒店

长住型酒店也称公寓式酒店,一般采用公寓式建筑,以接待长住客人为主。酒店与长住客人签订协议或租约,对居住时间和服务项目收费作出明确约定。此类酒店一般只提供住宿、餐饮等基本服务项目,设施和管理比较简单,由于租住时间长,价格也较实惠。酒店的客房多采用家庭式布局,配备适合客人长期居住所需的家具、电器、厨房设施,如洗衣机、微波炉、炊具,客人可以洗衣、做饭,生活便利。

(五) 汽车旅馆

第二次世界大战之后的欧美国家,随着汽车工业的发展和高速公路的建设,汽车旅馆开始兴起。汽车旅馆常建于公路干线旁，配有免费的停车场，价格比较低廉，以接待驾车旅游的客人为主，广受西方民众喜爱，成为旅行生活不可缺少的部分。如今，汽车旅馆已经向豪华方向发展，除给客人提供基本食宿外，还提供现代化的综合服务。

除以上五种类型外，随着酒店业的发展，出现了一些新的酒店类型，如主题酒店、快捷酒店等。

相关链接

瑞典冰旅馆推“高端定制” 零下7℃中入睡

瑞典尤卡斯耶尔维的冰旅馆早已声名鹊起。这家旅馆为年底的营业季推出高端定制服务，客人只需支付148.5万瑞典克朗，就可以入住按照自己意愿建成的“冰套房”。

尤卡斯耶尔维村的冰旅馆是世界上最大的冰建筑物，有约60间客房，其中约15间为套房。受季节更替所限，冰旅馆的营业时间通常从前一年的12月至次年4月，共可接待约5万名客人。

先前旅馆套房的设计者是从世界各地上百名应征设计师中挑选的，每间套房都称得上是独一无二的艺术品。

不过从2014年年底的第25个营业季开始，它首次推出高端定制房间服务。感兴趣的客人在交费后可提交自己的设计方案，旅馆设计团队将前往客人所在城市，与客人进行面对面交流以确定方案的可行性，并敲定最终细节。旅馆在宣传中说：“在设计师们的努力下，客人能创造一个符合自己品位和表达个人风格的套房。”

建造冰房间大约耗时两周。由于定制套房从某种意义上讲属于定制艺术品，入住套房的客人需配合旅馆方面，在每天中午12时至下午6时“对公众开放”，供参观。

冰旅馆房间内的冰床上铺着海绵垫，上面是驯鹿皮。客人在办理入住手续时会收到发热材料制作的睡袋，离开时会收到旅馆颁发的证书，以证明他体验过在零下7℃的低温中入睡。

作为另类旅游体验，客人们大多只在那里住宿一两晚。但对定制套房的客人而言，旅馆会在整个营业季为他保留套房，因此他可以邀请家人、朋友入住。

建造冰旅馆所用的冰取自旁边的托内河。20多年来，冰旅馆一年一建，每年冬季拔地而起，次年春天逐渐消融。不过，定制套房的客人可以带走一瓶房间融水、房间设计草图及套房照片留作纪念。此外，旅馆将捐出部分收入用于波罗的海环境保护。

旅馆方面尚未明确定制套房的数量，但已有一些客人表现出兴趣。

资料来源：柏路原.瑞典冰旅馆推“高端定制” 零下7℃中入睡[EB/OL].[2014-03-21]. http://www.cntour2.com/viewnews/2014/03/21/YKksSpeySzQf5uITcYjP0.shtml.

二、根据酒店规模划分

酒店规模的大小可用房间数量、占地面积、销售额和利润为标准来衡量，其中房间数为主要标准。按规模划分，可将酒店分为以下三类。

（一）大型酒店

房间数量一般在500间以上，通常酒店的设施豪华、舒适，服务项目齐全。

（二）中型酒店

房间数量一般在300～500间，通常酒店的设施完善、服务项目齐全、优雅舒适且价格适中，受到大部分旅游者的青睐。

（三）小型酒店

房间数量一般在300间以下，酒店的设施设备和服务基本满足客人需求，价格便宜，属于经济型酒店。

三、根据酒店所有权划分

（一）国有酒店

国有酒店是公有制酒店，生产资料归国家所有。

（二）集体所有制酒店

集体所有制酒店是公有制酒店，生产资料归集体所有。

（三）合资酒店

合资酒店是两个或两个以上的投资者共同出资、共同经营的酒店，通常以股份或契约的形式进行权利和利润的分配。

（四）民营酒店

民营酒店也称个体酒店，是由私营企业或个人投资经营的酒店。

（五）外资酒店

外资酒店是由外国投资者在我国境内投资经营的酒店。

（六）产权式酒店

开发商将酒店的每间客房分割成独立的产权，出售给投资者，投资者委托酒店管理公司统一经营，而自身不参与酒店的经营管理，只按照协议获取利润分红，并拥有一定天数的免费入住权，这种模式是旅游房地产和酒店业发展的一种新趋势。

工作任务二 酒店等级评定

酒店的等级是指一家酒店的豪华程度、设施设备、服务水平等方面所反映出的级别和水准。不同国家和地区采用的评定方式不同，用以表示级别的标志与名称也有区别。目前，世界上通用的酒店等级评定方法有以下三种。

一、星级制

将酒店按一定的标准分成不同等级，用星号表示和区别。星级越高，设施和服务越好。比较流行的是五星级别，在世界上采用比较广泛，特别是欧洲。我国国家旅游局也采用这种方法对酒店进行评级。由国家旅游局统一领导，各省、自治区、直辖市旅游局设立酒店星级评定机构，负责本行政区域内旅游酒店的星级评定工作，并对已经评定的星级酒店实行复检，至少每年复检一次，复检通过明察和不定期暗访相结合的方法进行。复检不合格者，星级酒店评定机构可根据具体情况发出警告通知书、通报批评，甚至降低或取消星级。

★表示一星级酒店，具备食、宿两个基本功能，设施简单，可满足客人最基本的旅行需求，费用低。★★表示二星级酒店，设施一般，除基本的食、宿服务外，还提供通信等少量服务项目，适合中、低收入客人。★★★表示三星级酒店，设备齐全、服务优良，不仅具备食、宿功能，还设有会议室、酒吧、咖啡厅等，为客人提供多项综合服务，适合中等收入的客人，此类酒店的数量最多。★★★★表示四星级酒店，装修豪华、设施设备完善、服务齐全、品质高，客人多为高收入阶层和公务旅行者。★★★★★表示五星级酒店，奢华高档、设施设备齐全、服务一流，高级官员、社会名流、企业老总、高层管理人员等社会高收入阶层是其主要客源。我国在星级评定中新增了白金五星酒店，用☆☆☆☆☆表示，代表超级奢华，符合一定条件的五星级酒店可参加评定，早期的代表酒店有：北京中国大酒店、广州花园酒店。

二、字母表示法

一些国家用英文字母表示酒店等级，即 A、B、C、D、E 五级，A 为最高级，E 为最低级。有的国家用 A1、A、B、C、D 表示，A1 为最高级，代表特别豪华。

三、数字表示法

有的国家用数字表示酒店等级，一般用豪华表示最高级，然后依次为 1、2、3、4，数字越大，档次越低。

模块三　酒店的计划与组织管理

任务导入

展开班级讨论，针对已参观过的酒店，分析其组织结构和服务项目的合理性。

工作任务一　酒店计划管理

一、酒店计划管理的概念与体系

（一）酒店计划管理的概念

酒店计划管理是指酒店根据其内、外部环境和市场需求，结合自身发展的需要，合理利用人力、物力、财力等资源，通过对计划的编制、执行、控制来确定酒店的经营目标，用以指导、组织酒店的经营活动，提高经济效益，达到预期目标。

良好的计划是成功的先决条件，实施计划管理可以有效、合理地配置酒店资源，减少浪费，提高效益。酒店应落实目标责任，把握重点，提高决策的科学性和员工工作评价的可操作性。

（二）酒店计划体系

酒店经营活动复杂、多样，为便于管理，应根据需要制订不同种类的计划，包括长期计划、中期计划、短期计划，这些计划组成了酒店的计划体系。

1. 长期计划

长期计划是指酒店在发展规模、建设投资、经营管理、员工培训等建设与发展方面的纲领性文件，时间较长，如三年、五年、七年。酒店的长期计划是一种战略性计划，它确定了酒店的发展方向和未来目标，由于规划期间存在许多不可预见因素，因此制订时除了指标明确、规划具体外，应留有充分余地。

2. 中期计划

中期计划是酒店的年度计划，是在酒店长期计划的基础上制订的，具体明确全年度酒店在各个方面的工作目标和任务，包括两个方面，酒店的年度综合计划和部门计划。

(1) 年度综合计划。年度综合计划主要确定该年度酒店的目标、工作任务、所有计划指标，权威而慎重，一旦制订，就应抓紧落实，确保计划的顺利完成。

(2) 部门计划。部门计划是指各个业务部门和职能部门为达到酒店的年度综合计划目标，而各自应完成的任务和目标，如前厅部计划、客房部计划、餐饮部计划、销售部计划、劳动工资计划、设备建设和维修计划等。

3. 短期计划

为保证年度计划的顺利完成，作为补充，还要制订短期计划，即酒店的业务计划。业务计划分为两类。

(1) 月计划。月计划以月为单位，各部门制订本部门的业务计划。一般先由前台接待部门制订业务计划，后台职能部门参考后制订本部门的月度业务计划，如物资采购计划、劳动工资计划。由于酒店淡旺季明显，每月的客源和业务量都会产生变化，因此月计划应该具体、详细。

(2) 单项计划。单项计划指酒店针对某一具体任务专门制订的计划，如接待某一特殊身份的贵宾，评星迎检、设备维修计划、服装季节更换等。单项计划的时间短、针对性强，应制订详细的时间表、工作流程和工作要求，责任落实到部门和个人。

二、酒店计划指标

酒店实行计划管理首先要有计划，计划的框架就是计划指标、指标说明、完成指标的途径，以上内容构成酒店计划的主要内容。

(一) 酒店计划指标的含义

酒店计划指标是指反映酒店在一定时期内经营管理所要达到的目标和水平的各种数值。有具体的指标名称、指标数量、计量单位。每一项指标反映了酒店在某一方面的目标和情况。例如，营业收入反映了酒店的收入状况，但未能反映效益，加上成本、费用、税金、资金占用、酒店固定资产情况、服务质量指标等，才能全面反映酒店经营水平。所以，各个指标相互联系、补充，形成了计划指标体系。此外，酒店的规模、类型、体制等不同，对计划指标的要求也有区别。

(二) 酒店主要计划指标

1. 客房出租率

客房出租率是反映酒店住宿设施利用情况和经营状况的一项重要指标，计算公式为

客房出租率＝实际出租房间数或床位数÷可供出租房间数或床位数×100％

出租率并非越高越好，理想的客房出租率应控制在80％左右，太高会减少酒店对设施设备的维护，也没有充足时间对员工进行培训，从而有可能降低酒店的服务质量。

2. 双开率

已出租的双人间客房中，每间房住两位客人和每间房住一位客人所产生的效益和成本费用是有区别的。因此，双开率指标配合客房出租率，才能较准确地反映客房出租状况、效益及成本费用。双开率计算公式为

双开率＝双人使用房间数÷已出租房间数×100％

例如，假设某酒店只有双人间和单人间，某天此酒店共接待住宿客人560人，当日已出租房间为400间，则双开率为

双开率＝(560－400)÷400×100％＝40％

此例中假设出租房间全部为单人间，则应有560间客房，但该酒店仅出租400间客房，则说明共使用160间(560－400)双人间。即：

双人使用房间数＝客人总数－已出租房间数

另一种表示方法是以房间为单位，双开率表示每一间已出租房间所住的客人人数。

双开率＝客人总数÷已出租房间数×100%

3. 盈亏百分线

在酒店经营管理中，盈亏百分线也称收支平衡点，是以客房出租率达到一定指数来显示的。一般来说，客房出租率达到52%，酒店收支平衡；高于52%，酒店开始盈利；低于52%，则酒店亏损。我国旅游涉外酒店的盈亏百分线为42%～45%。

4. 平均房价

平均房价是指一定时期内酒店出租客房的实际收入和已出租客房数量的比例，计算公式为

平均房价＝客房收入÷已出租房间数×100%

5. 利润率

利润率是指一定时期内酒店实现的利润总额占营业收入总额的比例，计算公式为

利润率＝酒店利润总额÷酒店营业收入总额×100%

6. 部门营业收入额

部门营业收入额是指一定时期内酒店营业收入中各部门(如前厅、客房、餐饮等部门)收入所占的比例。以客房部以例，计算公式为

客房部营业收入额＝客房部营业收入之和÷酒店营业收入总额×100%

7. 设备完好率

设备完好率是指一定时期内酒店完好的设备占酒店拥有的全部设备的比例，计算公式为

设备完好率＝完好设备之和÷全部设备之和×100%

8. 客人满意率和客人投诉率

客人满意率是指一定时期内客人对酒店服务的满意程度，计算公式为

客人满意率＝被调查客人满意人数之和÷被调查客人人数之和×100%

客人投诉率是指一定时期内住店客人的投诉情况，计算公式为

客人投诉率＝投诉客人人数之和÷住店客人人数之和×100%

三、酒店计划的编制与实施

(一) 酒店计划的编制

酒店的计划必须具有科学性和实用性，重在执行，能指导实践，并最终达到计划的目标。

1. 计划编制的依据

编制计划首先要有依据，调查得越充分，就越能反映客观实际，使计划真正起到指导作用。酒店编制计划主要调查以下两方面情况。

（1）酒店的市场情况，包括酒店所处的市场环境、客源市场情况、竞争对手状况等。

（2）酒店自身状况，包括酒店的硬件设施条件、接待能力、经营管理水平、员工素质、特色等。

2. 计划编制方法

一份完整的酒店计划一般包括六项内容：目标、措施、完成时间、责任人、预算和评估控制。酒店计划的编制详述如下。

（1）酒店长期计划的编制。长期计划编制前，应先对酒店内外部环境进行初步分析，列出长期计划的各项目标和指标，明确实施阶段和步骤，对目标、指标要确定数量和递增比例，形成初步方案。初步方案应经过酒店店务会议反复讨论，必要时请专家论证，以保证方案的科学性和可行性。初步方案确认后应进行细化、完善，再交酒店董事会和上级主管单位审议。

长期计划是酒店的发展纲领，但由于计划期时间长、影响因素多，会使计划与实际产生差异，因此要对长期计划进行不断地调整和充实，使其在规划期起到指导作用。

（2）酒店年度计划的编制。酒店年度计划分为年度综合计划和部门计划。在分析上一年度综合计划的执行情况后，由酒店决策层提出初步经营策略及主要指标，再由酒店拟订年度综合计划的初步方案，送各部门讨论，最终在总经理和各部门负责人参加的店务会议上进行评议，确定各计划指标。计划指标确定后，将指标分解到各部门，各部门根据自身情况提出本部门应完成的计划指标和承担的任务，同时拿出详细的部门计划指标和依据。分解指标的过程就是落实年度计划经济责任的过程。经会议反复讨论和酒店审核，最终确定部门计划，同时对酒店年度综合计划进行修订并确认。

（3）酒店业务计划的编制。酒店依据当前实际情况和年度计划，统一确定计划月的经营任务，提出该月要达到的目标。各部门再据此编制部门的月计划和单项计划。注意各项指标数量应具体，措施和责任要落实。重要的接待任务要列入单项计划，重点突出、独立性强。

（二）酒店计划的实施

编制计划的最终目的是保证计划得以实施，实施的两个关键是计划的执行与控制。

1. 酒店计划的执行

（1）建立高效的业务指挥系统。酒店应建立以总经理为首的行政业务指挥系统，分工明确，实现计划中的各项指标和任务。

（2）执行计划与经济责任相结合。把计划的目标和指标与经济责任相结合，可以有效地落实计划。

（3）建立完善的检查制度。可通过酒店店务会议检查、经常性检查、突击检查 3 种方式，检查计划的执行情况和酒店业务的运转情况等。

（4）计划的执行与绩效考核结合。绩效考核的内容包括业务状况、财务成果、制度执行情况，这也是检查计划执行情况的一种方式。

2. 计划的控制

控制是指监督、检查计划的执行情况和结果是否存在偏差，如果存在偏差，则分析原因、调整行动或计划,以确保目标的实现。

(1) 发现与分析偏差。通过计划与实际情况的对比,检查发现偏差,分析偏差产生的原因和对计划的影响,并采取相应措施限制偏差的积累,防止新偏差的出现。如果分析偏差发现其必然发生,则考虑是否因为计划本身存在问题或是管理方面的原因。

(2) 调整计划。如果需要对计划进行调整,则一定要严肃、认真地对待。无论是调整计划内容、指标或其他,都须经过反复的讨论和论证,并由相对应的领导层作出决策。

(3) 加强管理职能。在执行控制时,酒店管理者应经常深入业务一线,指导监督工作,掌握业务进展情况、经济和财务运行情况,把计划控制在正常范围内。

工作任务二 酒店组织结构

酒店是劳动密集型企业,部门工种各异、人员数量众多,以提供服务为主要产品,要实现管理目标,就应建立科学、严密、合理的组织机构,并配备适当的工作人员。

一、酒店组织结构的设计

(一) 酒店组织设计的原则

1. 统一原则

统一原则指酒店统一制定规章制度、统一划分各部门的职权范围、统一发布指令的原则。这样可以使酒店上下级之间形成一条指挥链,不能越级指挥。任何上级都不允许超越职责权限对更低一级下属进行直接指挥。同样,任何一个下属只对直属上级负责,接受直属上级的指令和安排。

2. 权责相对原则

职责是指在确定的岗位上应履行的义务和应承担的责任。权力是指在确定岗位上应具有的权力和应获得的利益。有权无责,会导致滥用职权,甚至谋取不正当利益;有责无权,则难以承担被赋予的责任,无法有效地开展工作,缺乏工作积极性。因此,酒店在设置机构、岗位时,应划清职责,并赋予对等的权力。

3. 分工协作原则

分工是指明确各部门的工作内容和职责;协作是指各部门、各岗位之间相互配合,共同完成工作任务。酒店的部门和人员众多,在进行组织设计时,既要合理分工,又要密切协作。对工作进行较细的分工有利于使复杂的工作简单化,易于掌握、便于规范,提高工作效率。但分工越细,投入的资金和人力就会越多,使协调工作的难度增加,管理效率下降。因此,应根据酒店的实际情况,合理分工、相互协作,才能增加酒店组织的凝聚力,产生较高的效率和效能。

4. 管理跨度与层次原则

管理跨度是指一名管理者能够直接而有效地管理下属的人数。管理者受到体力、知识、精力、能力和时间限制,因此管理下属的人数是有限的。通常,高层管理者的管理跨度小于低层管理者的管理跨度。古典管理学派厄威克认为，有效管理的跨度为5～6人，其实这个数值并非完全固定。酒店在进行组织设计时，应根据岗位性质、工作环境、管理者的能力和被管理者的素质等因素，合理确定管理跨度。

管理层次是管理组织的纵向层级，与管理跨度成反比关系。酒店规模不变，如果加大管理跨度，即管理下属人数增多，则管理层次可适当减少；反之，则增加层次。如下列公式所示：

管理层次＝企业规模÷管理跨度

一般来说，酒店管理分为四个层次，可用金字塔表示，如图1-1所示。

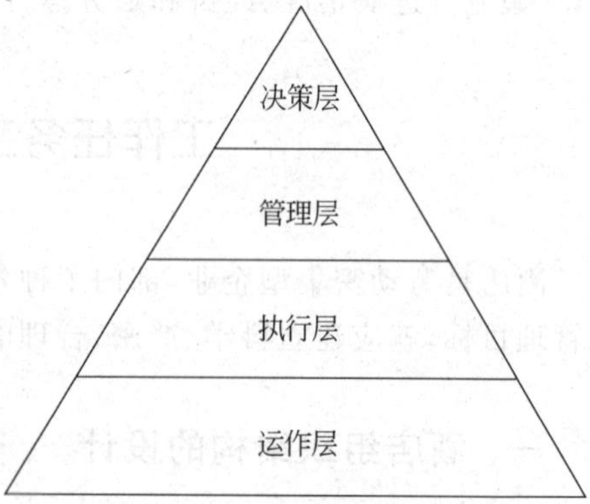

图1-1 酒店管理层次

减少管理层次，有利于增强亲近感，提高领导效能和工作效率，减少管理人员和费用，但如果不适当地减少管理层次，会破坏有效管理跨度，影响管理者的指挥与控制效果。所以，应根据以上原则，结合酒店自身情况，进行合理的管理跨度与层次设计。

【例1-1】 总经理的整改

某酒店是一家中外合资的四星级酒店，由一国有企业控股52%，机构设置与国内许多星级酒店差异较大。开业不久后，中方员工代表对酒店的组织机构提出以下三点意见：①酒店没有工会组织；②酒店的营销人员过多，达70人；③质量管理部权力过大。针对上述三点，总经理作出如下调整：①设立工会组织，因为酒店工会组织相当于广大员工的家，会为员工争取权益，没有工会，中方员工当然无法理解；②适当削减营销人员数量，合理确定管理跨度；③根据本酒店实际情况，调整质量管理部的权力大小和范围，保持权责相当，避免权大于责的现象发生。

（二）酒店组织结构设计的影响因素

1. 酒店的规模

酒店的规模由客房数量、经营种类、服务项目、接待能力等多种因素决定。酒店规模直接决定酒店组织结构的部门设置、机构大小、管理层次、管理幅度。一般而言，规模越大，则组织结构越复杂，管理层次也较多；反之，则组织结构较简单，管理层次较少。

2. 投资结构

投资结构体现酒店的经济性质和产权关系，投资结构不同，反映投资主体意识和要求的酒店高层管理人员结构也不同，这将影响酒店的组织机构设置和管理工作。

3. 酒店等级与档次

通常，酒店的等级与档次越高，对服务的要求则越高、越细致，工作人员数量较多，对酒店的经营管理提出了更高的要求，将影响酒店的组织形式、设置和组织管理。

4. 酒店的员工素质

员工素质包括员工的价值观、工作态度、业务能力、管理技能、工作经验、自控能力等多种因素。员工素质的高低会影响酒店组织设计的管理跨度和层次。

二、酒店组织结构的形式

现代酒店的组织结构形式主要有直线制组织结构、直线职能制组织结构、事业部制组织结构和矩阵式组织结构四种形式。

（一）直线制组织结构

直线制是一种简单的组织结构形式，从酒店最高层到最底层都是垂直领导。一个下属部门只接受一个上级领导的指挥，没有管理职能分工，如图 1-2 所示。

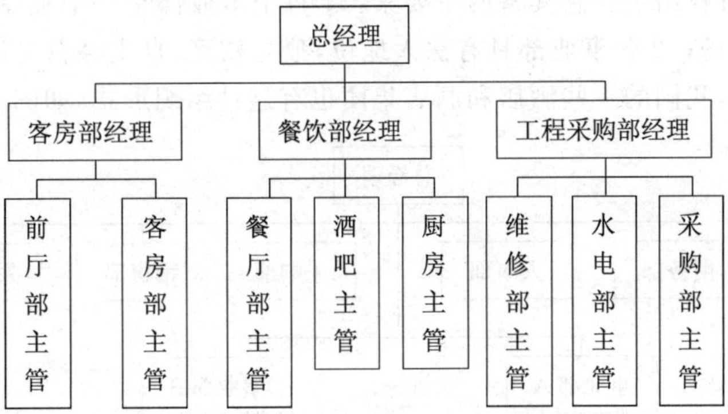

图 1-2　直线制组织结构

直线制组织结构的优点是：结构简单，决策迅速；权力集中，权责分明；指挥统一，效率高。其缺点是：缺乏合理分工，不利于同级协调与联系；领导工作负担重，容易出现管理混乱。这种形式一般只适用于规模较小、员工人数不多的小型酒店。

（二）直线职能制组织结构

直线职能制是以纵向的直线制为基础，结合专业分工的横向职能综合而成的组织形式。按照这种组织形式，酒店的机构和部门可以分为两大类：一类是业务部门，直接从事接待服务工作，是酒店的一线部门，如前厅部、客房部、餐饮部等；另一类是职能部门，一般不直接向客人提供服务，而是为业务部门提供保障和服务，如财务部、人力资源部。直线职能制是目前我国酒店普遍采用的组织形式，如图 1-3 所示。

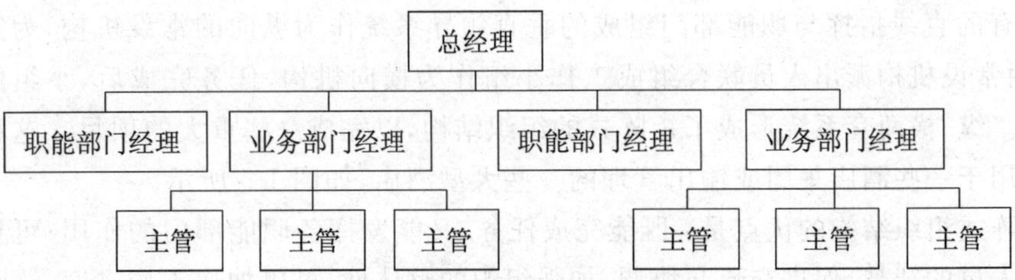

图 1-3　直线职能制组织结构

直线职能制组织结构的优点是：既有利于统一指挥，又能充分发挥职能部门专业化管理的作用；有利于加强直线行政领导的权威，提高酒店经营活动的有效性和高效性；有利于突出酒店经营管理的主次，发挥专业管理人员的作用，提高酒店专业管理水平。其缺点是：行政领导容易包揽一切事务，职能部门缺乏必要的自主权，作用发挥不够；各职能部门间的横向沟通和协调性差；在业务指导上，直线领导与职能部门会出现一定的矛盾冲突。

（三）事业部制组织结构

事业部制是一种分权型的组织形式，是在酒店总经理的统一领导下，把酒店各经营部门划分为若干相对独立的经营单位，授予相应的权力，独立从事经营活动，是一种集中决策、分散经营的分权组织。它具备两个要素：①每个事业部是一个独立的经营中心，具备独立的产品和市场；②各事业部具有法人地位，独立核算，自主经营。国外大型企业多采用这种组织形式，我国的一些酒店和酒店集团也有这种组织形式，如图 1-4 所示。

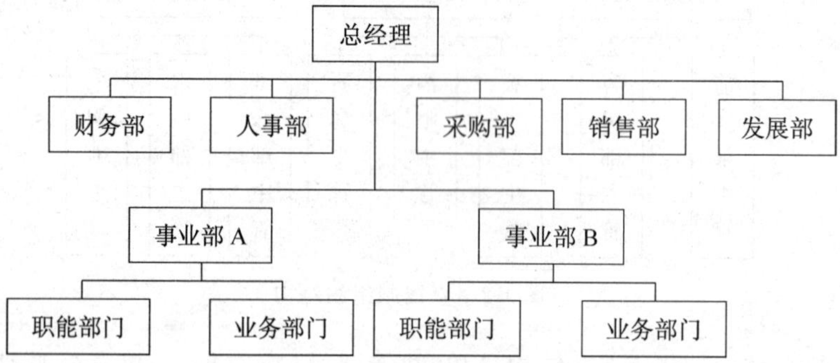

图 1-4 事业部制组织结构

事业部制组织结构的优点是：可以减轻酒店高层管理人员的负担，集中精力抓好酒店的重点经营决策和发展战略；各事业部独立性强，可就本产品或本地区的事务进行快速决策，有利于酒店的发展和产品多样化；有利于考核各事业部的经营业绩，促进事业部之间的竞争，调动各方的积极性和主动性。其缺点是：职能部门设置重复，管理费用高；事业部之间的联系少，协调难度增大；各事业部对酒店的整体意识减弱，往往为本部利益而忽略酒店整体利益。

（四）矩阵式组织结构

原有的直线指挥与职能部门组成的垂直领导系统作为纵向的常设机构，为完成某些任务，由常设机构派出人员联合组成工作小组作为横向机构，任务完成后，小组成员回到原单位。纵、横两套系统形成了矩阵式的组织结构，以完成一些重大的项目。这种结构形式主要用于一些酒店集团或输出管理的一些大型酒店，如图 1-5 所示。

矩阵式组织结构的优点是：既能完成任务，又能发挥各职能部门的作用；可集中各部门专业人员的智慧，促进交流与协调，加强组织的整体性；可以加快工作进度，避免各部门重复劳动，降低开支成本；管理方法和管理技术更加专业化。其缺点是：参加任务的人来

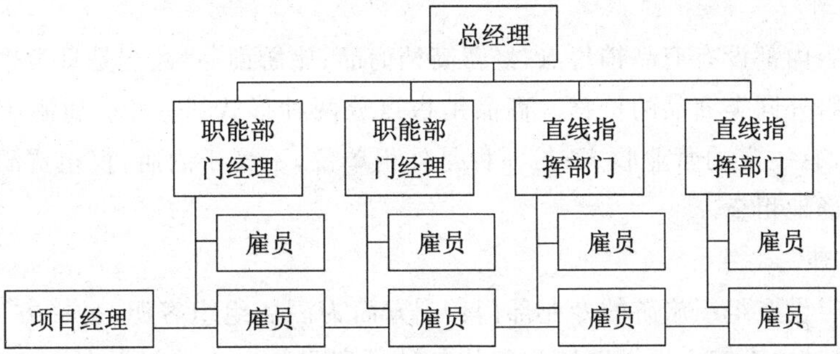

图 1-5 矩阵式组织结构

自不同部门，仍受到原部门的领导，同时又受到临时工作组的管理，容易出现双重领导和责任大于权力的现象；矩阵式组织结构需要来自不同部门人员的配合，合作程度及质量对工作任务的完成质量有影响。

三、酒店组织机构的设置

按照酒店各部门的性质，可将酒店划分为业务部门、职能部门和其他机构。

（一）业务部门

1. 前厅部

前厅部也称总台服务部，是酒店经营活动的中心。前厅部主要负责接待客人，销售酒店客房及餐饮娱乐产品，协调酒店各部门的对客服务，为酒店职能部门和决策层提供数据、信息。前厅部是酒店的窗口，其运营状况、管理水平、员工素质、工作效率直接影响酒店的服务质量、经济效益和市场形象。前厅部的主要机构有：预订处、接待处、问讯处、礼宾处、电话总机、收银处等。

2. 客房部

客房是客人休息和住宿的主要场所，是酒店设施的主体部分。客房服务质量的高低、设施是否完善、清洁程度如何，在很大程度上反映了整个酒店的服务质量，这也将直接影响酒店的经营收入和效益。因此，应该高度重视客房部的经营管理。客房部包括客房服务中心、楼层服务组、公共区域服务组、布草房、洗衣房。

3. 餐饮部

餐饮部是酒店对客服务的主要部门，为客人提供用餐服务，也是酒店创收的主要部门。酒店餐饮服务一般包括食品原材料采购供应、厨房加工烹调、餐厅酒吧服务三部分业务。餐饮部的主要机构有：原材料采购供应部、厨房、餐厅、宴会厅、酒吧。

4. 康乐部

为满足客人娱乐、健身等需要，许多酒店，特别是度假型酒店设置有康乐部，为客人提供游泳、台球、保龄球、网球、高尔夫球、桑拿、水疗、健身、棋牌、KTV 等多种项目。有的酒店还设有儿童中心，归康乐部负责管理。康乐部配备专门人员组织、安排以上娱乐活动，并获得相应的经营收入。

5. 商品部

许多酒店内都设有商品销售点，经营高档商品、旅游商品，甚至是日常生活用品，售价通常高于酒店外同类商品的价格。商品销售点分两种形式：一种归属酒店的业务部门，也称商品部，有一定的营业收入；另一种是外租单位，不属于酒店，仅租赁酒店场地，定期向酒店支付场地租金。

6. 旅游部

一些酒店设有组织旅游的专业部门：一方面为酒店组织客源；另一方面为客人安排旅游活动，同时也为客人提供继续旅行的各种便利服务。旅游部门有专门人员负责交通工具、导游、景区门票等各种专门业务。

（二）职能部门

酒店的职能部门不直接从事对客接待业务，而是为业务部门服务，并执行其管理职能。

1. 销售部

销售部的主要工作职责是为酒店组织客源，通过市场调研，了解市场需求、客源情况，与主要客户建立并保持联系，推销酒店产品，扩大酒店知名度，提高市场占有率。销售部的设置因酒店规模而异，一般设有销售经理和主管销售业务的专职人员。有的大型酒店还下设公关部，以及分管旅游销售、会议销售、宴会销售的工作人员。

2. 人力资源部

人力资源部主要负责酒店的人事管理、人员选聘、劳动工资福利、员工培训、考核与奖惩工作。许多酒店将人力资源部划分为人事和培训两大块，是酒店非常重要的部门，一般直接接受总经理的领导和指挥。

3. 工程部

工程部的主要职责是合理安排、调度酒店设施设备的运行，负责对酒店的房屋、建筑装潢、机械设备等进行日常维修、养护和更新改造，并对相关费用及开支进行管理和控制。工程部的主要机构有：工程部办公室、锅炉冷冻组、水电组、维修组、电梯组、土建维修组等。

4. 保安部

保安部对酒店的各类设施、财产安全以及客人的人身和财产安全负有重要责任，是酒店非常重要的职能部门之一。保安部指导并协助酒店各部门做好防盗、防火、防灾等安全保卫工作，定期开展安全教育和技术培训，负责日常安全巡逻和监视工作，与当地公安、消防等部门保持密切联系。保安部主要设有保安、门卫、消防、监控等工作岗位。

5. 财务部

财务部负责处理酒店经营活动中的财务管理和会计核算工作。财务部人员的数量取决于酒店的规模。财务部通常设有经理、副经理、主管会计、会计员、出纳员，大型酒店一般设有财务总监，接受总经理的领导和指挥。

6. 采购部

采购部主要负责酒店的物资、食品供应、管理酒店总仓库，了解市场行情，与供应商保持联系，要求做到采购物品质量上乘、价格适中、供货及时。采购部一般由物资采购、食品采购及总仓库组成。

（三）其他机构

根据我国国情、政治及法律体系，酒店还设有其他机构：①党组织领导机构，主要宣传党的方针、政策，与行政部门共同监督、实施酒店的经营管理，以实现组织目标；②工会、共青团、妇女联合会，工会是维护广大职工的利益、行使民主管理的常设机构。另外，在酒店中应充分发挥共青团、妇女联合会等群团组织的作用，并利用它们自身的特点开展活动。

工作任务三 酒店组织制度

酒店组织是一个复杂的系统，要实现系统工作效能最大化，就必须建立一套科学、规范的组织制度。

一、酒店制度体系

（一）基本制度

基本制度是酒店的根本制度，是其他制度的基础，对酒店的政策、方针进行规定。

1. 总经理负责制

总经理负责制是酒店组织管理中的最高形式，总经理在酒店中处于核心地位，根据董事会或投资者的决策，全面负责酒店的经营管理，同时承担相应的责任，实现酒店的各项经营目标。总经理负责制是适应酒店现代管理和市场发展规律的现代管理制度。

2. 员工手册

员工手册是酒店最普遍、运用最广泛的制度，体现企业的文化精神。它以条文的形式规定酒店员工的权利与义务，是全体员工都应该遵守的行为规范。员工手册应做到人手一份，同时也是新员工入职首先要学习的内容。员工手册的内容大致包括：企业宗旨、企业精神、员工地位、聘用条件、劳动制度、劳动合同、员工培训、员工福利、工作纪律、奖惩、安全守则等，内容全面，简明扼要，体系严密、准确，便于操作。

3. 经济责任制

经济责任制是指酒店各部门对自己的经营业务负责，目标责任与经济效益结合，把酒店的经济责任以全责的形式进行规定的一种经营管理制度。其核心是责、权、利一致，通过考核，按业绩分配收入。

4. 岗位责任制

岗位责任制是以岗位为基础，规定酒店每个岗位的职责和工作内容。其表现形式是“岗位责任书”或“职务说明书”。岗位责任制的主要内容有：明确岗位和岗位名称，该岗位的直接上级和直接下级，作业标准、岗位权限、工作量等。岗位责任制的实施有利于明晰各岗位的职责权限，有利于促进各部门、各岗位间的分工与协调，保障酒店经营活动的正常有序。

5. 服务规程

服务规程与酒店的档次保持一致，确定了每一项工作所要遵循的标准化步骤和应达到的目标，即具体的服务程序和质量标准。酒店优质服务的基础就是要建立规范化的服务程序。

（二）部门制度

部门制度是酒店各部门为规范本部门行为，根据酒店的基本制度和自身业务特点制定的制度。部门制度主要有业务运行责任制、设施设备管理制度、服务质量管理制度、部门纪律、劳动考核制度、本部门财务制度等，不同部门的制度名称存在区别。

（三）专业管理制度

专业管理制度是由酒店的职能部门根据管理需要而制定的制度，主要有行政性制度、人事制度、安全保卫制度、财务制度等。专业管理制度在全酒店通用，要求酒店员工遵照执行。

（四）酒店工作制度

酒店工作制度是为行政工作所制定的制度，有的酒店将其放入专业管理制度中的行政性制度中。其主要内容有：会议制度、酒店考评总结制度、决策和计划工作制度、质量监督制度。

二、制度的实施

制度制定后重在执行，如何落实制度也是酒店组织管理的重点内容。

（一）制度实施的组织保证

酒店应经常对全体员工进行法纪和制度观念教育，营造优秀的企业文化，使酒店形成一种自觉执行制度的氛围，同时辅以严格、公正的考核和奖惩，保障制度的顺利实施。

（二）制度实施的主观条件

制度实施的主观条件是制度执行者自身的条件，基础素质好的员工易于塑造。当然，酒店也可以通过培训、实践来提高员工的综合素质，使制度易于实施。

模块四　酒店业的发展

任务导入

(1) 关注目前酒店业发展中出现的热点现象和新趋势,将其作为案例进行讨论。

(2) 分组搜集大家感兴趣的著名酒店集团资料,制作PPT在班级分享。

工作任务一　酒店的历史沿革

酒店业经历了漫长的历史,不同时期,不同阶段,呈现出不同的特点和发展演变历程。

一、世界酒店业的产生与发展

世界酒店业的发展大致经历了四个阶段。

(一) 客栈时期(12世纪—18世纪)

欧洲最早的酒店业形态可以追溯到古罗马和古希腊时期,商业活动和宗教活动的盛行增强了人们对食宿设施的要求,客栈开始出现。客栈是现代酒店的雏形,主要位于道路边或乡间,为旅行者提供食宿服务。早期客栈设备简陋,一个房间摆上几张床,旅客往往挤在一起睡觉,吃的基本是家常饭。中世纪和文艺复兴时期,交通条件的改善促进了欧洲酒店业的进一步发展,随着经济水平的提高,客栈开始改善内部设施,增设了酒窖、食品室、厨房。16世纪晚期,英国已建有6000家左右的客栈。这一时期,客栈的主要特征有:①独立经营;②规模小,设施简陋,价格低廉;③功能有限,一般仅提供基本的食宿服务;④接待对象单一,主要是商人、传教士、外交官吏、信使等;⑤地点多分布在道路边、驿站附近。

(二) 大酒店时期(19世纪—20世纪初)

18世纪末,欧美等国进入工业化时代,消费水平提高,世界酒店业也进入了大酒店时期。当时欧美的许多大城市开始争相建造豪华酒店,具有代表性的酒店有美国的凯萨·丽兹酒店、巴黎大酒店、柏林的凯撒大酒店、伦敦的萨依伏大酒店。大酒店一般都建在繁华的大都市,规模宏大、富丽堂皇、设备高档、服务一流,主要接待王宫贵族、官员、社会名流等上层人士。1829年,美国波士顿建成的特里蒙特酒店被称为世界上第一座现代化酒店,为酒店行业确立了标准,具有里程碑意义。这一时期,酒店的主要特征有:①建筑规模宏大,设施设备高档,价格昂贵;②服务周到,尽量满足客人要求;③服务对象主要面向王公贵族、上层人士、公务旅行者等富有阶层。

(三) 商业酒店时期(20世纪初—20世纪50年代)

在此阶段,世界各地经济、文化交流和商业往来频繁,商业旅行增加,对价格低廉、舒适方便的酒店提出了更多的要求。被誉为"酒店之父"的埃尔斯沃恩·斯塔特勒(Ellsoorth Statler,1863—1928年)凭借自己的经验和对市场的考察,提出了"平民化、大众化"的理念,计划建造一般民众能消费的舒适、清洁、服务优质的酒店。1908年,斯塔特勒在美国纽约州水牛城(Buffalo)建造第一座亲自设计并用自己名字命名的斯塔特勒酒店,一间带卫生间的客房每晚仅需1美元50美分。他还提出了酒店经营成功的根本要素是"地点、地点还是地点"的原则,以及"酒店从根本上来说只销售一样东西,那就是服务"等至理名言。商业酒店时期,各国酒店业发展活跃,为现代酒店业奠定了基础。这一时期,酒店的主要特征有:①服务对象拓宽,面向普通商务旅行者;②服务设施干净、舒适、实用,不刻意追求豪华高档;③价格合理;④提出了新的服务理念,讲究经营艺术,推行科学化管理。

(四) 现代新型酒店时期(20世纪50年代至今)

20世纪50年代,战后经济复苏,世界旅游业蓬勃发展,酒店业进入现代新型酒店时期,呈现出大酒店的豪华和商业酒店经济高效的特征。大型酒店数量倍增,汽车旅馆迅速增加,一些有实力的酒店公司开始以合同管理、特许经营权等形式进行连锁经营,遍及国内甚至发展为跨国连锁,统一名称和标识,采取统一的经营管理、物资采购、人员培训的形式,有利于扩大经营效益。新型酒店为适应现代人的新需求,除向客人提供基本的食宿外,还可以满足客人的健身、娱乐、商务通信、购物等多种需求,其设施设备也不断采用新技术、新产品。这一时期,酒店的主要特征有:①接待对象大众化;②酒店类型多样化;③酒店服务综合化;④酒店管理集团化。

二、中国酒店业的产生与发展

中国酒店业从早期的驿站、客栈发展到现在的新型酒店时期,经历了3000多年历史。

(一) 中国古代酒店业

中国酒店业的历史可以追溯到3000多年前。殷商时期,出现了专门接待传递公文的信使和公差人员的驿站。秦汉时期,商业大发展,酒店业也为商旅人士提供食宿。唐代盛世,民间旅店遍布繁华都市的街道。明清科举制度的发展促使京城和各省城都设立了专门接待赴试赶考者的会馆。清末的"迎宾馆"是政府为接待外国使者、外民族代表、商客而建立的官办接待设施,满足中国古代中外交流和民族往来的食宿需求。总体上,唐、宋、元、明、清是中国古代酒店业大发展的时期。

(二) 中国近代酒店业

中国近代受外国列强的入侵,曾沦为半殖民地半封建社会,随之西式酒店和中西式酒店也被带到了中国。

1. 西式酒店

19世纪,西式酒店是外国资本侵入中国后兴建和经营的酒店的统称,这类酒店在建筑风格、装饰装修、设施设备、经营管理、服务等方面都与中国传统的酒店不同。西式酒店规模宏大,设施设备先进,高层管理人员多来自英、法等国,以接待外国人为主,也接待中国的官员贵人等上层人士。西式酒店尽管是西方列强入侵的产物,但也将西方酒店的特色和经验带入了中国,对中国近代酒店业的发展起到一定的推动作用。

2. 中西式酒店

中西式酒店是在西式酒店的影响下,由中国民族资本投资兴建的,这类酒店吸收了西式酒店的建筑风格和经营理念,将其与中国酒店的实际情况结合,具有半中半西式风格,为中国现代酒店业的发展奠定了基础。

（三）中国现代酒店业

中国现代酒店业的发展历史不长,主要经历了五个阶段。

1. 第一阶段(1949—1977年):招待所阶段

这一阶段,我国兴建了一批国有高级酒店,主要用于接待国家领导人和一些国外的援建专家和友好人士等。

2. 第二阶段(1978—1983年):事业单位向企业转型阶段

1978年,我国开始实行对外开放政策,旅游业快速发展,在原有高级招待所的基础上,许多酒店进行转型,总结一些酒店的先进管理经验,提出企业化经营模式,增设服务项目,重视管理队伍建设和培训。经过努力,许多原有的事业招待所初步实现了企业化,酒店经营管理和服务水平显著提高。

3. 第三阶段(1984—1987年):引进外资及外方管理阶段

这一阶段,我国经济持续增长,旅游业高速发展,许多酒店开始引进外资,走上与国际接轨的道路。广州东方宾馆率先引进外资进行改造、扩建,作为成功先例,推动了我国酒店业的发展。此后几年中,一批合资、合营的酒店相继开业,如广州的白天鹅宾馆,北京的建国酒店、长城酒店,南京的金陵饭店等。同时,我国也开始引进国外酒店的先进管理经验,酒店业在经营管理和服务方面都发生了巨大变化,走上了科学化管理的道路。

4. 第四阶段(1988—1993年):星级酒店阶段

酒店星级评定制度的出台和实施,在我国酒店业发展史上意义重大。经过1987年之前的发展,我国酒店数量空前,但也出现了一系列的问题,主要是酒店在建造设计、装修、经营管理、服务等方面缺乏规范和秩序,受到国外许多客人的投诉。国家旅游局领导高度重视,认为这些外国客人是以国际规范和标准来评价我国酒店业,因此采用国际惯例建立星级标准势在必行。通过对国外酒店进行大量调研,结合我国国情,在世界旅游组织派出专家的指导下,我国制定了酒店的星级标准。该标准经过国务院批准,于1988年正式执行。1993年10月,星级标准经国家技术监督局批准,定为国家标准《旅游饭店星级的划分与判定》(GB/T 14308—1993),此后也进行过修订。星级制度的实行,促进了我国酒店业和国际标准的接轨,是客观形势发展的需要,也使我国酒店业迈入国际化、现代化的新阶段。

5. 第五阶段(1994 年至今)：专业化、集团化阶段

在国际知名酒店管理集团纷纷进驻我国酒店市场的带动下，1994 年，经国家旅游局批准成立了第一批我国自己的酒店管理公司，由此引导我国酒店业向专业化、集团化方向发展。

工作任务二　现代酒店的发展趋势

随着酒店行业竞争的加剧和消费者需求的不断提高，面对市场环境的新变化，现代酒店的发展呈现出以下新趋势。

一、经济型酒店兴起

全球经济发展，因旅游、商务、探亲等出游的人数激增，酒店面对的客源市场日益大众化，干净、便捷、舒适的经济型酒店受到广大消费者的欢迎。大众化的经济型酒店拥有了广阔的市场发展空间。

二、酒店集团化

随着市场竞争的加剧，专业化、规范化的酒店管理集团在激烈的竞争中脱颖而出。酒店集团在客源市场、营销、经营管理、采购、品牌形象、人才等各方面都具有明显优势。为更好地生存与发展，许多酒店开始走上集团化经营的道路。

三、酒店服务个性化

个性化服务在高端酒店市场广受客人青睐。许多高端酒店建立了详细的客户资料，非常重视满足客人的个性化需求(图 1-6)，如为新婚度假的夫妇布置蜜月房，创造惊喜，有的酒店还为客人提供贴身管家服务和金钥匙服务。

四、主题酒店

随着酒店客源市场的细分，形象鲜明、更具针对性的酒店产品的竞争力不断增强。时下流行的度假酒店、会议酒店等主题酒店广受欢迎。主题酒店是将某一特定元素或风格融入酒店的建筑、形象、服务或文化中，特色鲜明。例如，以水城威尼斯为主题的深圳威尼斯皇冠假日酒店，利用众多反映威尼斯文化的元素，充分展示水城的浪漫风采；津巴布韦的沙漠宾馆，人住在沙丘里，白天也需要点灯，吸引了客人的好奇心；海南兴隆的温泉资源丰富，所以此地建有众多的温泉度假酒店，客人可以享受温泉疗养等多项康乐服务。

图 1-6　个性化服务

五、绿色酒店

2006 年 3 月，国家旅游局颁布了行业标准《绿色旅游酒店》(LB/T007—2006)。绿色酒店指酒店在经营管理过程中，运用环保、健康、安全的理念，合理使用资源，坚持绿色管理、倡导绿色消费、保护生态，向客人提供环保、健康、安全的住宿和餐饮消费环境。绿色酒店要求实行水、电等能耗定额和责任制，减少能源消耗和污染排放；减少客房一次性用品，改用客用品包装，实行垃圾分类、有机垃圾无害化处理；实施餐饮食品清洁生产，杜绝用污染的材料加工产品；积极采用绿色食品、有机食品和无公害蔬菜，严禁食用国家保护的野生动植物等。环境保护已经成为全球关注的热点，酒店业有义务在环保节能方面发挥作用，确保自身和全社会的可持续发展。

六、信息化

随着信息技术的发展和客源市场的多样化，增强酒店核心竞争力，提升信息化、智慧化程度已成为现代酒店业发展的趋势和方向。

酒店信息化的内容有：预订管理系统、客户关系管理系统、前厅客房操作系统、门锁管理系统、餐饮管理系统、酒店财务管理系统、人力资源管理系统、厨房智能设备、客房智能设备、计时考勤设备、电话计费系统、通信系统(电话系统、内部寻呼系统、视频会议设备)、物资管理系统等。随着旅游电子商务的发展，许多酒店纷纷借助互联网开发客源市场,进行网上宣传和在线销售。

工作任务三 酒店集团

酒店集团是现代酒店业的发展趋势,有着良好的发展前景,本书特将其作为独立的工作任务进行全面阐述。

一、酒店集团的概念

酒店集团是以酒店为经营主体,由多个单一酒店通过产权交易、资产融合、管理合同、人员派遣、技术支持、网络市场共享等形式相互联系而组成的企业集团。酒店集团一般直接或间接控制两个以上的酒店,使用统一的名称、标志,统一经营管理,采用一致的操作程序和服务标准。在国外,酒店集团也称酒店联号或连锁酒店。

二、酒店集团的产生与发展

(一) 世界酒店集团的产生与发展

酒店集团最初出现在美国。1902 年成立的"里兹发展公司"是世界最早的跨国酒店集团。公司通过签订管理合同的形式在欧洲迅速扩张,并于 1907 年以特许经营的方式取得了美国纽约"里兹-卡尔顿"(或译为丽思-卡尔顿)酒店的经营权之后,在全球不断扩张,成为当时世界上最大的酒店集团之一。20 世纪 50 年代以来,各大航空公司、跨国公司介入酒店业,促进了酒店集团的发展。

第二次世界大战以后,国际酒店集团大规模扩张。在战争中积累了大量财富的美国向全世界输出资本和产品的同时,也带动了美国酒店业的快速发展。1946 年,美国最著名的泛美航空公司成立全资子公司"洲际酒店公司(IHC)",迅速扩张。同年成立的"希尔顿酒店公司"在美国收购了多家酒店后,又开始向国外发展。此后,喜来登酒店公司、假日集团等新的酒店集团不断崛起。欧洲的酒店集团也开始加入国际化竞争。但美国的酒店集团一直处于垄断地位。20 世纪 50 年代末,包机业务的发展推动一些酒店集团在地中海的度假胜地建立酒店。20 世纪 70 年代的欧洲经济萧条减缓了国际酒店集团在欧洲的发展速度,直到 20 世纪 80 年代才开始恢复,欧洲酒店集团加快了联合与扩张的步伐,并与美国酒店集团在全球市场开始了竞争。

此时,亚太地区经济增长,新兴工业国家人民生活水平不断提高,旅游目的地发展,酒店集团表现出巨大的市场潜力。以日本、新加坡、中国香港为代表的亚洲本土品牌酒店集团开始崛起,打破了美国酒店的垄断地位,其中中国香港的文华东方、半岛、香格里拉、丽晶作为世界一流的品牌酒店,已向亚洲以外的地区扩张。与此同时,独立酒店的地位在世界范围内明显减弱,酒店集团的规模经济在市场竞争中呈现出绝对优势。

（二）中国酒店集团的产生与发展

中国的酒店集团起步较晚，但发展速度较快。1982 年 4 月，我国首家中外合资酒店——北京建国饭店正式开业，由香港半岛集团进行管理，这标志着国际酒店集团开始进入中国内地酒店市场。此后几年中，假日、喜来登、雅高、希尔顿等十余家酒店集团陆续进入中国市场。受其影响，这一时期，计划经济体制下的地方政府主导型酒店集团和大量酒店联合体出现，前者的代表是 1984 年 3 月成立的上海锦江（集团）联营公司，是我国第一家国际性酒店管理公司；后者的代表是 1987 年 1 月成立的中国酒店联谊集团，是我国第一家酒店联合体。

1994 年年底，国家旅游局审批组建了广州白天鹅、广州珠江、南京金陵、北京兆龙、中旅酒店总公司、上海华亭、上海锦江、厦门华悦等 19 家酒店管理公司（集团）。20 世纪 90 年代中期，以行业集团为主体，向旅游业渗透的酒店集团大量涌现。例如，1996 年 6 月，山东鲁能集团成立了以经营酒店和旅行社为主的山东鲁能信谊有限公司，公司下属成员酒店有三亚山海关大酒店、贵都大酒店、贵友大酒店等十多家酒店。同时，中国酒店也开始走出国门，1996 年 8 月，大连丽景大酒店收购了美国洛杉矶托伦斯广场酒店，交由泰达酒店管理服务公司全权管理。

至 2007 年年底，世界排名前 10 位的酒店管理集团已全部进入中国市场，中国已成为国际酒店集团的聚集地，它们不但开拓一线城市市场，而且向二线城市扩展。为满足客人需求，这些国际酒店集团不断推出新品牌，由单一品牌向多品牌发展。国际酒店集团为扩大市场份额，不但陆续推出了超豪华品牌酒店，也发展经济型酒店，给我国酒店的发展带来了压力，同时也带来了竞争和动力。国际酒店集团先进的管理经营理念和模式推动了我国酒店业的快速发展，也培养了一大批酒店管理人才，促进了国内酒店品牌的成长。本土酒店纷纷走出国门，与国际接轨，努力提升管理水平并进行自我完善。

三、酒店集团的优势

（一）品牌优势

酒店集团拥有自己的品牌，各成员酒店统一名称、统一标识，有规范化的经营管理和服务流程。酒店品牌实质上是对客人关于服务质量的承诺，有利于酒店集团的市场宣传，培养客人的信赖感和忠诚度。在激烈的竞争中，酒店集团的品牌优势可以让其明确市场定位、扩大市场份额、降低营销成本。

（二）经营管理优势

酒店集团有统一的经营管理方法和程序，并对成员酒店的硬件设施和服务有严格的标准。这些标准和规范被制作成经营手册，并根据市场环境的变化不断更新，以保证其科学性。各成员酒店在管理上更加制度化、规范化、标准化，从而提高酒店的经营管理水平和服务质量。

（三）规模经济优势

酒店集团一般规模庞大、资本雄厚、信誉度高，可以对新开的成员酒店或经济困难的成员酒店给予一定扶持，同时为成员酒店筹措资金提高了可信度，相比单一的小酒店，更能得到金融机构的支持。酒店集团投资方式的多元化也可分散投资风险，增强企业的抗风险能力。

另一方面，酒店为保证产品和服务质量，对成员酒店的设备和原材料实行规范化、标准化管理，其中一些物资可集中采购，能大大降低采购成本、提高经营利润。

（四）市场营销优势

酒店集团一般规模庞大，在国际上享有较高的声誉。集团的名称、标识用在成员酒店上，本身就起到了很好的宣传作用，比不知名的酒店更能获得客人的信赖。

酒店集团一般都拥有自己的预订系统，完备高效的订房系统有助于各成员酒店争取和共享客源。

（五）人才优势

酒店集团通常拥有完善的培训系统，可以科学地对新入职员工和在职员工进行全面、系统的培训，提高其服务、管理和技术水平。同时，酒店集团会聘请一批理论水平高、实践经验丰富的酒店管理专家，可以随时为各成员酒店提供相关的培训服务，提高员工水平。另一方面，酒店集团规模较大，不但能吸引优秀人才，并且可以为酒店各类人才提供轮岗和工作流动的机会，为员工提供更广阔的发展平台和成长机会。

四、酒店集团的经营形式

酒店集团的经营形式主要有直接经营、合同经营、租赁经营、特许经营、顾问指导式等。

（一）直接经营

直接经营是指酒店集团既是酒店的拥有者，也是酒店的经营者，自主经营、自担风险。其拥有形式可以是直接投资、购买或控股兼并。直接经营对酒店的经济实力、管理能力要求较高，受资金、土地、人才、经营风险等因素的影响，酒店集团不能单纯以直接经营的方式进行扩张。

（二）合同经营

合同经营也称委托经营，是指酒店集团受酒店所有者（业主）委托，双方签订管理合同，由酒店集团负责酒店的经营管理工作，并根据合同向业主收取报酬。合同期间，酒店使用集团统一名称、标志，并统一经营管理规范和服务标准。合同经营可以使业主获得酒店集团的品牌、声誉等无形资产的投资回报，效益明显，同时可以使酒店集团以最小的成本和风险进行扩张。

(三) 租赁经营

租赁经营指酒店集团向酒店所有者支付一定的租金，将酒店租赁过来，进行经营管理，获取利润的形式。与合同经营的区别在于：租赁经营中，酒店集团自担经营风险，员工属于酒店集团；而合同经营中，酒店集团根据合同约定，仅承担部分或不承担经营风险，员工属于业主方。

(四) 特许经营

特许经营指酒店所有者向酒店集团交纳一定费用，向集团购买特许经营权，酒店的所有权及经营权不进行转移。酒店集团允许酒店业主使用其名称、标志，共享其营销网络市场，在经营管理、人员培训、服务质量等方面对酒店进行支持并获取一定报酬。

(五) 顾问指导式

酒店集团担任酒店所有者的顾问，在计划、组织、管理、服务方面给予建议和指导，收取顾问费。

相关链接

国际著名酒店集团简介

一、万豪国际集团

万豪国际集团(Marriott International)是全球领先的酒店管理公司，旗下 6000 多家酒店遍布全球 122 个国家和地区，2016 财年取得收入逾 170 亿美元。公司由 J. 威拉德(J. Willard) 和爱丽丝·马里奥特 (Alice Marriott) 创办，近 90 年来由马里奥特家族领导人执掌运营，其总部位于华盛顿特区周边的马里兰州贝塞斯达。1999 年，万豪国际集团在中国开设第一家酒店。2016 年 9 月，万豪国际集团成功收购喜达屋酒店集团(Starwood Hotels & Resorts)，成为全球最大的连锁酒店集团，旗下的酒店品牌总数达到了 30 个。

万豪国际集团旗下的主要品牌有：万豪(Marriott)、J. W 万豪(J. W Marriott)、丽思-卡尔顿 (Ritz-Carlton)、万丽(Renaissance)、万怡(Courtyard)、圣·瑞吉斯(St. Regis)、至尊精选 (The luxury Collection)、喜来登 (Sheraton)、威斯汀 (Westin)、福朋 (Four Points)，W 酒店(W Hotels)等。

二、洲际酒店集团

洲际酒店集团(Inter-Continental Hotels Group)的历史可以追溯到 1777 年，威廉·巴斯(William Bass)在伯顿恩特创建了一家啤酒厂，生意兴隆，之后涉足宾馆业。1946 年，洲际酒店集团成立，总部位于英国，在全世界近 100 个国家和地区拥有超过 4700 家酒店，共有 9 个品牌，目前已经在中国的 60 多座城市开设了 200 余家酒店。洲际酒店集团的愿景是通过创建“客人挚爱的杰出酒店”，成为全世界最杰出的公司之一。企业文化的中心是承诺认真负责地做好每一件事情。

洲际酒店集团旗下的主要品牌有：洲际酒店及度假村(Intercontinental Hotels & Resorts)、皇冠广场酒店及度假村(Crown Plaza Hotels & Resorts)、假日酒店(Holiday Inn)、假日快捷酒店(Holiday Inn Express)等。

三、希尔顿酒店集团公司

希尔顿全球控股有限公司，其前身为希尔顿酒店集团公司(Hilton Hotels Corporation)，是黑石集团旗下附属公司，是一家跨国酒店管理公司。1907年的冬天，20岁的康拉德·希尔顿在寒风中为父亲的旅馆招徕客人，受到一位名叫巴岱的客人鼓励，他开始到外地发展。1925年，他在达拉斯创立了第一家希尔顿酒店。目前希尔顿品牌在93个国家拥有4200多家酒店，超过690000间客房。

希尔顿酒店集团公司旗下的主要品牌有：希尔顿(Hilton Hotel)、康拉德/港丽(Conrad Hotel)、斯堪的克(Scandic)、双树(Double Tree)、大使套房酒店(Embassy Suite)、家木套房酒店(Homewood Suite)等。

四、温德姆酒店集团

温德姆酒店(Wyndham Hotel Group)集团由Trammell Crow于1981年在得克萨斯州达拉斯创建。1996年，公司首次公开募股并于纽约证券交易所挂牌上市。1998年，集团与物业投资信托基金公司Patriot American Hospitality合并；在1999年6月的企业重组之后，温德姆国际公司再次成为酒店经营企业。2005年10月，温德姆环球的前身胜腾有限公司收购了温德姆商标以及公司的特许经营和管理业务。温德姆酒店集团在全球73个国家经营近8000家酒店，拥有约679100间客房。

温德姆酒店集团旗下的主要品牌有：华美达(Ramada)、豪生酒店(Howard Johnson)、戴斯(天天)酒店(Days Inn)、速8(Super 8)等。

五、雅高酒店集团

雅高酒店集团(Accor)成立于1967年，其创始人为杰拉德·贝里松(Gérard Pélisson)和保罗·杜布吕(Paul Dubrule)，集团总部设在巴黎，是欧洲最大的酒店集团。雅高法文中的意思是和谐。旗下酒店类型覆盖经济型酒店到奢华型酒店，遍布全球95个国家，拥有4100多家酒店，超过570000个房间。

雅高酒店集团旗下的主要品牌有：索菲特(Fofitel)、铂尔曼(Pullman)、美憬阁(Mgallery)、诺富特(Novotel)、宜必思(Ibis)、美居(Mercure)等。

六、香格里拉酒店集团

香格里拉酒店集团(Shangri-La Hotels and Resorts)之名源于《消失的地平线》中的梦幻世外桃源。集团总部位于中国香港，现已成为亚太地区最大的豪华酒店集团，同时是世界上公认的最佳酒店产权和管理公司之一。旗下酒店遍布亚太、北美、中东和欧洲，客房总数已超过40000间。

香格里拉酒店集团旗下的主要品牌有：香格里拉酒店、香格里拉度假酒店、盛贸酒店、嘉里大酒店。

七、凯宾斯基酒店集团

1897年，凯宾斯基酒店集团(Kempinski Hotels)在德国柏林创立，是传统的欧式风格酒店的典型代表。经过一个多世纪的发展，现已成为一家国际性的酒店集团，旗下酒店遍布欧洲、中东、非洲、南美和亚洲。凯宾斯基的理念是"充分满足客人",酒店推出了"金钥匙"全能服务项目,为客人提供个性化的服务,使客人在酒店享受优惠价格和各种特权。

八、最佳西方国际集团

最佳西方(贝斯特韦斯特)国际集团(Best Western International)于1946年在美国创立,最初只是一个由七家单体酒店组成的非正式组织,功能也仅限于酒店前台接待人员之间互相介绍住客。随后数年,"最佳西方"获得了长足的发展。现在,最佳西方国际集团拥有4200余家会员酒店,分布在全球100多个国家和地区,客房总间数达到30余万间,是全球单一品牌最大的酒店连锁集团。除在美国和加拿大外,"最佳西方"在法国、意大利和德国也已成为当地规模最大的酒店集团。全世界每天有超过25万人下榻集团旗下酒店。

资料来源:邓峻枫.国际酒店集团管理[M].广州:广东旅游出版社,2006.

教学案例

案例一 酒店管理制度

某酒店新开业,按星级酒店的标准建设和管理。由于开业仓促,酒店的管理制度是参考国外酒店管理公司的制度制定的。但是实施不久,就出现了一些问题。

一天22点半,值班经理在巡查时发现餐厅的一名员工小张在餐厅吃水果,值班经理按管理制度对她进行了处罚。但是小张觉得很委屈,包括一些基层管理干部和员工对这个处罚决定也表示有异议。情况是这样的,某天下午,酒店有重要的接待任务,餐厅人手不够,小张放弃了去食堂用餐的机会,一直为客人服务到22点半,此时客人已经离去,小张饿得头昏眼花,收台时,顺手拿了剩下的水果拼盘填肚子,却正好被值班经理看到。

另一件是客房部的小李在楼层的工作间休息,因没有及时为客人提供服务而被客人投诉。情况是这样的,小李头一天发烧,全身疼痛,打吊针到23点半。本来医生为他开了两天的假条,但是酒店这几天的旅游团队特别多,人手紧张,他只好带病上班。中午,小李全身瘫软,想到客人这个时候可能都在午休,他就暂时在工作间休息片刻,结果没过多久,客人就到前台找大堂副理投诉,说楼层找不到服务员。

以上两个事件对制定和执行管理制度有什么样的启示?

点评:

在制定和执行管理制度方面应该做好以下四点:①注意制度的科学性,必须符合酒店经营管理的客观规律,又应该根据酒店的现实情况和员工的共同利益来制定。制定时要慎重,事先经过调查,征求广大员工的意见。执行初期还应观察执行效果,以便及时更新和动态管理。②制度的严肃性,制定时要有科学严谨的态度,执行时要以事实为依据,制度面前人人平等。③制度管理的艺术性,制度无情人有情,应该将执行制度和思想工作相结合,注意批评和处理的艺术,同时要和实际问题相结合。④当出现特殊情况时,应该特殊处理,当制度的严格和人情的关怀统一时,才能得到广大员工的广泛支持。

上述两个案例的情况都比较特殊,所以处理时应该先进行调查,弄清原委,不能只看表面,就给予员工处罚,否则会使管理缺少人文关怀。

案例二　两封不同的欢迎信

许多酒店都会在VIP客人的房间放置总经理的欢迎信，下面有两封五星级酒店总经理的欢迎信，请大家比较。

甲酒店的欢迎信如下。

> 尊敬的×××先生：
>
> 我谨代表×××××酒店全体员工，对阁下的光临表示热烈的欢迎。我将与酒店员工一道，为您此次下榻竭诚服务，使您能在我们酒店体会到家的温暖。
>
> 您在入住期间有任何需求，请随时与我们的大堂副理联系。
>
> 真诚地希望我们的服务能使您满意！
>
> 总经理(姓名打印)
>
> ××××年××月××日

乙酒店的欢迎信如下。

> 尊敬的×××先生：
>
> 我谨代表酒店全体员工欢迎您的光临，如果您需要酒店提供其他专门服务，请和我联系或告知服务人员，我们非常乐意为您效劳并尽量满足您的要求。
>
> 衷心祝您入住愉快，万事如意！
>
> 总经理(姓名打印)
>
> (亲笔签名)
>
> ××××年××月××日

两封欢迎信看似差别不大，但在细微中体现了两个酒店总经理接待VIP客人不同的理念和服务方式。请分析它们有什么区别。

点评：

(1) 签名方式不同。甲酒店的总经理签名是打印的，而乙酒店不仅打印了总经理的名字，并且还有总经理的亲自签名。简单的细节可以反映出乙酒店的总经理知晓VIP客人的入住，表现了对客人的关注和重视。而甲酒店的欢迎信可能只是由部门工作人员放置在客房，总经理对VIP客人的入住情况也许全然不知，欢迎信只是形式上的关注。

(2) 服务理念不同。甲酒店的欢迎信告知客人遇到问题可以联系大堂副理，而乙酒店表示可以联系总经理本人或服务人员，充分体现了对客人的真心欢迎，总经理愿意亲自为客人提供服务，热情诚恳。

项目小结

本项目从整体上介绍了酒店的概念、等级及历史进程；从管理学的角度阐述了酒店计划管理和组织管理；探讨了酒店业的未来发展趋势和世界著名酒店集团的成功经验，为后续项目的学习奠定了基础。

复习思考题

一、问答题

丽思-卡尔顿作为全球首屈一指的奢华酒店品牌，从 19 世纪创建以来，一直以完美的服务、奢华的设施、精美的饮食与高档的价格著称，是国家政要、社会名流下榻的首选。酒店的座右铭是“我们以绅士淑女的态度为绅士淑女们忠诚服务”。请你谈谈对这句话的理解。

二、案例分析题

某酒店是集体所有制酒店，新上任的总经理发现该酒店存在一个最大的问题，员工工作积极性普遍不高。经调查发现，原因是其报酬发放机制不科学。绝大多数员工拿的都是固定工资，任务完成量和好坏程度对工资的影响不大，并且职能部门员工的收入普遍高于一线部门员工。你认为这位总经理应该对薪酬发放作出什么样的调整？

项目二 酒店从业者的职业认知与职业素养

学习目标

- 了解酒店及酒店行业。
- 理解酒店从业者的职业道德。
- 掌握从事酒店行业所具备的职业意识。
- 应用所学知识,逐渐养成从事酒店行业的职业素养。

引例

王某赚取酒店香烟"差价"

某酒店西餐部员工王某,利用工作之便,在收取客人购烟现金后,未交到前台收银处,而是私自外出买回客人所购烟品补上空缺,由此赚取差价,据推断该员工应为屡次犯错。此次行为虽未给酒店的利益造成重大损失,但反映出该员工损公利己、职业道德败坏的品质问题。该酒店研究决定,对王某予以无薪开除的处理。

模块一 酒店从业者的职业认知

任务导入

(1) 制订酒店从业者职业意识培养计划。

(2) 制订酒店接待业务技能训练计划。

工作任务一　酒店从业者的职业性质

现代酒店的基本含义是为客人提供休息、餐饮、娱乐、购物及交通等综合功能的商业机构。按其性质来讲，酒店业属于现代第三产业中的旅游接待业，伴随着现代旅游及商业的发展而发展。

从广义的角度看，酒店职业指在酒店内从事营业部门管理、后台部门管理、对客服务、设备设施保障等相关工作的职业；从狭义的角度看，酒店职业指在酒店内直接从事营业部门管理、对客服务工作的职业。本书涉及的酒店职业性质，更多的是从狭义的角度来理解的。

工作任务二　酒店从业者的职业意识

一、酒店从业者的职业意识的内涵

酒店从业者的职业意识是酒店从业者所具有的、始终以酒店客人为关注对象、力求为客人提供所需服务的心态和理念。在这种心态和理念的指引下，酒店从业者始终将自己的客人作为关注的中心和焦点，时刻把握客人的服务需求，想客人之所想、急客人之所急，力图使客人在酒店有一次愉快、完美的体验。酒店经营的最高目标是让客人满意，使酒店利益最大化，而客人的满意程度取决于其对酒店服务效果的评价。因此，酒店的服务质量实际上是由酒店员工的职业意识所决定的。

二、酒店从业者应具备的职业意识

(一) 服务意识

【例 2-1】

一位在酒店工作的朋友曾经遇到这样一件事：在上班途中的公交车上，他因为琐事与一位乘客发生了争执，两人争得面红耳赤，很不愉快。下午，他正在工作时，却恰巧遇到那位乘客前来为朋友预订客房。那天，他真正体会了什么叫作“尴尬”，并且几乎因为自己在公交车上的所作所为而失去一桩生意。

服务意识是指酒店全体员工在与一切酒店利益相关的人或组织的交往中所体现的为其提供热情、周到、主动的服务的欲望和意识。前面提到酒店业的性质属于第三产业(俗称服务业)中的旅游接待业，因此，服务意识在酒店业中就显得尤为重要。

谈到服务意识，绝大多数人会想到这样一个概念：“酒店从业人员在与客人交往过程中内心存在的一种为客人提供服务的想法。”这里的酒店从业人员，一般被理解为酒店中直接为客人提供服务的员工，即通常所说的一线部门的员工；而客人则指以货币为代价享受酒店服务的人，即消费者。

以上的“服务意识”其实是一种片面和错误的看法，原因主要有以下几点：①服务对象，不应仅限于酒店的客人，而应泛指与酒店员工直接或间接交往的一切与酒店利益相关的人员或组织，包含酒店内部员工间的服务配合；②实施服务的对象，不应局限于前厅、客房、餐厅、商场等传统的一线员工，也包括财务、采购、人力资源、工程维修、安全等后台职能部门甚至高层管理者。换句话说，酒店的全部员工都应具有强烈的服务意识，而这经常被大多数酒店员工所忽略，其中包括为数不少的酒店高层管理者，这一点国内品牌酒店高层管理者受“官本位”的思想影响表现尤为突出，而国外品牌酒店高层管理者服务意识则相对较强；③酒店服务意识的时间范围，应该是无时无刻，只有这样才能将服务意识形成一种习惯。

综合以上几点，对酒店服务意识可以这样理解：服务意识是指酒店全体员工在与一切酒店利益相关的人或组织的交往中所体现的为其提供热情而周到、细致而主动的服务的习惯。它不仅表现在酒店内，也表现在酒店外；不仅表现在工作时间内，也表现在工作时间外。

1. 酒店员工提高服务意识必须遵循的原则

(1) 主动热情、坚持客人至上。主动热情是提供优质服务的基础。做到这一点：①要求酒店员工热爱本职工作、尊重客人、牢固树立“客人至上，服务第一”的思想。一定要消除“我是实习生，我是临时工，酒店好坏与我无关”的观点，以主人翁的态度和高度的责任感对待自己所从事的服务工作，如我们提倡“客到一杯水”的主动热情的优质服务。②要有严格的组织纪律性：坚守工作岗位，自觉遵守店规店纪，严格执行服务程序和操作规程，树立集体观念，发扬团结友爱和协作精神。主动了解客人的需求和心理，有针对性地提供优质服务。③养成良好的工作习惯。要做到头脑冷静、处事沉着、行动敏捷，服务过程中能够听声音、看表情，服务于客人开口之前，做到眼勤、嘴勤、手勤、腿勤，主动检查自己的工作，不断总结经验、改进服务方法，才能提供优质的服务。对待客人要有热烈而真挚的感情，像对待自己的亲人一样，以诚恳的态度、亲切的语言和助人为乐的精神做好服务工作。

(2) 耐心周到，做到体贴入微。耐心周到是酒店优质服务的要求，也是优良服务态度的重要体现。耐心就是要有耐性、不急躁、不厌烦、态度和蔼、办事认真，使每位客人高兴而来、满意而归。做到这一点：①应保持平静的心情，沉着冷静，特别是在工作繁忙、客人较多时更要如此，客人有困难，要耐心帮助；客人有问题，要耐心回答；客人有意见，要耐心听取并不断改进工作。只有保持恒心和勇气，具有强烈的服务意识和广博的服务知识，认真对待每一次具体服务活动，有不怕艰苦困难和麻烦的精神，有不达目的不罢休的思想，才能始终如一地耐心为客人服务。②要有忍耐精神。服务过程中，可能有出现差错、发生误会、个别客人态度不好等情况，所以要有忍耐精神，不能和客人发生争吵。③要把服务工作做到细致周到、表里如一，防止“当面一套，背后一套”。要善于从客人的表情和神态中了解客人的要求，处处为客人着想，尊重客人的心理；考虑问题要周全、详细，每一项服务工作完成后要认真检查；要进行“换位思考”，做好每一次服务工作。

【例 2-2】

一天，五位客人来酒店用餐，他们是第一次来，在点菜时问了点菜员小王许多有关菜肴的问题，还故意为难她，小王有条不紊地为客人解答，后来客人以点不出菜为由，一个菜也没点准备走，小王不仅没生气还微笑地向客人征询意见，把一道菜有几种吃法、怎么吃、有什么营养价值更详细耐心地向客人介绍，终于，客人被小王的耐心和仔细打动了，在小王的建议下点了一桌丰盛的菜肴，吃后满意地离去了，并对迎宾说："下次我们还来！"

(3) 礼貌服务，发扬民族美德。中国自古就是礼仪之邦，礼节礼貌反映一个国家的精神文明和文化修养，体现酒店服务人员的道德风尚，坚持礼貌服务是发扬民族传统美德的需要，也是酒店优质服务的基本要求。①要讲仪容仪表。仪容仪表关系酒店的整体形象，也是提高酒店档次、提高酒店竞争力的重要因素。员工要主动做到勤剪指甲、勤洗澡，上岗前不吃有异味的东西，穿统一的工作服，佩戴统一发放的头饰和工作牌，化淡妆等。在外表形象上给人以庄重、大方、美观、舒适、统一的感觉。②要讲求语言艺术。向客人打招呼时，说话要亲切、谈吐要自然、恰当地向客人说"早上好""晚上好""请多指教""请慢走"等。讲究称呼，"小姐，夫人"要分清楚，对客要笑脸相迎、亲切地称呼，认真负责、热情有礼地解答客人的询问，当向客人道歉时态度要诚恳、语言要温和、虚心地请求谅解。③要尊重客人的风俗习惯。不同国家、地区和民族，风俗习惯、喜好禁忌都是不同的。因此，酒店要提供优质服务、提高酒店竞争力，尊重客人的风俗习惯非常重要。

(4) 清洁卫生，保证客人安全。客人对酒店内的卫生状况是十分关注的，尤其是外国客人，他们对卫生的要求特别严格，根据资料统计，半数以上的客人把卫生列为第一要求。清洁卫生既是优质服务的要求，又是服务质量的重要内容。在保证卫生质量的条件下，安全也是酒店优质服务的要求。担心交通事故、火灾、财物被盗、食物中毒等事情发生，是人们外出期间的共同心理。例如，作为一名前台员工不能泄露客人的一切情况，客人办理入住手续时提醒客人注意财产安全、告知客人提供免费寄存贵重物品服务等。加强门卫、前台、电梯、客房、餐厅等各个部门的密切配合，严格落实安全措施。

(5) 讲究技巧，提高工作效率。酒店提高优质服务在不同场合、不同时间和不同服务项目上的技术要求不同，服务人员要根据不同工作的性质灵活运用服务技巧。在讲究服务技巧的前提下，还要提高工作效率。

2. 培养酒店员工服务意识

服务意识有一个自我认知、自我形成、自我提高的过程，不仅要遵循提高服务意识的要求，还要通过有意识的学习、效仿、积累而逐步形成，它需要有高度的自觉性。作为一名酒店员工，应该将服务意识看作自身素养中不可缺少的一部分，是事业发展的基石，是服务技能的组成部分，培养良好的服务意识。

(1) 树立员工良好的服务态度。酒店员工的服务意识是一种内在的观念形态，它应该渗透于酒店员工的职业价值取向之中，才有可能在酒店员工的日常服务过程中得到运用和体现。①正确认识自己所从事的职业，将其看作是一个为客人提供所需服务、为别人带来快乐体验的行业；②酒店员工要正确地认识和看待酒店客人，既要将其作为自己的"上帝"，又要将其作为和自己平等的主体来看待，不卑不亢，方能形成员工和客人之间的客人和主人的关系，而不是仆人和主人的关系。也就是抛弃我国传统文化中"店小二"的思想，以一种真诚、纯洁的主人接待客人的服务理念和精神来培养。

(2) 加强员工服务意识的培训。为树立良好的酒店服务意识，酒店应该加强服务意识的培训。酒店服务意识，作为一种观念形态和职业价值趋向是可以灌输和强化的。酒店在进行迎新培训、岗位培训时，可以集中地进行服务意识的培训。同时在日常的实践中，酒店各部门可以通过早会等各种形式来分析总结发生在酒店中的各种服务案例，通过事实向员工传递正确的服务意识观念，帮助员工形成良好的服务意识。另外，言传不如身教，酒店的各层次管理者和老员工应该通过自身的服务行为来潜移默化地引导和培训新员工，逐步培养新员工的服务意识。

(3) 建立良好的酒店服务环境。良好服务意识的建立还需要一个良好的酒店服务文化环境。酒店服务文化环境是指酒店在长期的发展过程中所形成的服务价值取向，服务文化环境具有惯性和软约束力，在特定的服务文化环境中，如果处于该环境中的成员所做出的服务行为与这种文化环境相匹配，那么这种行为就会得到酒店其他成员的认可；如果这种行为与文化价值取向不相匹配，就会受到其他成员的指责。价值取向实际上代表了酒店的整体服务意识、服务观念。现代酒店管理理念提出：没有满意的员工，就没有满意的客人；没有令员工满意的工作环境，就没有令客人满意的享受环境。

【例 2-3】 国际品牌酒店服务环境

国际品牌酒店除努力营造良好的工作环境外，还为员工提供乒乓球室、阅览室、网吧、健身房等健身娱乐设施；每个月举办员工生日派对；提供不限时的餐饮服务；在中秋、春节时还会举办晚会，全体员工共同参加，增进彼此的感情。在这样的环境中工作，使员工有一种生在大家庭、长在大家庭中的感觉，增强员工归属感。酒店的竞争力指酒店在市场中获取胜利的能力，它不仅是一种外部的卓越，更多的是一种内部支撑，需要良好的酒店服务文化环境。

(4) 建立酒店的服务激励制度。酒店的服务激励制度指对各种服务行为的奖惩规定，它是一种明文制度，违反制度的员工将受到相应的处罚，表现好的员工可以得到奖励。建立酒店的服务激励制度，是为从制度上鼓励好的服务行为、减少员工不好的服务行为。酒店应该根据各种服务惯例和自身的长期积累，对各种服务进行分析，提出相应的奖惩规定，鼓励员工自觉遵守酒店所制定的服务规程，对于在实际服务工作中具有良好表现的员工给予适当的物质和精神奖励，以形成示范效应，让大家都学习好的服务行为、服务观念，形成一种强有力的约束。

【例 2-4】

某酒店提出“首问负责制”制度，以增强酒店客人的“回头率”，提高企业竞争力。所谓“首问负责制”就是客人到酒店若遇到问题，向员工征询答案，员工绝对不能用“不知道”来回答客人，也不允许说“对不起，我不知道”，而是作为客人的第一询问对象，即为此次服务的第一责任人，即使当时回答不了，事后一定打电话告诉客人，事无巨细，让客人明白自己在这里是被重视的。服务业有“100－1＝0”这样一个公式，无论你以前做得多好，唯有一事令客人不满意都等于是零。从点滴做起，一定能提升客人满意度、提高企业竞争力。

社会经济不断地变化、发展，人们的需求也在不断地改变、提高，对于服务行业而言，实行个性化的服务是酒店发展的要求，更是酒店创新的原动力和不懈的追求，酒店服务是由服务设施、服务环境、服务项目、服务人员素质、服务质量、管理质量等有机结合而构成的，其中最关键的就是服务质量。通过以上内容我们可以看出，提高服务意识是酒店业工作的灵魂，酒店的竞争说到底是酒店服务意识的竞争，酒店员工服务意识的强弱是酒店服务档次的重要标志，酒店的有形产品可以复制、服务的项目内容也可以模仿，而良好的服务意识却是长期积累形成的。因此，如何提高酒店员工的服务意识、怎样向客人提供服务，对酒店之间的竞争起着举足轻重的作用。

（二）质量意识

【例 2-5】

在 20 世纪 80 年代，小到电子表、大到汽车的日本产品纷纷涌进美国，美国本土工业面临着强烈的冲击。面对这种情况，美国商业部前部长马尔科姆·波多里奇(Malcolm Baldrige)先生召集了几十位经济专家、管理学家和企业家进行研究，以寻找出路。在充分研究的基础上，他们向美国国会提出了设立"美国国家质量奖"的建议。它每年只授予 2～3 家具有卓越成就、不同凡响的企业。为表彰波多里奇在促进国家质量管理的改进和提高上作出的杰出贡献，美国国会通过了国家质量改进法案，创立了以他的名字命名的国家质量奖。丽思-卡尔顿酒店集团公司获得过服务业和权威消费者组织颁发的几乎所有主要大奖，同时也是第一个并且是唯一一个曾两次获得美国商务部颁发的美国波多里奇国家质量奖的酒店集团。

以质量求生存，以质量求信誉，以质量赢得市场，以质量赢得效益，服务质量是酒店的生命。质量就是效益，酒店服务质量好、受益多，社会整体效果好。可以说，现代酒店的竞争归根结底是服务质量的竞争，服务质量决定酒店经营的成败。

1. 服务质量的含义

服务质量是指酒店为客人提供的服务适合和满足客人需要的程度。对于酒店来讲，服务质量的好坏主要受两方面条件的影响：一方面是酒店的"硬件"设施，包括酒店的外型建筑、设备设施、房间布局、室内装修、家具用具的配置等；另一方面是酒店的"软件"设施，包括酒店员工的工作态度、服务意识和技能、个人文化修养等，这两方面条件的有机结合是保证酒店服务质量的关键因素。

2. 服务质量的内容

酒店服务质量的内容，就总体内容来讲，有"人"和"物"之分；就基本内容来讲，主要包括以下八个方面。

(1) 优良的服务态度。服务态度是指酒店各岗位的服务人员为客人服务时所展现出来的工作情绪。它是全心全意为客人服务的思想在语言、表情、行为等方面的具体表现。服务态度是反映服务质量的基础，优质的服务是从优良的服务态度开始的。优良的服务态度主要表现为主动热情、尽职尽责、耐心周到、文明礼貌。

(2) 灵活的服务方式。服务方式是指酒店员工对客服务时所采用的形式和方法。其核心是如何向客人提供各种方便。服务的方式有许多，如微笑服务、个性化服务、细微化服务、定制化服务、零缺陷服务、情感化服务、无 NO 服务、超值服务等。

每个酒店的"硬""软"件有差异，所选择的服务方式有所差别，但一些共性的服务则是每家酒店都应提供的，如微笑服务、礼貌服务等。

(3) 娴熟的服务技能。服务技能是指服务人员在对客服务中，应该掌握和具备的基本功。服务人员的操作技能娴熟与否，从一个侧面反映出其业务素质的高低和服务质量的好坏，娴熟的服务技能是提高服务水平、保证服务质量的技术保障。

(4) 科学的服务程序。服务程序是构成酒店服务质量的重要内容之一。事实上，娴熟的服务技能加上科学合理的操作程序，是优质服务的基本保证。酒店的服务程序是根据客人的要求和习惯，经过科学的归纳，编制出来的规范化作业顺序。按程序工作能保证服务质量，而随心所欲、不按照规程办事可能会给工作造成被动，影响工作效率，甚至招致客人投诉。

(5) 快速服务效率。服务效率是服务工作的时间概念，也是向客人提供某种服务的时限。它不仅体现服务人员的业务素质，也体现酒店的管理效率，尤其在当今社会“时间就是金钱”的时间价值观念下，服务效率高不仅能够为客人节省时间，而且能够为客人带来效率。

(6) 专业化的员工。没有专业化的员工，其他服务设备、服务项目都谈不上完好，服务技能也不可能娴熟。因此，专业化的员工是服务质量的根本保证。

(7) 完好的服务设备。服务设备是指酒店用于接待服务的设备设施。它直接反映酒店服务质量的物质技术水平。一般包括房屋建筑、机器设备、交通工具、冷暖空调、电器设备、卫生设备、通信设备、各类家具和室内装饰等。对酒店的服务设备，要加强管理、精心保养，使之始终处于完好、正常的状态，随时随地保证对客服务的需要。

(8) 完善的服务项目。酒店是一个向客人提供食、住、行、游、购、娱的综合性服务行业，这就决定了它的服务项目不能单一化，而应多样化。提供服务项目的多少，是酒店的等级、规模、经营能力的体现。

现代酒店的服务项目，大体可以分为两类：一类是在服务过程中有明确、具体的规定，围绕主体业务所设立的服务项目，称为基本服务项目，如住宿、用餐、购物、娱乐等；另一类是由客人提出但并不是每个客人都有需求的服务项目，称为个性化服务项目。在某种意义上，具有个性化的附加服务项目比基本服务项目更能吸引客人，给客人留下难忘的印象。

(三) 团队意识

【例 2-6】 工程部的团队意识

某酒店的工程部门负责整个酒店设施设备的维护，以保证酒店各个环节的正常运营，这家酒店具有良好的团队协作氛围，其工程部员工并不是坐在办公室里，等着其他部门出现问题后拿着维修单来了才提着工具箱去检修，而是在酒店的各个场所巡视，发现问题及时处理，将问题解决在初期阶段。同时，工程部的员工在维修时，总是随身携带工具箱及一块大布，将布铺在地上，防止把地面弄脏，而不像有些酒店，在工程部维修之后，清洁员要忙着来清扫，这充分体现了酒店二线部门为一线部门服务的精神。

中国有句俗语：“一个和尚挑水吃，两个和尚抬水吃，三个和尚没水吃。”但英国人总结说："一个人做生意，两个人开银行，三个人搞殖民地。"在旧的观念中，以职务为重心，以职务功能划分部门，各部门相互独立，缺乏横向联系。现在的新观念需要将部门和部门之间的断层衔接起来。

1. 形成团队的条件

团队属于群体但不等同于群体。群体并不一定具备强的战斗力，而要成为一个具有强战斗力的团队则必须要满足下面四大条件。

(1) 目标性。一个团队的形成需要由共同的目标来维系，共同目标是团队存在的前提和价值。

(2) 自主性。如果一个领导不在公司，也没带手机，员工能自主做事，正常运作，用不着逢事都向领导打手机请示，这就是一个团队。可以这样说，员工找领导的次数越多，就是公司里的自主性越不强。公司的管理者应该想想，公司的员工提出过什么方法，讲过什么想法，员工参与决策越多，公司的自主性就越强。

(3) 思考性。国内酒店的管理经常是领导在下达意见，领导提出想法，领导在动脑筋，下属员工都是听领导的指挥做事，这样是缺乏思考性的。领导长期决策，容易抹杀员工的思考性，同时也使领导将更多的时间花在大小各类工作上，使领导疲于决策。

(4) 合作性。员工不但要愿意动脑筋、愿意自主地做事，而且要善于与周围的人合作，所以合作性非常重要。单个人都像一条龙，而合在一起却像一条虫，这就是缺乏合作性的结果，"三个和尚没水吃"的故事体现的也是合作性的缺乏。

2. 培养酒店员工团队意识的方法

(1) 树立集体荣誉观念。团队中所有成员必须意识到，个人的成功应融入集体的成功中，只有项目成功、团队成功，才谈得上个人的成功；相反，项目的失败会使所有人付出的努力付诸东流，表现再出众的成员也不会有成就感，因此，团队协作是项目成功的必要条件。

(2) 形成良好团队风气。木桶原理更适合于衡量团队战斗力。团队中全体成员要认清极少数人的工作进度拖延可能会造成这个项目的不可控、个别模块的不稳定可能会造成整个系统瘫痪这一严峻现实。不是所有人都在团队中举足轻重，但任何一人出一个微不足道的差错，就有可能会使整个团队的工作功亏一篑。因此，团队中每一个成员要勇于与影响团队士气、干扰集体工作正常进行的行为做斗争。

(3) 兼顾公私正常利益。团队中应达成共识——团队利益大于个人利益。团队中人人都应为团队着想，自觉维护团队形象，自愿以团队纪律约束个人行为，而摒弃个别人自以为是、艺高脾气大、居功自傲的作风。但是团队利益优先并不代表忽略个人利益，因为团队都是由单个的个体组成的，必须同时考虑到个人的利益诉求，兼顾个人和团队利益，团队合作才能有效和持久。

(4) 加强团队内部沟通。项目团队中所有成员应该及时、有效地沟通，相互理解。团队中出现意见分歧时，分歧双方的基本态度应该是说服对方而非强制对方，裁决两种不同意见的唯一标准是看哪一种意见更有利于推动项目的正常进行。

(四) 员工意识

【例 2-7】

北京长城酒店管理人员把“员工第一”作为根本大事来抓,在内部建立了良好的培训档案,根据本人的发展不断进行跟踪培训,缺什么补什么,工作中需要什么样的技能就开展什么样的技能培训,使员工不断进行知识、技能更新,满足员工日益高涨的学习需求。正因如此,员工们都表示不愿离开酒店,因为在这里能不断地学到新的知识,能不断丰富自己、提高自己。

员工意识也即所谓的人本意识,是指在酒店管理的对象中把人作为基本的因素列为管理之首,充分发掘人的积极性和潜力,进而进行有效的管理。同样,想成为一个成功的酒店从业者,必须具备员工意识。

酒店业属于劳动密集型产业,任何一家酒店均需要大量的人员来保障酒店的正常运转。酒店业是“人”的行业,人在酒店经营管理中有着极其重要的意义和作用,体现在以下两方面:一方面,酒店产品的生产主要是由人来完成;另一方面,酒店产品质量的高低也以人的主观感受来评定。酒店的员工意识客观地认为管理对象中的各种因素都会对管理产生影响,但人是最基本的因素,以人为本,就是牵一发而动全身。人本意识强调人的因素,但不排斥其他因素的影响。

“只有有了满意的员工,才会有满意的客人。”在服务工作中,员工与客人直接接触。员工的工作态度、情绪会直接影响服务质量的高低。酒店要想为客人提供安全、优质的服务,就必须将员工放在第一位,充分考虑员工的需要。要把员工当成合作的对象而不是管理的对象,要真正地激励员工的积极性,使员工和酒店成为利益共同体,让员工能够从内心愿意为客人提供满意的服务。

酒店能否正常、有效地运转,能否取得预期的经营效果,最终取决于酒店员工的素质和员工积极性的发挥,因此酒店从业者要真正树立员工意识,要认识到人是酒店发展的根本、是酒店最宝贵的财富。酒店必须给员工提供快乐工作的平台,营造快乐工作的氛围,培养快乐工作的心态。

(五) 服从意识

【例 2-8】 服从命令是军人的天职

1976 年 6 月 27 日,巴勒斯坦游击队劫持了一架客机,并将机上 105 名以色列人扣押在乌干达的恩德培机场的候机大厅。为解救人质,以色列特种兵展开“雷电行动”。在采取营救行动之前,一名以色列士兵手持扩音器,用以色列人的母语希伯来语大声喊道:“我们是以色列士兵,前来接你们回家,请你们立即就地卧倒,趴在地上别动!”以色列人质听到喊话后,迅速卧倒在地。而巴勒斯坦士兵却因听不懂喊话的意思,仍然站立着。此时,以色列士兵以迅雷不及掩耳之势发起了攻击,一颗颗子弹向所有站着的人飞去。

在这次营救中,除所有的巴勒斯坦士兵外,还有 3 名以色列人质丢掉了性命。其中,有两个是年轻的男子,他们在听到命令后,凭着自己的胆量和勇气,想再等一等看清楚到底发生了什么事情之后再服从。第三个遇难人质在听到“卧倒”的命令后,毫不犹豫地服从了，但当他看到以色列士兵冲进大厅后，忘记了那句“趴在地上别动”的命令。兴奋地站起身来，准备冲出去与以色列士兵拥抱，结果被当作隐藏在人质中的敌人射杀了。

巴顿将军曾说过：“服从不只是一种品德，更是一种责任。如果你不懂得服从，或者打了折扣去服从，不仅会损害团队利益，甚至会成为潜在的杀人者或自杀者。”现实中，因为缺乏坚决的服从意识，没有严格地服从命令，从而酿成重大事故、造成重大损失，甚至丧失自己性命的案例屡见不鲜。

酒店是一个快速、高效运行的组织，服务人员应该在上司的带领下协同工作，同时，酒店又是一个以客人为中心的服务性企业，因而要求服务人员服从客人，尽量满足客人的正当而合理的需求。

因此，酒店服务人员应树立服从意识，使酒店的服务工作能顺利进行，并提高客人对酒店服务的满意程度，从而为酒店创造良好的社会和经济效益。

1. 服从上司

服从是下级对上级的一种应尽责任。酒店管理，简单地说，是酒店管理者通过对下属下达各种工作指令，使下属执行，并实现管理目标与要求的活动。酒店管理的成败从一定程度上讲，取决于下属对各种工作指令执行效果的好坏。

组织结构是传达命令的通道。在酒店中，从最高层的总经理到最基层的员工应建立关系明确的等级结构，明确规定每个成员在组织中的位置，使每个人明白自己向何人负责，何人又向自己负责。

如果命令得不到执行，就如同一根链条上的某一环要向左摆，其下的一环要向右摆或原封不动，那么，链条就会不和谐甚至发生断裂。酒店强调在组织上必须服从命令。

(1) 服从。服从就是要求下属在具体的工作过程中，即使自己的意见与上司不一致，也应该充分尊重上司的意见，而不要有任何的抵触、对抗的情绪。原则上，下属要无条件、严格执行上司的命令。当然，上司的指令如果确实存在不合理或不可行的地方，事后也可以跟上司进行进一步的沟通，说明自己的想法。

(2) 尊重。下属要尊重自己的上司，正是因为他是自己的上司、领导，是带领与指导自己完成工作、实现目标的人。因此不要与上司争论，更不能与上司顶撞，只有充分尊重上司，才能主动并乐意执行上司的各项指示。

(3) 尽职。下属对待上司要绝对尽职尽责，做好自己的本职工作。上司与下属之间不是对立的，只是分工不同。如同在同一艘轮船上，船长和船员的分工不同，但是两者的前进方向是一致的，无论谁把舵、谁扬帆，最终还是驶向同一个目的地。

(4) 汇报。下属要主动向上司汇报工作情况、思想状况，以及自己的观点和意见，保证上司的各项指示能够按时、准确完成；下属向上司汇报工作时，汇报的内容要客观准确、简明扼要，可针对目标和计划拟订要点式的汇报提纲，从上司的角度来考虑问题，以达到沟通的目的。

(5) 挡驾。有些下属喜欢一遇到问题就跑去问上司“领导，我该怎么办？”“领导，下面我该怎么办？”“领导，您看该怎么办？”“领导……”如果不管大事、小事，凡事都要领导亲自去查核、分析，去决策、解决的话，那么，作为下属，你还能做什么呢？在遇到问题时，下属首先要尽可能自己去想办法解决问题，对实在解决不了的问题，再向上司请示，征求意见，下属要能够主动为上司挡驾。

(6) 让功。下属要学会让功，凡是总结性的话、归纳性的话、决定性的话，一般要留给上司去说。要甘于将自己的功劳掩盖在上司的光环和集体的荣誉下，避开“功高盖主”之嫌，保持谦逊的姿态和宽阔的胸怀。

(7) 参谋。下属在处理问题或是在征求上司意见时，要尽可能多地为上司提供可供选择的建议，而不只是提出问题；不是碰到问题就问上司该怎么办，自己没有一点主意，束手无策。同时，下属对于时间的安排要尽量具体、合理，要给上司留有足够的思考空间，而不是把迫在眉睫的问题抛给上司解决。

一位优秀的下属要想当好上司的参谋，不仅要能够不折不扣地执行上司的命令，更重要的是遇到某一问题时能够为上司提供多种可供选择的解决方案，而不是只有唯一正确答案的单选题。另外，还要对每一个答案的优劣进行对比，并对可能出现的后果进行分析，绝不能给上司布设陷阱。

(8) 补救。补救就是当上司的命令出现部分疏漏或失误时，作为下属应该在维护上司威信的基础上，在执行上司命令的过程中积极、主动地通过各种渠道扭转局面，使事态向好的方面发展，这也充分体现了下属的执行能力。要坚决抵制教条主义和本位主义，更不能有幸灾乐祸的想法。下属还要敢于主动监督上司，这里所说的监督不是指下属要像私家侦探那样监察上司的一切动向，而是要监督上司制定的各项决策，对其作出的正确的决策要不折不扣地执行，而对有偏差的决策要能够及时发现。因为，领导也不是万能的，在工作中也可能会出现不足或失误，作为下属，如果能够及时地发现，并在适当场合以委婉的方式向上司提出，那么，上司将会感激你的提醒，认可你的能力，你们之间的关系也会得到进一步的巩固。

2. 服从客人

酒店员工应服从客人的一切合理而正当的需求。当我们面对客人的投诉时，应遵循“客人至上”的服务原则，从解决客人的实际问题出发，换位思考，以提高客人的满意度，培养忠诚客户。

总之，“客人绝对不会错”这句话对于酒店从业者来说永远是正确的。这里强调的是一种“让”和“理解”的艺术，并在实际工作中要讲究“策略”。

(1) 把客人当作领导。视客人为“总裁”，简言之，就是酒店要把客人当作上司，遵循客人合理而正当的“指令”，忠诚于客人，无条件地服从于客人，并通过一切努力完成客人的“指令”，满足客人的需求，获得客人的认可。

(2) 换位思考，为客人着想。在服务的过程中，为能够将服务做到位，能够真正赢得客人的满意，酒店管理者应该多提几次假设：“假如我是客人，我会怎么想?”“假如我是客人，我想要什么?”“假如我是客人，我需要怎样的服务?”……只有经常换位思考，设身处地地为客人着想，服务人员才可能理解客人的要求，才可能把握客人的心理，进而才可能为客人提供更贴心、更周到的服务。

模块二　酒店从业者的职业素养

任务导入

(1) 如何培养员工的职业道德?

(2) 成为酒店管理者应具备哪些职业素质和技能?

工作任务一　酒店从业者的职业道德

一、道德

道德是指人们在共同生活中的思想品质和行为规范,通俗地说,就是做人的道理和规矩。它的准确含义包括三层意思:①规定人们“应该做什么,不应该做什么”的标准,用以调整人们生活行为的规范;②通过社会舆论、传统习惯和个人内心信念调节人们之间的关系,它包括义务、良心、荣誉、节操、幸福等内容;③以善与恶、好与坏、正义与非正义等来确定人们行为的标准。善的、好的、正义的是道德的,恶的、坏的、非正义的是不道德的。

二、社会公德

人是生活在社会上的,只要在社会中生活、与人打交道,都离不了社会公德的约束,所做的任何一件事都不会超出社会公德范畴。所谓社会公德,简单地说就是社会的公共道德,是指人们为维护公共生活秩序、调节人们之间的关系而形成的公共生活准则和行为准则。社会公德主要包括尊老爱幼、助人为乐、遵守秩序、爱护公物、行为文明、待人礼貌、信守诺言、彼此谦让,互相尊重等。作为社会中的一员,应该自觉遵守社会公德,树立社会信誉和个人信誉,树立遵守社会公德光荣、破坏社会公德可耻的道德观念。

酒店是社会中的一个单位,是社会文明的窗口,对酒店员工的基本要求是要遵守社会公德,不遵守社会公德是不可能遵守职业道德的,因为酒店的形象是由社会来确认的。酒店形象的建立是靠全体员工的辛勤劳动、热情服务并由这种服务造成社会效益逐渐在人们心中树立起来的。因此,没有社会公德,就谈不上职业道德;没有职业道德,则谈不上做好酒店的服务工作。

三、职业道德

职业道德是从属于社会公德总范畴的,是社会公德的一个领域。职业道德是从事一定职业的人在职业活动的整个过程中必须遵循的行为规范和行为准则，也就是社会公德在职业生活的具体体现，它包括以下三个方面的内容。

(1) 敬业。充分认识所从事的职业在社会生产总体系中的地位和作用，认识本职业的社会价值，确定献身本职工作的决心。

(2) 爱业。热爱自己的工作对象和劳动资料，乐于为本职工作奉献自己的青春和年华。

(3) 勤业。俗语说得好"业精于勤而荒于嬉"，在工作中应勤勤恳恳、兢兢业业、刻苦钻研技术、精通业务，在本职工作中作出成绩。

四、酒店从业者的职业道德规范

(一) 敬业乐业

酒店员工应热爱本职工作，遵守酒店规章制度和劳动纪律，遵守员工守则，维护酒店的对外形象和声誉，做到不说有损于酒店利益的话，不做有损于酒店利益的事情。

(二) 服务观念

酒店员工应有热情服务的精神，使客人在酒店的一切活动都有宾至如归的感觉，具体体现在以下四个方面。

1. 主动

在工作中全心全意地为客人服务，自觉把服务工作做在客人提出要求之前。

2. 热情

对客人要像对待自己的亲人一样，工作时面带笑容、态度和蔼、言语亲切、热心诚恳、感情真挚、助人为乐。

3. 耐心

在工作中热情解答客人的问题，做到问多不厌、事多不烦、遇事不急躁，镇静自如地对待客人、处理问题。在繁忙的工作中有条不紊，当发生矛盾时，要严于律己、恭敬谦让。

4. 周到

客人进入酒店要周到接待，处处关心，帮助客人排忧解难，使客人满意。

【例 2-9】 客人击打、辱骂保安人员事件

某酒店保安人员雷某在进行日常的车辆指挥时，突然迎面开来一辆宝马轿车，直接停在了酒店大门阶梯旁，而这一位置是酒店禁止停车位。客人停下车就直接往大堂去。当值保安人员见此状，立刻向客人跑去，当追到客人后，保安人员礼貌地向客人解释，请客人将汽车按秩序停放好，已经喝醉酒的客人一拳打在保安员身上，并对其进行辱骂。按常规，一个男同志在这一刻，是很难控制自己情绪的，但是在职业道德的影响下，保安员秉承了"客人至上"的原则，没有和客人发生冲突，而是理智地通知了当值经理，由值班经理来处理此事，事后，客人赔礼道歉，酒店对雷某的行为进行了褒奖。

（三）钻研业务

酒店员工应提高服务技巧和技术水平，树立强烈的学习愿望，不耻下问、虚心学习，干一行、爱一行、专一行，并把所学到的知识和技能运用于自己的工作实践去，不断改进操作技能，提高服务质量。

（四）公私分明

酒店员工应不贪不占、克己奉公、不谋私利、勤俭节约、反对浪费。

（五）爱店如家

酒店员工应以主人翁的态度对待本职工作，关心酒店的前途和发展，并为酒店兴旺发达出主意、作贡献。在工作中，处理好个人与集体的关系，处理好个人与上司、个人与同事之间的工作关系，互相尊重、互相协作、严于律己、宽以待人。

（六）文明礼貌

服务工作的文明礼貌主要反映在以下五方面。

(1) 端庄、文雅的仪表。

(2) 使用文明礼貌、准确生动、简练亲切的服务语言。

(3) 尊老爱幼，关心照顾残疾客人和年迈体弱的客人。

(4) 严格遵守服务纪律，各项服务按操作程序和操作细则进行。

(5) 在接待中讲究礼节礼貌。

工作任务二　酒店从业者的职业技能

酒店从业者的职业技能较为广泛，特别是想成为一个酒店管理职业经理人，更要掌握酒店经营和管理的各项技能，这些技能主要涵盖制订计划技能、制定决策技能、解决问题技能、制定标准技能、激励考核技能等，详述如下。

一、制订计划技能

计划是管理的首要职能，管理工作的第一步便是拟订计划，质量管理学家曾提出过著名的质量管理循环 PDCA 理论，在这里的 P 就是指 plan(计划)。因此，作为酒店经理人的首要任务便是能制订清晰有效的工作计划。不论是长期的战略规划，还是年度经营计划、年度营销策划、人员招聘计划、质量改善计划、年度预算等，都需要应用到计划的能力。制订计划要分辨三种不同类型的计划，即有特定目标非例行性的项目管理计划、例行工作的日常管理计划与处理问题的处置计划。另外，要能辨别目的与目标的差异，能够制定合理的目标，使用目标管理方法。

二、制定决策技能

英特尔的总裁葛洛夫曾说："我们并不特别聪明，只不过在激烈的竞争中，比对手作出更多正确的决策。"对酒店职业经理人来说，制定正确的决策是一项重要的能力。计划与执行的过程有许多的变化，必须不断地进行决策以修正计划，错误的决策会带来失败的后果，正确的决策则能奠定成功的基础。例如人才要从内部培养还是外部引进？年度预算如何分配？选择哪个媒体投放广告？处处都需要决策，决策时有竞争者的影响、时间与资源的限制、信息不足或错误的可能、道德上的压力、人情的包袱。决策的技能包含前提假设、推论能力，信息收集整理、分析、归纳的能力，逻辑判断、博弈竞局能力，面对压力的心理素质等。

【例 2-10】 他该如何决策？

王强新近受聘担任一家有 300 间客房的高星级酒店的总经理。他的这一选择是不寻常的，因为除作为酒店常客外，他从未有过酒店业的从业经历。这家酒店四年前开业，开业后曾以服务优良和富有传统特色而闻名。两年后，店方的主管部门频繁更换总经理，已换了七任，也从境外请过三家酒店管理公司。当王强就任时，该店服务质量已大大下降，与过去名声不相称；客人的抱怨越来越多；老客户的续订率日趋下降；客人对服务人员的冷漠、缺乏礼貌、三言两语的草率回答、不规范的服务时常投诉。

第一个月，王强走遍酒店各部门了解情况，尽量同员工接触交谈。他发现员工更衣室乱七八糟，地板肮脏不堪，卫生间无肥皂、毛巾，马桶坐圈丢失，房门破损。其他员工区也同样杂乱无章，墙壁的油漆、灰泥严重剥落。员工食堂的伙食差，厨具变形、不洁，食堂灯光昏暗。他完全可以设想，服务员将美味可口的食物送进套房后，回到的却是一个肮脏的"地牢"的情形。

他惊异地发现，这家运作了几年的高星级酒店竟然没有一套适合本店的管理模式；开业来，对中高层管理者没有做过一次系统的培训；上司指挥下属很费劲，有时还要看下属的脸色行事，因为下属认为你今天在台上，明天还不一定在位。

王强向人事部门了解员工录用情况，发现员工只要填一张申请表就立即安排工作；为节省劳动力成本，从乡镇招了不少临时工，也用了一些下岗"大嫂"，可岗前培训只有半天，甚至有时没有进行岗前培训；除顶头上司的评语外，没有工作评估；原来打算在人事部办公室外设立的布告栏从未设立过，重要人事布告没有固定张贴场所；骨干员工已流失不少，有些部门经理正在寻找合适的单位。

王强还发现酒店存在严重的语言障碍，影响与客人的交流。在近 1000 名员工中，一线服务员有 1/3 不能讲英语，员工之间相识而不知其部门和名字者甚多。

此外，他发现前台工作人员从未去过本店的客房，更不要说以客人身份在里面度过一夜，这怎能热情地向潜在客人介绍客房的特色呢？同样，酒店的 6 个餐厅经理只在本餐厅就餐，不了解其他餐厅的情况，也不了解其他酒店餐饮部的经营情况。酒店的 15 个部门经理也同样不了解其他部门在干什么。信息不灵和缺乏协调使部门之间问题成堆，而客人受害则首当其冲。

三、解决问题技能

英国前首相丘吉尔说："所谓成功便是肩负更大的重任，去面对更棘手的问题。"这句话说明了解决问题是酒店职业经理人重要的任务，也是考验一个人能力最佳的方式。任何一个酒店都或多或少地存在着各种各样的问题，也许是产品质量不佳、投诉不断、人力不足、士气不振、财务困窘、设备老旧等，当面临这些问题时，谁能解决这些问题，谁便能受到重用。解决问题需要的技能是界定问题、收集资料、分析问题、找出问题根源，以及运用创造能力找出解决方案。一个称职的酒店职业经理人必须能有效地了解相关的知识，以及熟练各种技巧与工具，才能在竞争中协助酒店走出自己的路。过去这些技能属于天生的资质，但今日的培训工具已经有了长足进步，能将这些技能变成可以复制的技术，因此有心成为酒店职业经理者，都应尽早培养这些技能，使自己立于不败之地。

四、制定标准技能

"没有规矩，不成方圆。"缺乏标准的企业运作起来特别困难。酒店中的各类事务基本上分成两大类：一类是日常例行性的、周期性的、经常性的事务，如月度考核、服务质量检验、常客接待等；另外一类是特殊性的、非例行性的事务，如引进新设备、VIP 接待、大型会议等。酒店职业经理人必须先把前一类事务尽快标准化，以利于组织的正常运作，之后集中精力处理特殊性的事务，也就是不断由"人治"向"法治"转变。如果酒店未能将例行性事务进行规范化、标准化，事务的变化性就会占用管理人员大量的精力、财力和人力，不仅部属无所适从，大小事情都要报告，而且效率不佳。在制定标准时需要标准化的项目，进行工作分析、作业研究，评估与制定合理标准，形成书面材料，以及培训。

五、执行管理技能

酒店要有好的经营业绩，不仅需要有周密的计划、良好的决策，也需要有执行的能力。如何有效地管理质量、成本、效率与服务水平，有赖于酒店职业经理人的高度技能，管制太多，则会绊手绊脚，士气低落，效率不彰；管制不足，容易出现漏洞，提高成本，质量不保。管制能力的考验主要在于分辨该管与不该管的事，将事后处置提前为事前管理与事中管理。在管理中促进部属自主管理的意愿与能力，由外部控制逐渐演变为自我管理，也是日常所说的"管的最终目的是不管"。

六、激励考核技能

员工期望自己的努力得到应有的鼓励与报酬，酒店中的士气也受到考核公正与否的极大影响。运用威胁与利诱只会让员工短期内有好的表现，但如果要建立持续的绩效，则需要有公正合理的考核办法与激励机制，才能促使人们愿意为工作而努力。绩效考核涉及企业文化、组织形态以及组织的能力等。更要注意员工的需求满足层次，如加薪初期很有效，但最后会失去尺度与激励性。绩效考核的技能包含从战略的高度找出关键绩效指标(KPI)、将绩效指标转换成为员工行为标准、制定绩效标准与评价成果的面谈沟通技巧、绩效检讨与指导修正的能力、不同类型性格员工的激励策略等。

七、团队建设技能

现代企业由于分工不同而导致新型工作团队的产生。团队建设的技能主要有建立共同愿景与目标的能力，调和与利用成员差异的能力，制定共同规范、整合新进人员，从经验学习引进团队找寻正面方向等。酒店业属于劳动密集型行业，大量的工作均由劳动力来完成，团队建设技能在酒店尤为重要。

八、成功领导技能

21世纪最缺乏的资源是领导人才，人才不再是指有工作经验或高学历的人，而是指那些能够不断自我超越、严于律己、顾全大局、能使大众信服且能产生正面效应的人才。如何使组织中形形色色的人有效地一起工作，如何促使部属从表面服从到真心奉献，如何使士气低落的人重振士气，如何使成功的人不因得意而停滞不前，如何使软弱的人有勇气，如何使粗心的人不致酿成大祸，如何使利益不同的人相互支持，这些都有赖于职业经理人的领导技能。领导技能主要是分辨部属的特性与现况，选择适当的领导风格，情绪的认知，控制与调节，激励能力，达成共识，坚定的信念与意志力。

九、培养下属技能

在中国传统中自古有留一手的惯例，也就是我们俗话说的“教会了徒弟、饿坏了师傅”。过去由于经济的主体是以个人生产力为主，而且信息的取得与交换非常缓慢，因此谁能有独家秘方，绝对要好好隐藏，才能显出独特性与差异性。但现今的组织已经不同于前，无法靠一个人的绝活闯天下，企业要成功，便需要广纳人才，但是人才不是天生的，况且学校能教的有限，各个企业的差异性也很大，因此能否有效培养下属便成为重要的关键能力。加上现今的信息流通快，领导不教下属，下属在不久的将来也会学到，但是领导会丧失专业的领导能力，也就是说领导不是他的师傅，下属会对领导缺乏尊敬与信服。培育下属的能力包含评鉴培训需求、制定培训目标、编写培训材料、选择教学方法、应用教学工具以及评鉴培训成果的能力。

十、会议主持技能

彼得·德鲁克说：“现代企业的经理人不是在做事就是在开会。”这说明会议是组织中互相沟通信息、交换意见以及形成决策的重要活动，如何把会开好便是一件重要的事。

要善于主持会议并对会议进行管理，首先要明白一般会议的三种主要类型：①沟通意见、交换信息的讨论型会议；②传达信息、发布信息的传达型会议；③产生共识以及激励为主的共识型会议。会议的类型不同，主持方式也就不同。如何分辨会议的类型、会前的准备工作、议题的选定、参与会议人员的确认、场地的布置、座位的安排以及主持人如何控制场面与时间、如何做会议记录、如何处理争议、如何引导发言、如何形成结论、会后如何跟进、未尽事宜的协调等，都是职业经理人必备的技能。酒店是一个小社会，对客接待业务涵盖了“吃、住、行、游、购、娱”各个方面，需要大量的人力来完成各项工作，酒店职业经理人要善于通过主持会议制定决策、布置工作和激励士气，从而完成各项工作。

十一、沟通表达技能

人类文明的发展与沟通方式直接有关。公司内部也如此，擅长沟通的组织的工作效率较高，防范问题的能力也比较高，文化统一性较强。沟通方式分为书面以及口头两种。书面方式如备忘录、调查报告等；口头方式如主持会议、员工培训、销售说明等。从另一角度来说，经理人的主要任务是不断地沟通，所以良好的沟通表达能力是每一位职业经理人的必备技能。随着资讯时代的到来，现代办公室里最主要的沟通方式是电子邮件和互联网，那些计算机技能不熟练的经理人将很快“失去感觉”并被抛在日益变化的互联网环境之后。

十二、接待业务技能

没有天生的管理者，所有的管理者都是后天的学习和经验积累到一定程度后自然成长的结果。在酒店行业，不会直接从高校引进优秀的学生直接担任酒店部门的经理人，因为对于一个不熟悉酒店部门业务技能的人来说，很难管理好这个部门。因此，酒店经理人的培养也需要从酒店基层的岗位做起，学习各项接待业务技能和部门管理技能。酒店接待业务技能主要包括前厅接待技能、财务收银技能、餐饮服务技能、客房服务技能等。

十三、个人管理技能

作为酒店经理人，要不断超越自我、突破自我，以身作则，成为部属的表率。职业经理人要进行个人管理，首先应从时间管理着手，彼得·德鲁克说：“除非把时间管理好，否则没有办法管好其他的事情。”实践证明也是如此。因此，人生成败、绩效好坏、公司兴衰都取决于每一个经理人的每一天上班时间。作为酒店经理人最重要的另一项个人管理是EQ管理，EQ即情商，如如何保持快乐的心情，如何维持高昂的斗志、如何自我激励，并且不受外在环境的干扰与影响等。酒店经理人能做好个人管理，才能确保在漫长的人生旅途中，不论遇到何种影响，都能保持最佳状况。

变化是永恒的，那些希望成功的酒店经理人展现出他们的灵活性和可以进行改变的本领。酒店经理人提高自己的最有效的办法是要有学习的激情,并使学习成为一种生活习惯。要培养一流的酒店职业经理人,仅仅拥有以上十三项技能还不够,还必须从以下五个方面入手:①来自内心深处的决心与承诺;②对管理有高度的兴趣与学习热情;③接受先进的系统化学习;④建立支持系统,如图书、标志、研讨会等;⑤实际操作,通过实践深入了解所学,通过实践修正升华学习的理论。学习的激情,加上刻苦努力、诚心和良好的态度将成为所有经理人的良好的基础。同时,也不要忘记享受生活和寻找乐趣。

"物竞天择,适者生存。"酒店经理人应提早进行自己的技能培养和修炼,才能在未来信息化、数字化的酒店职业生涯中立足发展,带动中国酒店业的发展。

工作任务三　酒店管理者的职业素质

【例 2-11】

三亚亚龙湾喜来登度假酒店的总经理鲍××先生以身作则,身先士卒,这是店内员工甘心不辞劳苦为客服务的主要动力之一。鲍××先生每天都会到酒店各处巡视,巡视过程中发现所经之处有少量垃圾时则会亲自动手处理,而不是另外找人解决,以身作则的行为给员工的榜样作用明显,服务意识得到了很好的体现。

一、服从上司

上司是员工重要的负责对象之一,下属要时刻把上级领导的意图和工作要求领会透彻,才能抓住要领、突出重点、事半功倍。但服从应是明智的,而不是盲目的。

【例 2-12】　不能盲目地服从

某酒店是一家合资酒店,客房部分管理人员是从外方管理的酒店招聘来的,其中一名领班叫陈思,深受外方管理思想的影响,他坚信"绝对服从"是最好的管理方法,在对员工的培训中他一直灌输"先服从后讨论"的思想。因此,在日常管理中,大家都不敢与他讲话,他不在时大家十分活跃,他一来,大家都不吱声了。客房部每名服务员负责 12 间客房的清洁工作,每名领班负责 100 间客房的检查,服务员做过的房间,楼层领班都要仔细检查一遍。

陈思检查房间十分细致,经他检查后的房间有的能列出十几个问题,要求服务人员重新返工,员工返工之后,他再检查一遍,有的服务员为偷懒,在问题单上打"√"表示返工过了,或者返工时只做几项。陈思复查时发现有的项目没有做,把服务员叫来一顿指责,要求重新返工,这样他与服务员之间产生了很大矛盾。因为服务员在接受培训时就被灌输了"先服从后讨论"的思想,所以在陈思批评他们时都敢怒不敢言。

受了气的员工想方设法去发泄,如有意弄碎热水瓶、拿毛巾擦地……你越不让做什么他偏要做什么,服务员把这种逆反心理带到了工作中,直接影响了服务质量。一天,陈思被关在电梯里,服务员看着解气,也不报告,他被关了近一个小时。

二、不断创新

现代酒店经营理念已经不再是追求过去的标准化服务，而开始向追求个性化服务转变。酒店接待的客人千差万别，要提供个性化的服务困难重重，因此要求酒店管理者在实际工作中不断地进行创新和创造，提高服务质量、提高客人满意度。如客房的创新，在房内所挂的壁画、靠垫等可以多配备一些品种，楼层与楼层、客房与客房之间进行调换求取变化；房内所配的鲜花定期更换摆放的地方，植物花卉可根据不同的季节在客房摆放不同的品种；客房内的欢迎信，现在基本上是千篇一律打印好的，如果能针对不同客人的生活习惯，好好写一封欢迎信，在欢迎信上放几只亲手叠的千纸鹤或美丽的蝴蝶表示祝福，不需要花费多少时间，却足以带给客人一份惊喜、一种新意，增强客房的亲和力。

三、经营团队

酒店管理者应通过人格魅力吸引员工、打动员工，并通过与员工交心等形式疏导思想情绪，维持每个员工的精神状态、工作状态始终处于最佳；还要促进员工彼此之间在心理上的相互认同、在个性上的相互包容、在服务技能上的相互补充、在生活行为上的相互监督、在利益分配上的相互谦让，形成以人为本的团队精神的基础。

四、以身作则

以身作则意味着酒店管理者要自律，自律就是按照一定的行为准则严格规范自己的言行。自律是管理者服众的本钱，你的自律会树立起你在客人心目中的形象，提升在领导那里的“分量”和在员工心目中的威望。自律意识强的人足以提升自己的人格魅力，使自我的灵魂得到净化，思想境界得到提升。一个不能严格自律的酒店管理者非但不能服众，很可能把工作搞得一团糟，贻误工作，甚至处于被淘汰出局的危险境地。

五、敬业乐业

酒店管理人员对酒店的忠诚、对工作的热爱和负责，体现在对客人的尊重、对客人满意度的不懈追求等方面，这是推动酒店永续经营的发展动力和源泉。只有客户满意率与满意度的大幅度提升才能形成客户与酒店同生共存、互惠互利的趋势，推动酒店生意更加兴隆。

六、吃苦耐劳

酒店管理人员必须能吃苦，能承受一定的工作压力，任劳任怨，甚至为酒店做出必要的牺牲。特别是在接待活动较为集中的旺季，如春节、重大节假日期间，酒店管理人员应以身作则，主动放弃与家人团圆、与亲友相聚的黄金时间，把对亲人的温馨体贴转化为给客人提供亲情化的服务，用真诚的服务赢得客人的赞赏和青睐。

教学案例

案例一　客房员工私藏客人钱包

在客人办理退房手续时，原管家部楼层员工杨某对客人所入住的房间进行查房，他将客人遗留在房间里的钱包私自收藏。后经客人反映，酒店保安部及管家部联合调查，将客人物品找回，追回了客人700元的现金损失。

点评：

(1) 此次事件的发生给该酒店造成了严重的不良影响。可将杨某交送执法机关，但酒店可根据情节严重和杨某的态度，本着宽容的态度给予相应处理。

(2) 利用工作之便，私拿客人遗留物品，不仅属于职业道德问题，同样属于违法犯罪行为，酒店需严加防范，杜绝此类事件的发生。

案例二　酒店工作人员切忌见利忘义

管家部楼层领班张某，在2月23日早上检查退房时发现客人遗留的约9万元现金后及时上报了上级主管，从而在客人返回寻找时能够立即归还客人，为酒店树立了良好的形象。为表彰她这种拾金不昧的精神，并在员工中树立积极的榜样，酒店特给予张某1000元的现金奖励，并在全酒店范围内进行了广泛表扬。

点评：

(1) 酒店客人将财、物遗忘在酒店的事情时有发生，作为酒店工作人员，应该恪守职业道德，切忌见利忘义。

(2) 酒店对于拾金不昧的行为应该大力宣传，树立榜样，给予相应的物质和精神奖励，倡导员工恪守职业道德。

项目小结

本项目主要介绍了作为酒店从业者应该具备的职业素养，包括酒店职业性质、酒店员工应该具备的职业意识、道德、技能和素质，为学生今后走向酒店工作岗位提供帮助。

复习思考题

一、问答题

(1) 一般来说，酒店从业者应具备哪些职业意识？

(2) 一般来说，酒店管理者应具备哪些职业素质？

二、案例分析题

(1) 一天，我出差到深圳参加一个学术论坛，入住深圳最繁华地段的一家豪华商务酒店。店内装饰温馨典雅，来往这里的客人都是尊贵儒雅的商界名流、政府显要，参加此次论坛的人员也都是来自世界各地的高层人物，大家都非常注意自己的仪表和言行。

入住的当天下午，办完手续刚进房间，就有会议负责人约我去见一些业界同行，我急急忙忙洗了把脸，用面巾纸擦了几下就走出了房间，到楼下碰头。走廊里，一位客房服务员看见我，热情地向我点头微笑问好，问好后的余意好像要说些什么。我已经顾不上服务员要说什么了，就走进了电梯。下了电梯，会议负责人就迎上来，看了一眼我的脸，热情地跟我握手，然后要去给我引见新朋友。这时迎面朝我走来一位穿制服的酒店管理人员，同样热情地向我点头微笑问好，边问好边用左手有些不合时宜地擦了一把左脸，并顺势抚了一下本来就很平滑、光亮的头发，同时两只眼睛带着微笑地看着我。我的心里咯噔一下，顿时明白了什么，趁着朋友招呼其他客人的间隙，我也顺势擦了一把左脸，并抚平了湿湿的、有些上翘的头发，收回手时发现手里有两团面巾纸片，突然我就被一种悄无声息的关怀感动了，油然而生一种非常亲近的温暖之感，大概这就是别人常说的“家外之家”的感觉吧。从客房服务员在楼层走廊里看到我，到我从电梯里走出来，迎面就有酒店管理人员那么及时和自然的暗示，真让我叹服酒店服务的信息传递和协作服务的技巧，服务的最高境界大概也就是这样吧，让一份感动悄无声息地滋润你的心田。

这则案例给酒店从业者的服务工作带来哪些启示？

(2) 某酒店一名客房服务员由于疏忽，将客人放进玻璃杯里的眼镜液和隐形眼镜倒掉了，客人回来后大发雷霆。服务员承认了错误，并马上给客人配了一副，客人表示满意。事情到此可以说圆满解决了，可是酒店并没有就此满足。晚上开夜床时，酒店为客人做了一个眼镜形的小蛋糕作为礼物。客人看了开怀大笑，之后成为酒店的忠诚回头客。

请根据所学知识分析此案例。

项目 三

酒店主要接待部门管理

学习目标

- 了解酒店前厅部、客房部、餐饮部、康乐部的地位和作用。
- 熟悉酒店前厅部、客房部、餐饮部的组织结构。
- 掌握酒店前厅部、客房部、餐饮部、康乐部的业务内容、接待流程和日常管理。

引例

慎用“这是酒店的规定”

前段时间，酒店司机小李遇到了这样一件事情。

一位客人一上车就问：“司机，你们酒店的租车费怎么那么贵？”根据上车之前和客人短暂的接触，客人给小李的感觉是位斯文有礼的男士。小李答道：“也不算贵。我们酒店本着优惠客人的原则，客人商务用车都只收取成本费用。”客人说：“这还不算贵啊！比如我现在去机场，你们酒店的本田车就得100元。据说，打的士大概只需要一半的钱！”小李心想：既然了解过了，那他为什么还是选择租用我们的车呢？客人应该在意的不是价格，而是其他吧。于是小李解释说：“搭乘的士相对是便宜一些，但是的士肯定没有我们的车那么舒适和方便。再说，我们的车只提供给在酒店消费的客人租用，相对而言，成本肯定会高些的。比如，您现在如果是去机场接朋友，我们负责等候和接送，包括等候半个小时内的收费只是120元。如果是搭乘出租车，价格应该是您刚才所说的两倍。”客人接着说：“这个我明白，但你们的价格也不止成本价吧？其实你们酒店可以少赚一些，这样租用车的人也会多一些。”小李笑道：“说句老实话，相对于其他五星级酒店的车辆租赁收费标准而言，我们酒店的收费就是成本价。而且许多酒店都会加收15%的服务费，我们酒店没有这项收费。”客人听完也笑了：“那以后我可真要留意下其他酒店的收费情况了。你们酒店的对客解释工作做得还可以，起码听起来还可以接受。不像有的酒店就硬邦邦地回答这是酒店的规定，听着让人很不舒服。”

听到客人后面的那句话，小李不禁汗颜：以前他也曾用这句简单的、被客人称为硬邦邦的话来回答过其他客人的提问。换来的是客人的沉默或者是更加强烈的不满。当时自己也纳闷：为什么我们觉得很正当、合理的解释，在客人看来却变成了一种敷衍？

碰到类似的事情多了以后才发现，酒店员工往往陷入这样的一个误区：没有和客人站在同一个角度想问题！"这是酒店的规定"的潜在意思是：酒店规定就是这样的，我们必须这样做。而客人需要的是一个和他们角度相同的合理解释，用这句话来回答，很明显是两个不同的立场。给客人的感觉就是酒店只从自己本身的利益出发，并没有考虑客人的利益。只有"晓之以理"的"理"，未见"动之以情"中的"情"，客人自然不满意。脱离了"将心比心"的服务态度，类似的"规范用语"怎能达到酒店对客服务的标准？

点评：

在对客服务过程中，经常会遇到客人对酒店服务、价格、设施等方面提出的质疑，这时就少不了要向客人解释。"换位思考"是酒店员工必须坚持的原则，只有在这种服务态度下，才能从容应对客人的各种质疑，让客人在真诚的解释中疑虑顿消。

资料来源：全国旅游星级酒店评定委员会办公室. 星级酒店经典服务案例及点评[M]. 北京：中国旅游出版社，2008.

模块一　酒店前厅部运营管理

任务导入

由教师带队，到合作酒店的前厅部参观，直观了解酒店前厅各部门概况。

工作任务一　前厅部的地位、作用和基本任务

一、前厅部的地位和作用

（一）前厅部是酒店的形象代表，反映酒店的整体服务质量

前厅是客人到达和离开酒店的必经之地，其服务贯穿酒店对客服务的全过程。酒店大堂的设计、装修、布置等硬件设施体现了酒店的档次和文化氛围；前厅部的接待水平、员工素质、管理模式将直接影响酒店的整体服务质量和管理水平，是酒店的形象代表和对客服务的窗口。

（二）前厅部是影响酒店经济收入的重要部门

前厅部承担着销售酒店客房的重要任务，客房是酒店最主要的商品。据统计，国际上客房收入一般占酒店总营业收入的50%；在我国，客房收入能达到酒店营业收入的70%，甚至更高。因此，前厅部的销售状况直接关系酒店的经济效益，同时，前厅部还可以通过为客人提供租车、快递、票务等服务创造经济收入。

（三）前厅部是酒店内外联系的枢纽和信息中心

前厅部是客人与酒店沟通的枢纽，客人的需求、建议与投诉，通常由前厅部代表酒店与客人沟通。客人的信息、资料由前厅部收集、整理，使酒店能为客人提供个性化服务。同时，前厅部与业界合作单位、政府职能部门、客源单位等保持着沟通与联系。前厅部统计的房态、入住率、客账等各类数据、报表，为酒店的管理、决策部门制定经营策略提供参考依据。

二、前厅部的基本任务

（一）销售客房及酒店其他产品

前厅部承担着向客人介绍并销售客房的任务，应该争取提高客房出租率、增加客房收入。前厅部同时还负责为客人推荐酒店的其他产品，如餐饮、康乐等，带动其他部门的产品销售。

（二）提供前厅各项日常服务

前厅部负责接受客人预订，为客人办理入住登记。在机场、车站等地接送客人，为客人提供门厅迎送服务、行李服务、问询服务、电话转接服务、留言服务、商务中心服务等。

（三）管理客账

前厅部是酒店营业收入的主要部门，负责建立客人账户，记录客人在店的各项消费，每天进行核算，确保客账收入准确无误，并为客人办理离店结账手续。

（四）了解客人需求，传递信息

前厅部提供直接对客服务，能充分了解客人需求，并将需求信息传递到相关部门。同时，前厅部负责酒店各部门之间的信息传递。

（五）建立客史档案

前厅部为住客建立客史档案，是酒店向客人提供个性化服务和增值服务的依据。同时，客史档案也为酒店销售决策提供参考。

工作任务二 前厅部的组织结构

前厅部的组织机构设置和岗位职责的划分应该结合酒店自身的性质、等级、规模、管理方式等情况来确定，做到精简高效、分工明确、统一协作，充分发挥前厅部在酒店的枢纽作用。

一、前厅部的组织机构设置

各个酒店前厅部的组织机构设置存在差异，主要表现为以下四个方面。

（1）大型酒店管理层次多，而小型酒店的管理层次少。许多大型酒店设有经理、主管、领班、服务员四个层次；小型酒店一般只设有经理、领班、服务员三个层次，减少管理层次可降低管理费用。

（2）大型酒店机构多，而小型酒店机构少。例如，大型酒店一般设有商务中心、车队，有的还根据实际需要，设有行政楼层，为商务人士和高消费人士提供高规格服务，统归前厅部管辖（有的酒店归属房务部）；而小型酒店则没有这些机构。

（3）大型酒店岗位分工较细，而小型酒店则会将一些岗位合并。例如，小型酒店的行李员同时兼做迎宾员，前台接待员负责入住接待、收银、问询三个职务。

（4）许多大型酒店设房务部，统管前厅部和客房部，以加强沟通与协调。三种不同规模酒店前厅部的组织机构如图 3-1～图 3-3 所示。

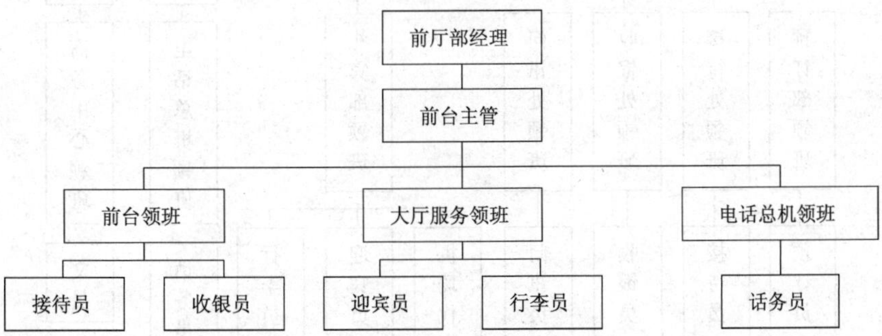

图 3-1 小型酒店前厅部的组织机构

二、前厅部各机构的主要职能

（一）预订处

预订处负责酒店的订房业务，接受客人以电话、传真、互联网、信件等形式的预订；与客源单位联系，销售酒店客房，与前厅部的其他相关机构沟通，传递客情信息；制作预订报表，安排预订计划。有的酒店根据业务需要，将预订处划归销售部管理。

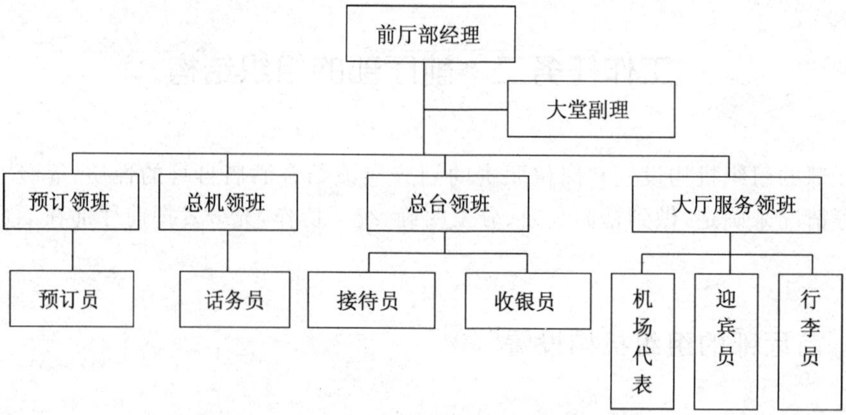

图 3-2 中型酒店前厅部的组织机构

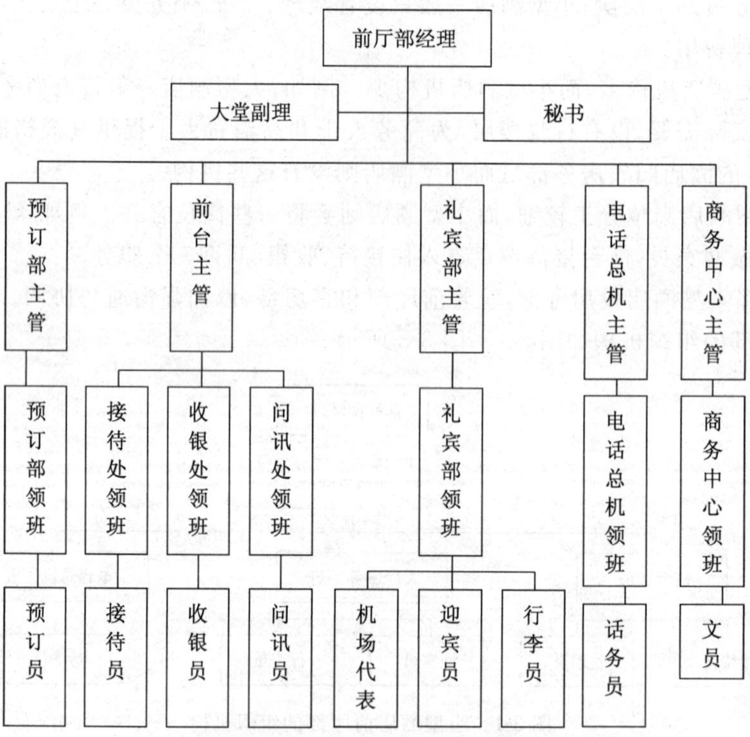

图 3-3 大型酒店前厅部的组织机构

（二）接待处

接待处负责向客人介绍、销售客房；为抵达的住店客人（包括有预订的团队客人、散客、长住客和无预订的客人）办理入住登记手续，分配房间；掌握住客动态信息，控制房间状态，制作客房营业日报表等；与预订处、收银处、客房部保持沟通，协调对客服务工作。

（三）问讯处

问讯处负责解答客人的各种询问，包括本酒店的设施设备情况、服务项目情况，本地区的交通、旅游、购物等相关信息；接待来访客人，处理客人的留言、邮件等。

（四）收银处

收银处因业务性质所定，在许多酒店隶属于财务部，由财务部管辖。但因收银处位于总服务台，与接待处、问讯处共同提供对客服务，是总台的重要组成部门，因此，前厅部也对前厅收银的工作人员进行日常管理和考核。

（五）礼宾部

礼宾部的主要职能有：在机场、车站、码头接送客人；为客人提供门厅迎送服务、泊车服务，负责酒店大门口的交通秩序和安全；为客人提供行李搬运和寄存服务；引领客人进房间，介绍酒店服务项目和房间使用情况；为客人分发报纸、信件、留言；帮助客人预订车辆。回答客人的各种询问并提供各项委托代办服务。

（六）电话总机

电话总机主要负责电话转接，回答客人询问，叫醒服务，请勿打扰电话服务，受理电话找人、投诉、留言服务；播放背景音乐；在紧急情况下充当酒店的指挥中心。

（七）商务中心

商务中心主要为客人提供：上网、打字、复印、打印、传真等服务。有的酒店也可以提供翻译、秘书、管家服务。

工作任务三　前厅部接待实务

一、客房预订

（一）预订的方式和种类

1. 预订的方式

预订的方式主要有电话预订、传真预订、网络预订、面谈预订等。电话预订快捷方便、应用广泛；传真预订多用于酒店与合作单位、客源单位书面确认预订信息，正式、省时、可靠；网络预订是目前最先进的方式，便捷、价格优惠，广受个人订房者的欢迎；面谈预订是客户亲自到酒店商谈订房事宜，可直观了解酒店客房情况。

2. 预订的种类

(1) 临时性预订。在客人抵达酒店前很短时间内或抵店当天联系订房。一般保留房间至当天 18 点。因时间临近，酒店一般不收取订金。

（2）确认类预订。酒店承诺为客人预留房间到预订日期的18点或约定的时间，有书面和口头确认两种方式。确认类预订一般不收取客人订金，但过了规定时间，客人未到也没有提前与酒店联系，酒店有权将房间出租给其他客人。

（3）保证类预订。客人通过预付订金、信用卡担保、签订合同等形式，保证支付给酒店其所订房间的费用，同时酒店确保为此类客人提供客房。

（4）等待类预订。在酒店房间已订满时，将客人列入等候类名单，如出现其他客人变更、取消预订，或提前离店等情况，优先为等待类预订客人安排房间。

（二）预订业务流程

预订业务流程包括：受理预订、确认预订、婉拒预订、预订的变更与取消。下面以电话预订为例进行介绍。

1. 受理预订

（1）接到客人预订时，询问客人住宿要求，同时介绍房间种类和房价，采用适当的报价方式。

（2）查看计算机，如能满足预订要求，则接受预订。

（3）询问客人有无其他要求，如是否需要接机服务，如果需要，则应询问并记录航班号、预计抵达时间、用车要求、费用等。

（4）填写预订单，包括客人姓名、预计抵店时间、所需客房类型、房间数量、逗留天数等，并与客人复述核对。

2. 确认预订

对客人的预订加以确认，酒店一般采取书面确认函、电子邮件、短信等方式。

3. 婉拒预订

如果无法满足预订要求，则婉拒预订。如果客人愿意，也可将其列入等候名单，有空房时及时联系客人。

4. 预订的变更与取消

客人抵店前可能因各种原因通知酒店变更预订内容，如变更日期、房型、数量等，甚至取消预订。预订员应及时做好调整，并核对信息。

（三）超额预订

超额预订指酒店在订房已满的情况下，适当增加订房数量，以弥补少数客人临时取消预订、预订不到或提前离店等情况导致的客房闲置。

酒店客房是一种无法储藏的特殊商品，当天的房间如果没有销售，就会造成损失。尽管酒店采用了预订确认、预付订金等方法加以控制，但客人仍会因各种原因无法抵店、延迟抵店或提前离店，使客房闲置。因此，为提高住房率、争取最大的经济效益，酒店有必要采用超额预订。超额预订遵从适度原则，酒店根据团队、散客的预订比例；不同预订种类所占比例大小；淡、平、旺季的差别；本地区有无同类型、同级别的酒店；本酒店的市场信誉度等来确定超额预订的大小。

二、礼宾服务

（一）店外迎送服务

店外迎送服务是指酒店在机场、车站、码头等地迎送抵、离店客人，同时争取未预订的客人入住本酒店，主要由酒店的机场代表完成。机场代表应熟悉本酒店情况，有高度的责任心和较强的应变能力、交际能力。店外迎接服务流程如下。

1. 客人抵达前

(1) 查询预订报告，掌握客人姓名、航班(车次)、到达时间及接待规格等。

(2) 检查仪容、仪表，准备好接机(站)牌。

(3) 安排好车辆，提前到位等候。

(4) 随时注意客人所乘交通工具到达时间的变动，若有延误或取消，应及时通知前台。

(5) 在显眼的位置，高举接机(站)牌等候。

2. 客人抵达时

(1) 主动问好，确认客人身份后，代表酒店向客人表示欢迎。

(2) 引领客人上车，并将行李装车。

3. 前往酒店途中

(1) 主动介绍当地的风土人情、旅游景点、本酒店情况、服务项目等。

(2) 始终与酒店前台保持联系，通知客人预抵达信息。若客人属贵宾，则通知前台提前安排好迎接工作。

4. 抵达酒店后

(1) 将客人介绍给门童，与行李员做好行李交接。

(2) 收集、整理客人意见，及时反馈；填写工作记录及交班本，确保信息有效传递。

（二）门厅迎送服务

门厅迎送服务是指客人到达酒店大堂时，代表酒店迎送客人。该岗位被称为礼宾、迎宾、门童(door man)，是酒店形象的代表。礼宾员(图 3-4)一般由身材高大、反应灵敏的青年男性担任，个别酒店为体现特色，也由气质优雅的女性担任。服务内容包括：代表酒店欢迎、送别客人；为客人开车门，帮客人清点、提拿行李，并交接给行李员；维持酒店大门的环境清洁；疏导酒店门前车辆；做好门前安全工作，保持警惕，拒绝可疑人员进入酒店；回答客人各种询问。

1. 门厅迎接服务流程

1) 等候引导

(1) 站立于酒店大门一侧，保持仪表整洁、态度和蔼，礼貌问候客人。

(2) 使用规范手势，引导前来酒店的车辆停在适当的位置，保持大堂门口畅通、清洁、秩序良好。

(3) 注意观察进出酒店的客人，劝阻衣冠不整者进入酒店大堂，若发现可疑情况立即

图 3-4　礼宾员

报告。

2）为客人开车门

(1) 门童等待车停稳后为客人开车门。若是出租车，待客人付款后再开门。

(2) 左手开车门，约 70°；右手挡在车框上，为客人护顶；对常客可以称呼其姓名或职务以示尊重。

(3) 关车门时力量适中，不要夹住客人的衣服。

(4) 如果客人行李多，主动帮司机卸行李，并提醒客人清点行李，注意车上有无遗留物品；示意行李员为客人运送行李。

3）注意事项

(1) 开车门时原则上先女宾后男宾，先外宾后内宾，先老人后小孩。

(2) 对佛教和伊斯兰教徒不能为其护顶。若无法判断客人身份，可将手稍微抬起而不护顶。

(3) 遇到残疾客人或行动不便客人时，立即上前搀扶，示意行李员为客人准备轮椅。

(4) 下雨天主动为客人打伞。

(5) 礼貌谢绝客人带宠物进入酒店。

【例 3-1】　开错车门

一辆高级轿车停在酒店门口，门童小李看清车里坐着三位欧美客人。前排坐着一位女士，后排是两位男士。小李迅速走过去，为客人开后车门，做好护顶，再开前车门。结果那位女士满脸不悦。案例中，欧美客人讲究女士优先的原则，应先为前排的女士开车门。

2. 门厅送客服务流程

1）散客离店送行

(1) 主动为客人叫车，引导车辆停在酒店门口合适的位置。

(2) 协助行李员搬运客人行李，待客人确认无误后关闭汽车后舱。

(3) 为客人开车门，请客人上车，并为其护顶。

(4) 向客人道别，祝客人旅途愉快。

(5) 关车门，切忌夹到客人的衣、裙角。

(6) 站在车的斜前方 1.5～2 米处，引导司机慢慢将车开出；挥手致意，目送车辆离开。

2) 团队离店送行

(1) 引导团队车辆停在酒店门口合适的位置。

(2) 协助行李员清点行李并搬运上车。

(3) 客人上车时，站在车门的一侧，向客人点头致意，协助行动不便的客人上车。

(4) 站在车的斜前方 1.5～2 米处，引导司机慢慢将车开出；挥手致意，目送车辆离开。

3) VIP 离店送行

(1) 接到 VIP 离店通知时，事先安排好车辆在酒店门口等候。

(2) 其他程序与散客离店送行相同。

【例 3-2】 欢迎下次光临

李女士在酒店等候一位商业合作伙伴，但这位合作伙伴迟迟未到，李女士比较着急，时不时走到酒店外的马路上张望。当班的门童小张每次见到李女士出门，都非常有礼貌地说："请慢走，欢迎下次光临。"多次往返，李女士觉得很尴尬，最后她终于忍不住了，对小张说："我还没有退房呢！"案例中，小张见到客人外出，总是过于机械地重复送客用语，没有注意观察。对于客人暂时外出，可以说"一会儿见"。避免客人反感。

（三）行李服务

行李服务主要由行李员完成，行李员应能吃苦耐劳，善于观察，主动与客人交流，积极为客人提供服务；掌握本酒店和本区域情况，能够回答客人问询。行李员的主要服务内容有抵离店行李服务、行李存取服务、换房行李服务。

1. 散客抵店行李服务流程

(1) 行李员主动上前问候客人，为客人清点行李，检查行李有无破损。

(2) 如果行李较多，则使用行李车。装车时，小的、轻的行李在上，大的、重的行李在下。贵重和易碎物品不必主动提拿。

(3) 引领客人到酒店前台办理入住手续。在客人侧后方 1.5 米处看管行李，等候客人。

(4) 待手续办理完毕后，主动上前，从接待员手中接过房卡，提拿行李并引领客人去房间。

(5) 途中，走在客人侧前方，距离两三步。主动与客人交流，介绍本酒店的服务项目。

(6) 到达客房后，先敲门，确认房间无人再打开房门。环视客房，如果情况正常，退到房门一侧，请客人先进。将行李放在行李架上或客人指定的位置。

(7) 适当给客人介绍房间设施。介绍过程中，注意观察客人表情，并回答客人问题。如果客人是常客，或比较疲劳，则不必介绍。

(8) 询问客人是否还有其他需要，若没有，礼貌地与客人道别。面向客人退出房间，轻轻关上房门。

(9) 做好行李搬运记录。

2. 团队抵店行李服务流程

(1) 与领队或导游交接行李,清点件数,检查破损情况,并做好行李搬运记录。

(2) 按房号给行李挂上行李牌,以便准确送达客人房间。如果暂时不送,应加盖行李网,妥善保管。

(3) 迅速、准确地将行李送往客房。行李搬运时注意"同团同车、同层同车、同侧同车"的原则。

(4) 到达客房时,先敲门。客人开门后,主动问好,请客人当面确认。

(5) 如果客人不在房间,则先送其他房间的行李,结束后再送一次。若还是无人,则将行李带至行李房交领班处理。

3. 行李寄存服务流程

(1) 主动问候,并确认客人身份。

(2) 委婉告知客人酒店行李的寄存规则,不能寄存易燃、易爆、易腐蚀及贵重物品。

(3) 若客人行李属于可寄存范围,检查行李外观,如发现破损,及时向客人说明。确认行李件数、客人姓名、寄存时间、房号。

(4) 填写"行李寄存牌",上联(寄存联)挂在行李上,下联(提取联)交与客人,告知客人领取行李时,需出示提取联。

(5) 按寄存时间的长短有序放置行李,易于查找、搬运。如果客人行李件数较多,用绳索串在一起,集中放置。

(6) 对于易碎物品,应标记"小心轻放"字样。

(7) 填写"行李寄存记录本"。

4. 换房行李服务流程

(1) 接到前台换房通知后,问清客人房号、换房时间,并确认客人是否在房间。

(2) 领取新的房间房卡,按要求到达客人房间。

(3) 请客人清点要搬运的行李后,装上行李车。

(4) 引领客人至新房间,将行李放在客人指定的位置或行李架上。

(5) 将新房间房卡交给客人,收回原房间房卡。向客人道别,离开房间。

(6) 回到前台,将原房卡交还给接待员,并做好换房行李记录。

(四) 委托代办服务

酒店礼宾部在力所能及的情况下,为客人提供各项委托代办服务。例如,帮客人转交物品,代买商品,预订车辆,租借自行车、雨伞,提供旅游服务等。

(五) 金钥匙服务

金钥匙服务是为客人提供满意加惊喜的个性化服务,是礼宾服务的最高境界。金钥匙的全称是"国际酒店金钥匙组织"(UICH)(见图 3-5),是国际性的酒店服务专业组织,1929 年起源于法国巴黎。1995 年,中国正式成为国际金钥匙组织的成员国(见图 3-6)。金钥匙的服务宗旨是在不违反法律和道德的前提下,为客人解决一切困难。两把交叉的金钥匙,一把代表开启酒店综合服务的大门;另一把代表开启城市综合服务的大门。

图 3-5　国际酒店金钥匙组织标志

图 3-6　中国酒店金钥匙组织标志

相关链接

金钥匙服务

1995年年底，世界首富比尔·盖茨应邀从香港到广州白天鹅宾馆演讲，计划坐船从香港到番禺南沙港，然后经沙窖岛再坐船到白天鹅宾馆的后花园码头。为避免交通不便而影响惜时如金的比尔·盖茨的紧张日程，香港微软公司向白天鹅宾馆提出，最好能调用直升机开辟从南沙到沙窖岛的特别航道。这个任务落到了当时宾馆几位金钥匙头上，他们既兴奋又紧张，因为这次的委托代办任务不比以往，实在难度大。他们分头行动，先与南航直升机公司联系，再根据其要求，从省政府拿到同意的介绍信；然后在公安部的协助下，到广州军区司令部作战处办理有关飞行图的审核手续；当拿到这些批文后再到南航落实具体的方案。金钥匙们还和南航的有关人员一起去南沙及沙窖岛踩点，他们上午在南沙港选择停机的位置、清除地面沙子、沙井盖，并落实当地派出所负责安全保卫工作；下午到沙窖岛，由于那里建了别墅，选择一块合适的空地并不容易，最后停机坪造在鱼塘边一块开阔的空地上，用红布铺成停机标志，并用红地毯铺至离码头400米的路口，以便比尔·盖茨下机后用专车送到码头。出于职业习惯，金钥匙又主动提出了第二套、第三套方案，以防万一，之后的整整一个月内，他们的神经都绷得紧紧的。终于，比尔·盖茨乘飞翔船抵达南沙，天气不好，在南沙待命的直升机不能起飞，原计划取消，第二套方案启动：比尔·盖茨一行乘坐三辆奔驰，由警车开道，用45分钟到达沙窖岛，立即登上快艇向白天鹅宾馆驶去，15分钟后，比尔·盖茨出现在白天鹅会议中心的讲台上……

资料来源：中国酒店业十大杰出青年候选：孙东[EB/OL].[2007-05-24]. http://finance.sina.com.cn/hy/20070524/15433626397.shtml.

三、前台接待

(一) 房型与房态

酒店根据级别和需求情况，设置不同房型的客房。房态指酒店的每间房所处的状态。前台接待应熟悉本酒店所有的房型，并随时掌握和控制房态的变化情况。

1. *房型*

房型可按房间等级、床的种类、使用功能等分类，主要有以下几种常用房型。

(1) 单人房：放置一张单人床，适合单身客人使用，是酒店最小的房间。

（2）双人房：放置两张单人床，配备两套洁具。

（3）大床房：放置一张双人床的房间。适合夫妻居住，也适合一位客人居住。

（4）标准间：酒店最基本、最普通的房型，又分为单人标准间和双人标准间。

（5）豪华房：在房间面积、室内装修、楼层等方面优于标准间，等级和价格高。

（6）套房：根据房间数量、设施标准、使用功能、室内装饰进行划分，可分为普通套房、商务套房、家庭套房、行政套房、总统套房等。

2. 房态

（1）空房：已清扫整理，可用于出租的房间。

（2）住客房：已出租，客人正在使用的房间。

（3）脏房：客人已离店结账，待清扫的房间，有的酒店也称为走客房。

（4）维修房：因房间设施设备故障，需要修理，暂时不能用于出租的房间。

（5）保留房：酒店为接待重要客人、长住客人、会议客人、团队客人而提前预留的房间。

（6）自用房：酒店内部自用，不用于出租的房间。

（二）前台接待流程

1. 散客入住接待

（1）确认客人有无预订。主动向客人问好，询问有无预订。若有预订，则调出订房资料，向客人复述、核对预订信息。若没有预订，则根据客人需求，有针对性地介绍房间。

（2）排房及定价。根据客人要求及喜好分配房间，确定价格。对于预订客人，尽管已预留房型，但同类型房间在位置、楼层、朝向等方面存在差异，因此具体房号应征得客人同意后再确定；对于未预订客人，应在充分了解客人需求的基础上，根据当前酒店客房状况，向客人推荐两三种不同类型的房间，并报价，待客人同意、确认后，再安排房间。

（3）查验证件，填写住宿登记表。请客人出示证件，查验时注意证件类型和有效期。填写住宿登记表，请客人核对、签名。

（4）确认付款方式。礼貌地告知客人需支付一定数额的预付款（押金），询问客人的支付方式。常见的支付方式有：现金、刷卡、信用卡预授权。请客人付款后在押金单上确认签字。

（5）制作房卡，与客人道别。在系统中更改房态，制作房卡交给客人，告知客人房间方位，或将房卡交给行李员，由行李员带客人去房间。与客人道别，预祝客人在酒店入住愉快（图 3-7）。

（6）整理资料，完成入住登记。整理客人入住登记资料，录入计算机系统，并存档。

2. 团队入住接待

（1）入住前的准备工作。在团队抵达前，核对团队接待通知书中的用房、用餐、用车及其他要求。预排房，制作房卡，按团队分别装好。将团队用餐安排提前通知餐饮部。如需用车，与酒店机场代表、礼宾部保持沟通，随时掌握团队抵达或延迟信息，做好准备工作。

（2）确认住宿信息。团队到达酒店后，前台接待与团队领队或导游确认房间数、人数

图 3-7　前台接待

及其他安排。向领队及客人介绍用餐时间及地点、酒店设施设备等事宜。确认付款方式，是否安排叫早，离店服务等事项。

(3) 核验证件。查验团队签证及团队客人有效身份证件，填写登记表。

(4) 分发房卡及送行李。请团队领队或导游分发房卡。将团队分房名单送到礼宾部，安排行李员送行李。

3. VIP 客人入住接待

(1) 入住前的准备工作。了解 VIP 客人的具体情况：客人姓名、人数、国籍、抵离店日期，订房数量及种类、接待规格等。按订房要求安排房间，选择同等级房间中位置、环境、视野、状态等处于最佳的房间。通知客房部布置房间，并根据 VIP 接待规格，通知有关部门把鲜花、水果、糕点、总经理名片、酒店推广宣传册等物品提前送到客房。把 VIP 客人的姓名、房号通知礼宾部、总机、餐饮部等相关部门。将登记表、贵宾欢迎卡、房卡准备好，一起装入贵宾欢迎信封，并根据 VIP 级别，安排相对应的酒店领导准备接待。

(2) 入住接待。VIP 客人抵店时，酒店领导出面接待，向客人表示欢迎。向客人介绍酒店设施，并亲自将客人送至房间。协助客人登记，将准备好的欢迎信封和登记表带进客房，请客人在房间里登记、签字，然后收回住客登记表。行李员及时将行李送入房间。

(3) 记录归档。复核 VIP 客人信息，整理归档，建立 VIP 客人档案，便于日后参考。

(三) 客房分配方法

1. 分房的顺序

(1) 贵宾或常客。照顾此类客人的喜好，将酒店相对较好或客人要求的客房分给他们。

(2) 团队客人。团队客人较多，需要提前为他们预留房间。

(3) 保证类预订的客人。

(4) 要求延期续住的客人。

(5) 其他预订的客人。

(6) 未预订的客人。

2. 分房的技巧

(1) 贵宾或常客的房间,一般结合他们的喜好、要求,安排同等级房间中位置、环境、视野、状态等处于最佳的房间。

(2) 尽量将团队客人安排在同一幢楼、同一楼层或相近楼层,便于酒店服务和管理。

(3) 将老人、带小孩的客人或行动不便的客人安排在离电梯或楼层服务台较近的房间,便于给客人提供更多的照顾。

(4) 将内宾和外宾安排在不同的楼层,避免他们因生活习惯、语言差异而产生干扰,方便酒店管理。

(5) 不要将敌对国家的客人安排在同一楼层或相近房间,以免他们发生冲突。

(6) 注意房号的忌讳。例如,不要将西方客人分配在13楼或带13的房号。不要将我国东南沿海、港澳客人安排在4、14楼或带4和14的房号。

【例3-3】 机智的前台接待员

三亚某酒店前台,有两位客人在办理入住。这时A客人听见C客人预订的也是双标,但价格比他的便宜。A客人不太高兴地对接待员说:"你看,同样的房型,给我的价格比给他的价格高,我被你们酒店坑了。"其实很多因素都能导致同房型的房价存在差异,如订房渠道、订房时间等。为安慰客人,接待员非常有礼貌地说:"先生,您的房间朝向是能看到海的,景观不同,房间价格存在区别。"A客人一听自己的房间环境好,非常高兴,也不再继续追问了。接待员机智地解释了房价差异,缓解了客人的不平衡心理。

四、问讯服务

客人来自全国各地乃至世界各地,在陌生的环境中,很多方面需要帮助,也希望多了解当地的情况。酒店为满足客人需求,设立问讯处(或由接待员、收银员兼任),为客人提供问询、查询、留言等服务。

(一) 解答客人的各种询问

客人咨询的问题涉及面广,要求问讯员必须掌握大量的信息。一方面要清楚了解本酒店的情况,如餐厅、酒吧等营业场所的位置和营业时间,娱乐、健身等服务项目收费标准和特色。另一方面,问讯员要掌握酒店所在地区的交通情况、航班情况、火车时刻表、旅游景点、商务中心、餐饮娱乐场所的位置、服务特色等。在解答客人询问时,不要作出模棱两可的回答,更不可推诿、不理睬客人。

(二) 查询服务

查询服务主要是店外客人查找住店客人,包括客人是否已入住本酒店;查询住客房号;对已离店或尚未抵店客人的情况查询。问讯员要按照酒店规定回答,不能触及客人隐私。

(三) 留言服务

访客未见到住客,或住客外出前未见到访客,都可通过问讯处进行留言。问讯员需认真记录，留言服务要准确、及时。

五、电话总机服务

电话总机是酒店内、外信息传递的枢纽，话务员的声音代表酒店形象，是“只听悦耳声，不见微笑容”的幕后天使。话务员应该重视电话礼仪，热情、快速、准确地为客人提供电话总机服务。

（一）电话转接服务

话务员要熟记常用电话号码，准确掌握最新住客信息，熟知本酒店的部门机构、职责范围和服务项目，以便快速、准确地提供电话转接服务。

（二）叫醒服务

叫醒服务关系客人的行程安排，切忌发生漏叫、错叫等情况。叫醒服务分为自动叫醒和人工叫醒。自动叫醒是将客人叫醒时间输入计算机系统，控制客房分机按时响铃叫醒客人。人工叫醒是指话务员在叫醒时间按时拨动客房分机，叫醒客人。

【例 3-4】　叫醒失误

一天早晨，总机电话繁忙，话务员小林接到一位客人的电话，说第二天早晨他要赶航班，让总机早晨 6 点叫醒他。后来电话太多，话务员把这事给忘记了。结果第二天前台接到了这位客人的投诉，说总机没有叫醒，导致他误了航班，错过了重要的商务谈判，要求酒店承担责任。叫醒服务看似简单，但一旦发生错误，可能给客人和酒店造成无法挽回的损失，因此务必引起重视。

（三）总机问讯服务

住店客人常常向总机咨询各种问题。因此，话务员需要熟知酒店内部及本区域情况，以便快捷、准确地回答客人的询问。

六、商务中心服务

现代旅游中，商务活动所占比例较大。酒店不仅要满足商务客人的日常生活需要，还要为他们提供商务办公服务。所以现代酒店，尤其是商务型酒店，通常设有商务中心，被称为“客人办公室外的办公室”。

商务中心的服务内容有：传真、上网等通信服务；打字、打印、复印、会议室出租、计算机文字处理、翻译等秘书服务；受理票务服务等。

七、前厅收银业务

前厅收银业务是酒店经济收益的关键，同时也体现了酒店的服务质量和管理水平。

应该选派业务能力强、工作细心、责任心强的员工担任此项职务。前厅收银一般有以下四种业务。

（一）客账管理

客人办理完入住登记手续后，前厅收银员应根据接待员提供的单据，为客人建立账户，并准确记录客人在店期间产生的各项消费，以备审核和结算时使用。

酒店总台有严格的收银审核制度，由其他业务部门配合，接受财务部的审核监督。除日审外，还有夜审稽核工作，这是指在夜间查对账单资料、核对数据的工作，由收银处夜间工作人员完成。

（二）结账服务

客账的结算方式主要有四种：现金结算、信用卡结算、支票结算、转账结算。按客人类型又分为散客结账和团队结账。收银员应认真为客人提供好离店前的最后这项服务，准确、快捷，一般要求在三分钟内完成。

1. 散客结账服务流程

(1) 散客到前台办理离店结账，主动问候。

(2) 问清客人的姓名、房号，收回房卡。从系统中调出客人账单，进行核对。

(3) 请客房中心查房，以免客人在房间有遗留物品或房间物品有损坏。

(4) 委婉询问客人在酒店是否有其他消费，如餐费、长途话费等，同时查询核实。

(5) 打印账单请客人确认、签字。

(6) 询问客人的付款方式，按客人要求进行结算。

(7) 收回客人的押金单，多退少补，当面结清账款。

(8) 在系统中将房间退房，更新房态。

(9) 检查是否还有客人的贵重物品、留言、传真、邮件等未取。

(10) 按客人要求打印发票。

(11) 感谢客人入住，祝客人旅行愉快。

(12) 将客人的登记表、账单、押金单等资料进行整理、装订，准备上交财务核查。

2. 团队结账服务流程

(1) 提前做好团队结账准备工作，核对团队客人的房租、餐费及其他账目，将总账户和分账户分开。

(2) 团队领队或导游到前台结账，热情接待，收回团队房卡，请客房中心查房。

(3) 打印团队账单，请领队或导游核对、签名，以便与他所在的旅行社核算。如不是能挂账的旅行社，团费应在前台结清。

(4) 住店期间产生的客人自付费用，如长途电话费、洗衣费、房间酒水消费等，打印分账户账单，请领队或导游通知客人到前台结清。

(5) 向客人道别，祝客人旅行愉快。

(6) 将团队的账单资料进行整理、装订，准备上交财务核查。

【例 3-5】 丢失的毛巾

李先生到前台办理离店手续，客房部查房后通知前台，说房间里少了一条毛巾。前台收银小刘有礼貌地询问说："李先生，您能否回忆下是不是把毛巾忘记在什么地方了?"李先生思考了一下说："我好像放在衣柜里了，要不我上去找一下。"十分钟后，李先生返回前台，毛巾果然出现在衣柜里了。之前客房部查房难道没有发现衣柜里的毛巾吗？其实是李先生收拾时太匆忙，把毛巾放进了自己的旅行箱。前台小刘的处理方式比较适当，不但提醒了客人，又不使客人失掉面子。

(三) 外币兑换

为方便客人消费与结算，酒店受中国银行委托，设立外币兑换点。根据国家外汇管理局公布的外汇牌价，为客人提供外币和旅行支票兑换业务。目前，我国境内中国银行可受理外币兑换的币种最多、最全。但酒店受到人员、设备等因素的制约，通常只提供几种常见外币的兑换服务。外币兑换人员要接受专业培训，增强安全防范意识。

(四) 贵重物品保管

为保障住客的财产安全，酒店为客人提供贵重物品保管服务：①在客房内放置小型保险柜；②在前台设贵重物品保险箱，由前台收银负责。贵重物品保险箱一般设置在前台收银处旁边的独立房间内，每个保险箱有两把钥匙，一把由收银员保管，一把由客人自己保管，两把钥匙同时使用才能开启保险箱。

工作任务四 前厅部日常管理

前厅部日常管理主要有前厅服务质量管理、客人关系管理、前厅销售管理、员工管理。其中员工管理在项目五中进行讲解，此处不再阐述。

一、前厅服务质量管理

(一) 前厅服务质量的内容

前厅部是酒店的形象代表，其服务质量的优劣会直接影响客人对酒店的整体评价。前厅服务质量分为有形产品服务质量和无形产品服务质量：有形产品主要指设施设备、前厅环境；无形产品主要指服务水平。

1. *有形产品服务质量*

前厅设施设备有两种：一种是客人直接使用的设备，如商务中心上网计算机等；另一种是由前厅部员工使用，为客人提供服务的设备，如行李车、前台操作系统等。这些设施设备都应符合酒店的档次、规模，保持性能完好。前厅部应该注意检查和日常维护，避免因设施设备原因招致客人投诉。

前厅环境由装修、装饰、灯光、声音、颜色和员工的仪容仪表组成。良好的前厅环境可以给客人提供高质量的精神享受。因此，前厅环境应保持整洁、高雅、舒适。

2. 无形产品服务质量

无形产品主要指前厅部员工的服务水平，包括服务技能、服务效率和服务态度。服务技能是指前厅部员工熟悉接待工作程序，能为客人提供周到、满意的服务。服务效率是指员工有较强的时间观念，能把握工作节奏，准确、及时地为客人提供服务。服务态度是指员工在对客服务中热情、周到，真心诚意为客人服务，让客人有宾至如归的感觉。

（二）前厅服务质量提升的途径

1. 重视培训，提升员工服务技能

前厅培训方案可分三个步骤：①给新员工制订梯度性的培训计划，分批、定期开展培训；②日常的业务培训，如对前厅操作系统的培训、外币兑换业务培训、客人投诉处理等专题培训；③执行一对一帮带培训，由老员工或业务能力强的员工对口指导新员工或业务能力弱的员工。

2. 强化员工服务意识

前厅部与客人接触机会多，服务质量的优劣由客人进行评价。因此，任何时候都应强化员工的服务意识，遵循"客人至上"的口号。当然，员工服务意识提高的前提条件是员工真心热爱本职工作，愿意为客人服务。这需要酒店管理者切实为员工做好后勤服务工作，体贴关心员工的生活，给予员工发展所需的平台。只有这样，酒店才能培养并留住优秀的员工，才能为客人提供优质服务。

二、客人关系管理

酒店前厅对客服务是由前厅经理、大堂副理、客人经理及前厅各部门管理人员和基层员工共同完成的。

【例 3-6】 全是同一句问候语

某星级酒店的客人王先生突然搬离酒店，选择了附近一家同档次的酒店。据大堂副理了解，王先生的公司在本市有重要业务，没有特殊情况的话应该会租住酒店客房三个月，并且可能成为酒店的长期客户。但现在刚住了半个月，就选择了附近一家等级相当的酒店，难道是服务出了问题？于是大堂副理亲自去拜访王先生询问原委。王先生说："你们酒店的其他服务都不错，只是服务员和我打招呼时，全是同一句问候语，像鹦鹉学舌一样地说'先生，您好'，感觉挺尴尬。而我现在所住的酒店，不到三天，许多服务员跟我打招呼时都知道我的姓氏，感觉受到重视，并且不同的问候语不会使人感觉枯燥。"

（一）大堂副理和宾客经理

在客人关系管理中，大堂副理和宾客经理扮演着重要角色。大堂副理的主要职责是代表总经理接待在酒店遇到困难需要帮助的客人。一般三星级及以上酒店都设有大堂副理一职，通常隶属前厅部，为主管级别或副经理级别。但是管辖范围又涉及酒店各部门的服务质量和客人投诉的处理，向总经理室汇报，因此各酒店依据自身情况设置大堂副理的管理级别和隶属机构。大堂副理的主要工作包括VIP接待，处理客人投诉，处理紧急事件（包括住客生病、受伤、死亡，火灾，偷盗，员工意外等）。一些高星级酒店设置客人经理一职，专门负责处理和维护宾客关系，建立并管理客史档案。

（二）客人投诉的处理

酒店是一个复杂的系统，客人投诉的发生在所难免。前厅部主要负责客人投诉的处理，并将其转化为提升酒店服务质量的动力，最终使客人满意，同时防止此类投诉再次发生。

1. 投诉的产生

客人投诉产生的原因多种多样，主要有：酒店的硬件设施设备故障引起的投诉；对服务员的服务不满产生的投诉；对酒店管理问题的投诉等。

2. 处理投诉的原则

（1）不与客人争辩。

（2）站在客人的立场，帮助客人解决问题。

（3）兼顾客人利益与酒店利益。

3. 处理投诉的程序

（1）认真听取客人投诉。

（2）向客人道歉，并表示同情。

（3）立刻着手处理问题。

（4）给予客人满意的答复和处理结果。

（5）总结经验，避免此类投诉再次发生。

（三）客史档案管理

客史档案是酒店为了解和掌握客人的需求与特点而建立的客人信息资料库。完善的客史档案可以使酒店为客人提供个性化服务，增强客人满意度，并且可以帮助酒店制定营销策略，争取回头客，扩大客源市场，提高经济效益。

客史档案的内容有：客人的基本信息，如姓名、年龄、性别、居住地址、工作单位等；客人的预订情况、消费情况；客人的喜好、意见和建议等资料。

三、前厅销售管理

前厅部承担销售酒店客房及其他产品的重要职责，成功的销售工作有利于挖掘客人的购买潜力，促进酒店产品销售，提高酒店的经济效益。

（一）前厅部销售准备工作

1. 掌握本酒店的基本情况

酒店的基本情况包括：酒店的地理位置、交通状况；酒店产品及服务项目的内容、特点、价格；客房类型、面积、价格、设施设备情况。

2. 熟悉本地区的基本情况

本地区的基本情况包括本地区的交通、旅游、购物、餐饮、娱乐及相关服务设施。

3. 了解竞争酒店的基本情况

了解竞争酒店的基本情况，有利于向客人介绍本酒店的特点和优势，知己知彼，百战不殆。

（二）销售技巧

前厅部员工应掌握如下销售技巧：把握客人特点；注意语言艺术；采取适当的报价方式；注意推销酒店的其他产品。

（三）前厅增销激励机制

一些酒店针对销售制定了激励机制，如员工争取有预订的客人升级房间可拿到相应的提成收入。酒店可以根据自身的经营特点，鼓励前厅部员工积极销售酒店产品，但应该注意技巧，把握尺度。

教学案例

案例一　预订客人没有房间了

时值旅游旺季，某五星级酒店的客房入住率很高。一天21点50分，前台接待员小张当班。这时，一对年纪较大的客人来到酒店前台询问是否还有空房间。小张进行了查询，系统显示酒店已经没有空房了。但是他注意到，有位姓李的客人预订了一间双标，时间最晚预留到22点，但是客人现在还未到达。小张看了下订单情况，客人没有支付订金，他想：这么晚了，应该不会来了吧。于是，小张以非常麻利的速度为这对客人办理了入住，并安排行李员送客人去房间。这时，一位客人急匆匆地赶到前台，看了下表，松了口气说："正好赶上，我有预订。"说罢，递上了身份证。小张一看傻眼了，眼前的这位客人正是那位有预订的姓李的客人。当他将事情的原委进行解释说明时，李先生大怒，指责酒店不信守承诺，自己没有迟到，现在却没有房间了。听到前台的吵闹声，大堂副理迅速赶过来。假如你是这位大堂副理，将如何处理眼前的问题？

点评：

（1）大堂副理首先要做的是安抚眼前这位愤怒的李先生，小张的做法已经让酒店在客人的心目中失去了信誉。除及时赔礼道歉外，还要及时为客人安排房间，但此时酒店已经没有空房，如果让刚刚办理入住的那对老年客人让出房间，显然不合适。所以，大堂副理应该立刻联系附近同等级的酒店给李先生安排房间，由酒店派车送李先生过去，并承担房费差价，如果第二天酒店有空房，再将李先生接回，根据实际情况给李先生适当的房费优惠或赠送礼物，并且客人在店期间享受贵宾待遇。

（2）案例中小张的做法是错误的。酒店已经承诺给李先生保留房间到22点，小张就算想帮助那对老年客人，也应该按照预订单上的联系方式跟李先生取得联系，确认客人当晚是否入住。而不是简单地认为时间快到了，客人应该不会来。小张应该承担相应的责任。

案例二　8000 元“新版港币”

凌晨 02:00 左右,两位装束不凡的客人向酒店总台走去。甲客人在办理入住手续时,拿出 8 张面值 1000 元的港币要求兑换人民币。小王接过这些港币觉得有些异样且数目较大,便又退回给甲客人说:“很抱歉,我们总台没有足够的现金兑换,您还是等到明天吧。”见状,甲客人立即说:“我们现在有点急事需用钱,你能不能帮我们想想办法。”并着重说明这是新版的港币。接着乙客人也用生硬的普通话说,如果你们不兑换,那我们就去别的酒店。小王怕失去这两位客人,又觉得两位客人衣着不凡就消除了顾虑,为客人兑换了 8400 元人民币。5 分钟后,小王觉得不放心,便向主管汇报,后经确认发现此“新版”的港币全是秘鲁币,只不过是在钱币上印有港元、发行银行、发行时间等字样,主管立即通知保安和楼层服务员查房,发现客人根本未入房,于是向派出所报案。

资料来源:曹艳芬.酒店前厅服务与管理[M].天津:天津大学出版社,2011.

点评:

(1) 酒店平时对员工的培训,往往过分强调“客人至上”“客人是上帝”等服务理念。事实上,在培训中也要提供一些负面案例,以提高员工的警惕性。

(2) 收银员小王请示不及时,可以假设,如果小王在客人要求兑换人民币时及时请示其主管,可以避免被骗的事情发生。

(3) 酒店应及时加大并强化对新外币知识的培训,从案例中可以看出收银员小王对新发行的港币知识不熟悉是导致其受骗的一个重要原因。

(4) 一般而言,星级酒店在夜间为客人兑换外币,在数量上是有明确规定的,收银员小王之所以敢违规为客人兑换数额较大的外币,一是因为太相信客人;二是因为怕失去两位客人。因此,在培训员工时,切记不能“以貌取人”,同时也不能盲目地为留住客人而忽略自身的工作职责。

模块二　酒店客房部运营管理

任务导入

为某五星级酒店的客房部制定新员工业务培训方案,目的是让新员工能尽快熟悉本部门的服务流程。

工作任务一　客房部的地位作用和基本任务

客房部又称管家部,负责管理酒店的客房业务。客房是酒店最主要的产品,客房业务涉及整个酒店房间、公共区域的清洁卫生,客房对客服务及客房管理。

一、客房部的地位和作用

(一) 客房是酒店的基础和主体

酒店的主要功能是为客人提供住宿服务,因此客房是酒店运营的基础。据统计,客房面积一般占酒店总建筑面积的70%~80%,客房的数量决定了酒店的规模。同时,酒店的设施设备和物资用品,大部分都与客房有关。因此,客房是酒店的主体。

(二) 客房的档次与服务质量是酒店等级的重要标志

业界评价酒店的等级主要依据酒店的设施设备和服务水平。客房的设施设备包括房间、装修、装饰、家具、电器设备、卫生间设施,是酒店设施设备的主体。客人在酒店的主要目的是住宿,因此对客房服务质量的感知成为对酒店服务感知的主体,所以客房的档次与服务质量在一定程度上决定了酒店的等级。

(三) 客房是酒店经济收入的主要来源

客房收入一般占酒店收入的50%~70%,功能简单的酒店能达到80%以上,同时客房出租又会带动酒店其他产品的销售。

(四) 客房部的正常运营与管理直接关系酒店的整体运营与管理

客房部是酒店最主要的部门,设施设备众多,部门人员数量比例大。因此,客房部设施设备的正常运转和员工的管理,直接关系酒店的整体运营与管理。

二、客房部的基本任务

(一) 保持客房及公共区域的干净、整洁、舒适

客房部工作人员每天定时清扫、整理客房,更换日用品,为客人创造良好的住宿环境。客房部还负责公共区域的清洁卫生和环境布置,让酒店各处都能给客人留下美好的印象。

(二) 保障酒店客房安全

客房部持有酒店各房间的钥匙,客房服务员能单独进入房间提供客房服务,因此客房部工作人员应具备较强的安全防范意识,保管好客房钥匙,做好交接记录。一旦发现房间及走廊有可疑情况,应及时向上级和保安部汇报,妥善处理,消除隐患。

(三) 提供布草、客衣等洗涤服务

客房部负责客房床单、各类毛巾等的洗涤工作,还负责餐厅台布、餐巾等的洗涤工作。同时员工制服的清洗和保管也由客房部负责。

（四）提供与客房相关的其他服务

除清洁与洗涤外，客房部还为客人提供缝纫、客房端茶送水等多项服务。

工作任务二　客房部的组织结构

一、客房部的组织机构设置

客房部组织机构应该是一个分工明确、统一指挥、沟通顺畅的有机统一体。因酒店的性质、档次、规模、管理和运行模式等存在差异，客房部组织机构的形态也有差异。目前，有大、中型和小型两类，如图 3-8 和图 3-9 所示。

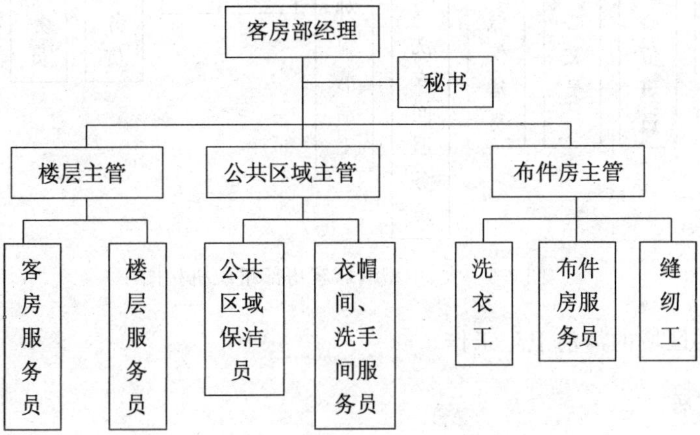

图 3-8　小型酒店客房部组织机构

二、客房部各机构的主要职能

（一）楼层

客房楼层由客房及楼层区域组成。服务员负责客房、楼层的清扫，客房内物品的更换，并为客人提供所需的服务。每一个楼层都设有工作间，供服务员使用。

（二）客房服务中心

客房服务中心负责客房部对客服务的调度，控制客房状况，同时负责失物招领、楼层钥匙管理、客房用品发放及与前厅等部门的沟通与协调。

（三）公共区域

公共区域的工作人员主要负责酒店大堂、电梯厅、餐厅、办公室、花园、衣帽间、洗手

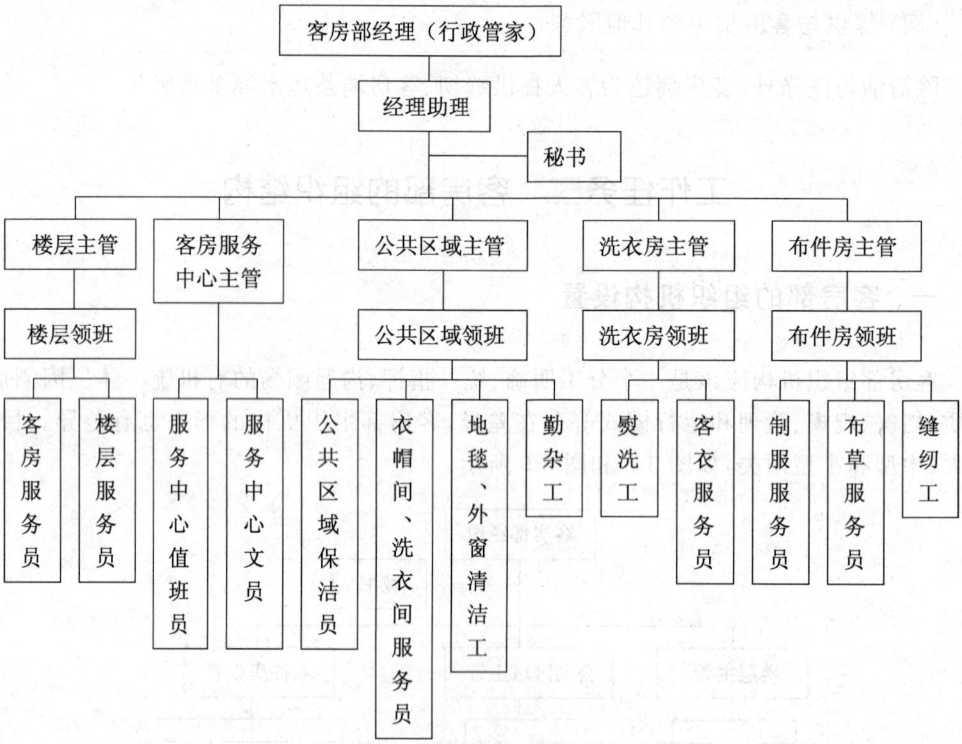

图 3-9　大、中型酒店客房部组织机构图

间、门窗等公共区域的清洁卫生工作。

（四）洗衣房

洗衣房负责洗涤布草、员工制服及客衣收洗。酒店根据自身规模和成本控制确定洗衣房的业务范围。小的酒店不设置洗衣房，布草全部送外洗；有的酒店将部分布草送外洗；有的酒店由洗衣房负责所有布草的清洗；有的酒店洗衣房还提供对外服务。

（五）布件房

布件房负责客房、餐厅的布草及员工制服的收发、分类、保管，为损坏的制服和布草提供修补服务。

工作任务三　客房部接待实务

一、普通接待服务

（一）准备工作

客人抵店前的准备工作是做好迎接服务的基础，应该充分、周密，在客人到达前完成。

1. 了解客情

客房中心接到前台的开房通知后，要具体了解客人的抵离店时间、人数、国籍、身份、风俗习惯、接待规格、其他要求等信息。

2. 准备房间

根据客人要求、接待规格、风俗习惯布置房间；准备茶叶茶具、食品；补充小冰箱中的饮料、酒水；检查房间，保持设施设备完好、用品齐备。

（二）客人抵店接待工作

见到客人主动问好；遇到客人寻找房间应该热情引导，并主动提拿行李。当遇到团队客人较多时，协助行李员引领客人、分送行李。

（三）客人离店服务工作

1. 准备工作

客人离店时，检查待办事项是否已经全部完成，如洗烫衣物是否已经送回，相关账单是否已全部送交前台收银处。

2. 送别工作

与客人热情道别，协助行李员搬运行李。

3. 检查工作

接到前台或客房中心查房通知后，进入指定房间检查，如发现客人有遗落物品，立刻通知前台转告客人，及时送还。检查房间中的收费用品、食品、饮品有无消耗，设施设备有无损坏，如有，则通知前台收银请客人付款或赔偿。

二、特殊接待服务

（一）VIP 客人服务

1. 抵店前的准备

（1）检查贵宾用房，确保房内设施设备处于良好状态。

（2）安排经验丰富的客房服务员打扫。

（3）房间打扫完毕后，经领班、主管、经理逐级检查，发现问题立即改进。

（4）客人入住前两小时按贵宾规格布置好鲜花、果篮及客人需要的物品。有的酒店专设客人服务部门，为客人提供相关服务。

（5）如果天气温度不适宜，应提前半小时打开房间空调，调至人体适宜温度。

2. 到店后的服务

（1）贵宾到达楼层后，由客房部经理和专职服务人员在走廊迎接客人。应熟记 VIP 客人姓名，称呼贵宾的姓氏和职务。

（2）客人进房后，服务员送上具有地方特色的上等迎宾茶。

（3）高级别的贵宾，安排服务人员提供 24 小时服务。

（4）客人离开房间时，及时打扫、整理。

(5) 注意 VIP 客人的安全和保密工作。

3. 离店服务

(1) 接到客人的退房信息时,楼层服务员及负责接待的客房部管理人员在楼层中厅恭候,为贵宾候电梯,与客人告别。

(2) 贵宾乘电梯走后,立即检查其客房,注意房内是否有遗留物。

(3) 整理 VIP 客人的档案,将相关信息及时提供给前厅部。

(二) 受伤、生病客人服务

1. 受伤客人服务

(1) 发现客人受伤后要立即报告,联系酒店医务人员上门治疗,根据病情,决定是否送医院治疗。

(2) 主动为客人提供帮助。注意了解受伤的急救知识,才能为客人提供正确的帮助。

2. 生病客人服务

(1) 发现客人生病要及时上报,对客人表示关怀并提供帮忙。

(2) 了解客人生病的原因,询问客人是否需要医务人员进行医治。

(3) 为客人提供生病所需的生活用品,将热水瓶、纸巾、垃圾桶放在客人床边。服务员在照料生病的客人期间,不宜久留客房,客人如有需要可以通过电话联系。

(4) 询问客人是否有需要代办的事项。

(5) 对于病情比较严重的客人,及时联系酒店医务人员,根据病情,决定是否送医院治疗。不能随便搬动客人或擅自拿药给客人吃。

(6) 客房部经理对客人表示慰问。

(7) 客人住过的房间,注意清洁及消毒。

(三) 残疾客人服务

对于残疾客人,要根据其伤残部位、情绪状态提供适当的帮助,对他们的合理要求应尽量满足。不打听客人残障原因,防止言行不当伤害他们的自尊心。

【例 3-7】 注意语言的技巧

某酒店,客房服务员看到一位手有残疾的客人在搬行李,立即上前对客人说:"您的手搬不动的,我来帮您吧。"客人听后非常不快。如果服务员只是礼貌地上前询问客人是否需要帮忙提拿,便不会引起客人不悦。

(四) 醉酒客人服务

对醉酒客人的服务,应注意以下几点。

(1) 在楼层发现醉客时,注意其醉酒的程度及行为。

(2) 如果醉酒程度较轻,则劝客人回房间,以免影响他人;如果醉酒程度严重,则及时上报,并和同事一起搀扶客人回房间;如果客人在楼层或公共区域吵闹、损坏物品,应及时通知保安部工作人员前来处理。

(3) 将茶杯、热水瓶、纸巾、垃圾桶放在客人床边。

(4) 如果客房地面有呕吐物，应及时清理。

三、其他日常服务

(一) 客房小酒吧服务

为方便客人在房间饮用酒水，中高档酒店在客房配备小冰箱或小酒吧，放置一些软硬饮料和小食品，旁边贴有价格标签，供客人自行取用，费用在离店时统一结算。有的酒店客房部还专设酒水管理员，统一管理客房小酒吧的物品。

(二) 洗衣服务

酒店客房内配有洗衣袋和洗衣单，客人电话通知收洗衣服，或将洗衣袋放在门边由服务员收取，送到洗衣房。洗衣房清洗完毕后，将衣服送到楼层，由客房服务员将衣服送入客房，放在酒店规定的位置。

收洗衣服时，服务员应清点衣服数量与客人填写的有无偏差，仔细检查衣服有无破损或特殊污渍，如有问题，应当面与客人核实、说明；查看衣服的清洗方式，如果衣服可能褪色、缩水，而客人又要求湿洗，应向客人说明其要求的清洗方式可能造成的问题，酒店不承担相应责任。洗衣分慢洗和快洗，费用相差较大，如果客人不清楚，应该当面提醒，以免结账时出现不必要的纠纷。

(三) 租借物品

客房服务中心为客人提供物品租借服务，如充电器、剪刀等日常生活用品。

(四) 托婴服务

为方便带婴幼儿的客人，高星级酒店的客房部为其提供托婴服务，依据时间长短进行收费。由客人填写"婴儿看护申请表"，以便了解婴幼儿的特点和客人的要求。向客人说明收费标准和注意事项，在规定的区域内照看婴幼儿，不随便给他们食物吃。照看者必须接受过专业培训，掌握相关的保育知识，具备较强的责任心。有的酒店根据业务情况，设立儿童中心，将托婴服务、儿童照看服务划归康乐部管理。酒店儿童中心如图 3-10 所示。

(五) 管家服务

管家起源于法国，后来英国人结合自身特有的礼貌素养，按照宫廷礼仪将管家的理念和工作职责进行了严格的规范，所以英式管家服务成为行业经典。目前，许多高端酒店已经开始为客人提供专业化、私人化、全方位的一站式酒店管家服务，服务的主要对象是高消费能力的客人。

酒店管家经过严格的培训，能完成酒店日常各项服务工作，如客人的私人助理，为客人在房间办理入住及结账手续，提供叫醒服务、订餐送餐服务、洗衣服务、订票服务、秘书服务、安排旅游等。这要求管家不仅要具有良好的服务意识和熟练的酒店综合业务技能，

图 3-10　酒店儿童中心

同时还要拥有丰富的经验、亲和力以及灵活的应变能力，以满足不同客人的需求。

【例 3-8】 贴身管家

一位两次到苏州接洽商务的外企老总，住到了曾经下榻过的新城花园酒店。刚走进房间，他吃惊地发现，眼前的一切，竟与上次自己提出过的要求完全吻合：桌上摆着他喜爱的康乃馨、床上特意放了两个枕头，电视设定的开机频道也是自己喜欢的……事先秘书并未与酒店沟通，这些细节安排，酒店是如何预先做到的呢？原来，这一切都是酒店“贴身管家”的功劳。

（六）开夜床服务

为了营造亲切、高雅的气氛，许多酒店为客人提供开夜床服务，即对住客房进行晚间整理。开夜床服务通常在 18 点以后，此时大多数客人外出用餐不在房间，可有效减少对客人的打扰，方便服务工作。开夜床服务的内容如下。

(1) 敲门，进房间。如果客人在房间，应得到客人的许可后方能进行开夜床服务。

(2) 开灯，将空调调至适宜温度。

(3) 检查房内设施设备，清洁杂物，补齐客用品。

(4) 开床。将床罩取下叠好。把靠近床头柜一侧的被子反折成 45°角。注意开床细节，一室两床的房间，如果只住一位客人，尤其是女宾，一般开靠墙壁的那张床，或者根据客人习惯开床。

(5) 拍松枕头，把客人的睡衣折好放在枕头旁，摆好拖鞋。

(6) 按酒店规定，在床上放置小礼品。

(7) 拉上窗帘，打开床头灯，调至弱光。

(8) 清洁浴室。

(9) 离开房间。如果客人在房间应向客人道别，轻轻关上房门。

四、特殊情况的处理

(一)“请勿打扰”的处理

1. 服务要求

如果某间客房在规定的退房结账时间两小时后仍挂有“请勿打扰”牌,负责清扫的客房服务员应及时汇报上级,以便确认房内客人是否需要帮助。

2. 服务程序

(1) 与前台查对,如果客人是前一天很晚才入住的,或早晨才登记入住的,可能客人还需要休息,不要打扰。

(2) 如果不是上述情况,则先通过客房电话联系客人。

(3) 如果无人接听,就亲自去客房,请一位同事一起去,以便在需要时协助。

(4) 敲门,大声报“客房服务”。

(5) 如果无回应,查看门是否反锁。如果房门未反锁。打开门,进房前声音适度地再次表明身份。如果房间有人,只是客人没有听见敲门,应立即向客人道歉,表示“请勿打扰”牌悬挂时间长,酒店关心客人才会自行开门,询问客人现在是否需要清扫房间;如果房间无人且无异常,则迅速离开房间,关上门,挂好“请勿打扰”牌;如果发现房间客人生病或失去知觉,应立即汇报求助。如果房门反锁,并且无法通过连通门或其他方式进入房间,应立即汇报上级进行调查。

(二) 客人遗留物品处理

客人住店期间可能将物品遗失在酒店,酒店应设法交还给客人。客房服务员发现遗留物品时,应及时通知客房服务中心联系前台,查看客人是否离店,如果尚未离店,则通知客人领取。

如果无法联系到失主,服务员应将拾获物送到客房服务中心登记,填写“遗留物品登记簿”后,装入专用塑料袋中,封口,注明日期,放置在遗留物品存放处。如有客人打电话询问遗失物情况,应查对“遗留物品登记簿”,积极协助调查。当失主认领遗留物品时,应与其确认遗失物详情,确认无误后请客人出示有效证件,请大堂副理现场监督办理领取手续,以备核查。当无人认领的遗失物到期后,按酒店规定处理。

(三) 意外损坏客人物品的处理

如果客人在房间,应立刻向客人道歉,寻求客人的谅解。如果损坏的物品价值高,客人要求赔偿,则向主管领导汇报,请领导出面沟通、帮助解决。

如果客人不在房间,也不能掩饰、丢弃物品残件。应及时上报,等待领导安排专人负责联系客人,并配合处理工作。

工作任务四　客房部日常管理

客房部的日常业务与运营管理主要有：客房和公共区域的清洁与卫生管理，客房安全管理，客房设备用品管理，布件房及洗衣房管理。

一、客房清扫业务

（一）客房清扫的内容和基本原则

客房清扫的内容：清扫、整理房间，更换、填补客房用品，检查、保养设施设备。

客房清扫的基本原则：从上到下、从里到外、先铺后抹、环形整理、干湿分开。

（二）客房清扫的程序

客人结账退房的房间称为走客房或退房。客人正在使用的房间称为住客房。走客房和住客房的清洁程序有所区别，下面以住客房为例，进行流程介绍。

1. 清扫前的准备工作

(1) 客房服务员检查工作车是否整洁，清洁工具和客用品是否齐全。

(2) 将工作车推至待清扫的房间门口，注意停放位置适当，不影响房间客人出门和走廊的正常通行。

2. 敲门进房

(1) 若门把手上挂有“请勿打扰”牌，或客房指示灯显示“请勿打扰”，则不可敲门。

(2) 敲门三下，并报“客房服务员”或“Housekeeping”。

(3) 稍后，确认房间无动静，重复以上敲门动作。

(4) 若客人开门，向客人问好，说明来意，经客人同意后才可进房。

(5) 若确认无人，则可开启房门。

(6) 进房后如果发现客人在卫生间，或正在睡觉，或正在更衣，应立即道歉退出，并关好房门。

3. 检查房间设施

(1) 在工作表上登记进房时间，用备用卡插卡取电。

(2) 打开灯具开关进行检查，随手关闭，只留清洁用灯。如果发现有损坏，应通知工程部维修。

(3) 打开窗帘，检查窗帘有无损坏、污迹，开合是否正常。房间内若有异味，则开窗通风。打开空调检查其工作是否正常，必要时使用空调，加大通风量。

(4) 检查小冰箱，及时补齐物品。

4. 清扫垃圾

(1) 房间内如有用餐后的餐具，送到工作间，打电话通知送餐员收取。

(2) 按顺时针方向清理，地上如有物品应捡起稍加整理后放在桌上。

(3) 清理烟灰缸,注意烟头是否熄灭。用清洁剂清洗烟灰缸。

(4) 将垃圾桶中的垃圾倒掉,注意桶内是否有文件或有价值的物品。

(5) 清洗客人用过的茶杯、水杯、酒杯,放回原位。

5. 做床

两天更换一次床上用品,客人有要求的除外。如果床上有明显的污迹,也应及时更换。下面介绍中式做床(图 3-11)的流程。

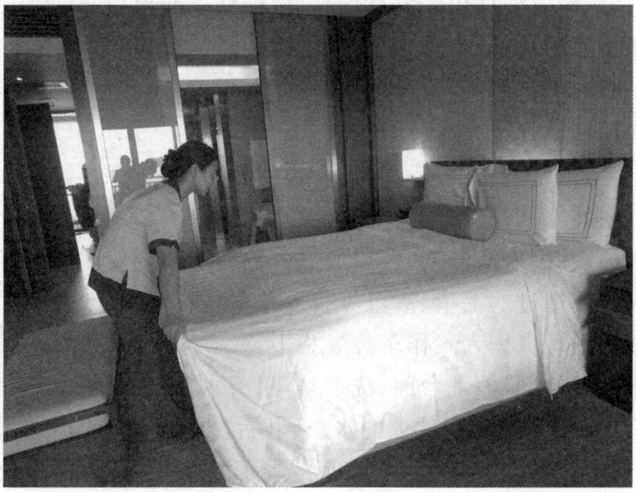

图 3-11 中式做床

(1) 将所需数量的床单、被套、枕套放入房间。

(2) 将床移出约 40 厘米,方便操作。

(3) 撤床单、被套、枕套。注意床上客人的衣物。检查床垫卫生状况。

(4) 铺床单。甩单,床单正面朝上,中线居中,四周下垂均等、平整。包脚成直角或45°,将床单的四周下垂部分塞到床垫与床架之间,使床单绷紧。

(5) 套被套。将被子套入被套四角,拉平,使四角饱和。注意被子正反及前后方向,将被子平铺在床头,中线居中,把被头翻折 40 厘米,表面平整美观。

(6) 套枕套。将枕芯装入枕套,四角充实。单人床,则将枕头摆放居中,枕口与床头柜相反。双人床,则枕口相对摆放。

(7) 将床推回原处并检查调整,使之整体美观。

(8) 将客人的衣物折整齐放回原位。

(9) 将撤换下的床单、被套、枕套放回工作车专用布草袋中。

【例 3-9】 美中不足

某公司经理张宁在杭州开会期间入住一家星级酒店,酒店的大部分服务都令他满意,唯一美中不足的一件事发生在客房。张宁的颈椎有点问题,喜欢睡低的枕头,但是酒店的枕头太高,他就将浴巾折叠作枕头使用,而将酒店的枕头都堆放在床边。客房服务员小徐是新来的,没有注意到这些,每次打扫都严格按照客房清理标准,将枕头和浴巾归放回原位。为此,张宁颇有异议:以往入住的酒店看到这一情景,大多都为他提供较低的枕头。

就算酒店没有合适的枕头，客房服务员在打扫房间时也会按他的习惯将浴巾作枕头使用，而不是每天归回原位。你认为客房服务员小徐的工作存在什么问题？

小徐的工作非常机械化，观察不仔细，粗心或者不动脑筋，需要在细微服务和个性化服务方面进行改进。当然，酒店管理者也应该及时对新员工加强这方面的培训，提升服务质量。

6. 抹尘、检查设备

(1) 从上到下，环形方向抹尘。家具物品，按标准移回原位。

(2) 稍加整理客人的文件、书籍；不要挪动化妆品的位置，空盒和空瓶不能扔掉；不触碰客人的钱包、计算机等贵重物品。

(3) 补充房间用品。

7. 清洁卫生间

(1) 打开卫生间的灯和换气扇。

(2) 放水冲马桶，并倒入清洁剂，经浸泡数分钟后清洁剂使用效果好。

(3) 撤掉客人已使用过的毛巾、浴巾等放入布草袋。

(4) 将垃圾桶中的垃圾倒入工作车垃圾袋中。

(5) 用海绵蘸上清洁剂，擦洗台面、洗手盆，用清水冲洗，并用抹布擦干。用海绵蘸少许中性清洁剂，擦洗洗手盆不锈钢件上的水斑、皂垢，再用干布擦干、擦亮。

(6) 关闭浴缸塞，放少量热水和清洁剂，从墙面到浴缸里外用海绵洗净。开启浴缸塞，放掉污水，打开水龙头放水冲洗。将浴帘放入浴缸清洗。再用干布把墙角、浴缸、浴帘擦干。用海绵蘸少许中性清洁剂擦拭开关、水龙头、浴帘、晾衣绳，并用干抹布擦干。注意擦干墙面与浴缸接缝处，避免发霉。

(7) 在镜面上喷少许玻璃清洁剂，用干抹布擦亮。

(8) 用马桶刷清洗马桶内部，用清水冲洗。使用专用抹布清洁马桶的水箱、座沿盖子和外侧底座等。最后清洗卫生纸架。

(9) 在酒店规定的位置摆放毛巾、浴巾、牙刷、香皂、浴液、洗发液、浴帽、梳子、卫生卷纸等用品。

(10) 清洁脸盆下的排水管。

(11) 从里到外边退边抹净地面，做到无毛发、无水迹、无污渍。

(12) 检查卫生间，拿出清洁工具，将卫生间门半掩，关灯。

8. 吸尘

吸尘时从里到外，注意家具和床下的灰尘。

9. 检查房间

(1) 将空调关闭。

(2) 检查整个房间有无不妥之处。

(3) 将所有清洁工具放回工作车。

(4) 除夜灯和走廊灯外，关闭所有灯，取出备用取电卡。

(5) 关上房门，登记做房时间。

(6) 如果客人在房间，则不用关灯，向客人告别后退出，轻轻关上房门。

（三）客房清扫的注意事项

（1）整理房间时，应打开房门，这样有利于从门口的工作车上取拿物品，可随时接受管理人员监督，同时也可顾及楼层安全。

【例 3-10】 谁在我的房间

一天，客房服务员李明正在打扫房间，为擦拭门背后的灰尘，他不经意间关上了房门，结果忘记打开。这时客人突然回来，两人都吓了一跳。事实上，服务员在整理房间时打开房门，如果客人突然回到房间，也不会因为房间有人而吃惊。

（2）不随意翻动客人物品，不做清扫之外的其他事情。

（3）清洁抹布应该干湿分开，根据不同的用途，选用不同的抹布，特别是清洁马桶的抹布，必须和其他抹布分开，更不能将撤换下的布草当抹布使用。

（4）做好房间的检查工作。客房服务员在清扫房间时，要检查房内的电器设施设备、卫生间设施设备是否好用。如发现问题，应及时记录并通知工程部维修，如果是客人损坏的，应由客人负责赔偿。

（5）清理客房时，不能随便处理房间物品，应该确认扔掉的必须是客人废弃不用的，如果无法判断，应将其放在原位，不能随意当垃圾扔掉。如果客人已离店，判断可能为遗留物品，应上交客房服务中心处理。

（四）客房检查制度

客房卫生的标准要求高，因此客房部必须抽出大量时间进行现场检查、督导，以保证客房的卫生质量达标，通常客房采用逐级检查制度。

1. 服务员自查

服务员清扫完房间后，对房间的设备、家具、客用品的摆放、卫生情况进行自查，这样既可以提高工作合格率，也可以减轻领班查房的工作量。

2. 领班检查

客房服务员清扫完房间后，由领班负责全面检查，这是客房清洁质量控制的关键。领班查房，如果查检不合格，应及时进行纠正、指导，帮助服务员进行整改、返工。一方面起到监督作用；另一方面对服务员（特别是新员工）能起到现场培训作用。往往领班查房是一间客房检查的最后一关，一定要严格检查制度，发现问题现场及时解决，卫生不合格的房间要重做，不能“下不为例”，特别对疏漏和重做次数过多的服务员应更加严格，记录在册，并由主管复查。

3. 主管抽查

楼层主管对客房清洁卫生进行抽查，数量一般为领班查房数量的10%以上。不仅要抽查领班查过的房间，还要检查楼层公共区域的卫生、员工纪律、礼貌和服务规范。

4. 经理抽查

客房部经理对客房的清洁卫生质量进行不定期、不定时抽查。这样有利于了解员工的工作状况，与员工沟通，了解客人意见，改进管理方法。经理应保持每天抽查一定数量的房间，特别注意对 VIP 客房的抽查。

5. 其他检查

除以上检查方式外,酒店还可以开展定期公开检查,由各部门经理组成检查小组,进行较大声势的检查。也可以邀请一些同行、专家、客人进行检查,发现平时不易觉察的问题。另外,客房部还需配合工程部定期检查房间设备。

【例 3-11】 8 颗瓜子壳

某五星级酒店的客房内传出嚷嚷声,一位客人指责客房服务员失职,因为“细心”的他发现床底下有 8 颗瓜子壳,说明酒店卫生质量不达标,要求赔偿其损失。一般的住店客人不会细致到检查床下,并且客人一再要求赔偿,显然是有备而来。而客房服务员和领班也承认对床下的卫生确有疏忽。最后,客房部经理决定,按一颗瓜子壳 100 元共计 800 元赔偿给客人,客人这才罢休。这给酒店的启示是,一定要严抓客房卫生质量标准和查房制度。

二、公共区域清洁卫生管理

客房部负责酒店所有公共区域的清洁卫生工作,公共区域清洁卫生的好坏,是评价酒店服务质量的一项重要因素。

(一) 公共区域的范围

公共区域包括客用部分和员工自用部分:客用部分是专供客人使用的场所,包括大堂、餐厅、会议室、洗手间、电梯、楼梯、停车场、花园及酒店周围等;员工自用部分包括员工休息室、员工食堂、员工娱乐室、员工更衣室、员工电梯和通道等。

(二) 公共区域清洁卫生的特点

(1) 客流量大,清洁质量关系酒店在客人心目中的形象。

(2) 清洁范围广,项目琐碎复杂。公共区域范围广,涉及酒店每一个角落。卫生清洁项目多,包括地面、天花、墙面、门窗、灯具、卫生间等,其清洁要求不同,方法各异,加上公共区域客人活动频繁,卫生不易清洁和保持,增加了工作难度。

(3) 工作条件差,专业性和技术性强。公共区域的清洁工作条件差,任务繁重,工作所使用的设备、材料种类多,并且有特定的使用要求,如清洁剂的使用。因此,客房部除对员工加强管理外,更应该重视对他们的培训,提高其工作技能,同时努力改善员工的工作条件,关心爱护员工。

(三) 公共区域清洁工作的内容

1. 大堂清洁

(1) 大堂地面:白天循环拖地,保持地面清洁、光亮,客人经常出入的地方要增加打扫次数。晚间客人较少,要对大堂地面进行彻底清扫或抛光,并分区、定期打蜡。

(2) 门庭:白天对玻璃门窗上的浮尘、指印等进行擦拭,夜间对门窗、墙面、标牌、台阶进行全面清洁,对大门庭院进行冲洗。

(3) 扶梯、电梯：白天使用扶梯、电梯的频率高，仅进行简单的清洁维护。清洁和维护的主要工作在夜间进行。

(4) 大堂家具：经常擦拭服务区、休息区的柜台、桌椅、展示家具，及时更换烟灰缸，清理茶几、台面的纸屑，对不锈钢和铜器等进行清洁上光。

2. 餐厅、酒吧、宴会厅清洁

餐厅、酒吧的清洁工作主要在其营业结束后进行，清洁地面，对家具进行擦拭，及时清除污渍。宴会厅在每次使用后都要进行全面清扫，对地毯吸尘，清除板壁上的鞋印、笔印、指印等。宴会厅的吊灯应定期清理，宴会大厅要定期通风、除尘。

3. 公共洗手间清洁

及时做好公共洗手间的消毒工作，按顺序擦净面盆、水龙头、台面、镜面，擦亮金属镀件，用清洁剂清洗马桶和便池。擦拭卫生间的门、窗、瓷砖墙面、隔挡，随时清洁地面，保持无脏印、水渍。配备好卷纸、洗手液、擦手纸等。检查皂液器、烘手器等设备状况是否完好。在洗手台摆放鲜花，并适当在洗手间喷洒空气清新剂。

4. 员工自用区域的清洁卫生

对员工食堂、更衣室、服务通道、员工公寓、娱乐室等员工自用区域进行清洁。员工食堂干净卫生、工作和生活区清洁舒适，有利于员工提高工作热情、提升工作效率。

5. 绿化布置及清洁养护

(1) 绿化布置的主要工作是对客人进出区域的绿化植物造型安排摆放位置、定期更换盆景。重大会议或贵宾接待时，按酒店通知布置绿化。

(2) 清洁养护：每天按顺序养护、清洁绿化树木、花卉、盆景、假山水池，除去杂物、叶面浮尘，浇水，定期修剪，喷药灭虫。

(四) 公共区域清洁卫生质量控制

(1) 划片分区，包干负责。将服务员划分小组，分区负责，每个人每天的工作相对固定，责任明确，以利于管理和保证质量。

(2) 制订科学的卫生计划。公共区域的一些卫生项目只需定期清洁，如地板打蜡、吊灯擦拭。因此，客房部应该制订科学合理的卫生计划，循环清洁。

(3) 加强巡视，检查卫生质量。

三、客房安全管理

客人入住酒店以住宿安全为首要前提，因此客房部除为客人提供整洁舒适的房间和热情周到的服务外，还应将客房安全管理放在重要位置。

(一) 客房安全事故类型

1. 偷盗等刑事案件

发生在酒店的刑事案件有偷盗、抢劫、凶杀等，其中偷盗案件比其他案件的发生率高，特别是在管理不善的酒店。客房偷盗主要有外来人员盗窃、内部人员盗窃、内外勾结盗窃和客人自盗。

2. 设施设备设计、安装或使用不当造成的伤害

例如,浴室冷热水故障造成的烫伤;设备固定不牢,砸伤客人;浴缸无防滑措施导致客人摔倒等。

3. 传染性疾病

房间卫生不达标,导致传染病蔓延。

4. 火灾

酒店火灾蔓延的原因主要有设备和线路故障,工作人员违规操作,乱扔烟头,床上吸烟,缺乏防火常识,酒店装修时大量使用易燃、可燃材料等。

(二) 客房安全管理措施

1. 防范盗窃等各类案件

加强员工职业道德教育,做好客房钥匙管理;保障安全报警系统和电子监控系统正常运转,防范偷盗等刑事案件的发生。

2. 设施设备安全管理

经常检查客房设施设备是否正常,严格执行各项操作程序和操作规范,防止因设施设备问题导致的客人受伤及员工工伤。

3. 传染病预防工作

严格客房清扫工作和消毒工作,防止传染病的蔓延,对员工进行各类疾病紧急处理的知识培训。为保障客人和员工的健康与安全,酒店有权拒绝患有传染病的客人留宿。

4. 防火工作

定期进行消防知识培训和消防演练,重视维护消防和火灾监控系统的正常运转。

5. 完善客房管理制度

(1) 入住登记制度:入住酒店的客人必须持本人有效身份证件在前台办理入住登记手续。

(2) 来访登记制度:为保障住店客人和客房的安全,注意对访客进行登记。

(3) 跟房检查制度:客人外出或退房后,客房服务员及时查房,检查房间设施设备、酒水饮用和其他情况是否正常。

(4) 巡楼检查制度:酒店保安部和客房部工作人员定时巡楼,检查楼层有无闲杂人员,消防器材是否正常,是否存在其他安全隐患。

(5) 交接班制度:交接班时认真填写“交班记录表”。签署姓名、时间,对重要工作或未完成事项必须作出书面说明,以确保工作衔接正常。

6. 住客异常行为的处理

(1) 如果发现客人足不出户,又一直挂“请勿打扰”牌时应该特别留意。

(2) 发现客人精神异常时要及时汇报给上级。

(3) 发现客房内有吵架、斗殴、聚众赌博、放置违禁物品、焚烧纸张等异常情况时,要及时上报,并通知保安部。

(4) 遇到客人纠缠,要找借口尽快离开或求助附近同事。

四、客房设备用品管理

客房设备用品管理是指对客房运营所需的各类设备、用品的选择、使用和保管等的管理工作。做好客房设备用品管理,有利于提高客房服务质量,降低客房经营成本。

(一) 客房设备用品的分类

1. 设备部分

(1) 机器设备:空调、电视、冰箱等。

(2) 家具设备:床、衣柜、写字台、桌椅等。

(3) 清洁设备:洗衣机、烘干机、吸尘器等。

2. 用品部分

建筑装饰品(地毯、墙纸等)、各类布草、清洁用品、一次性消耗品、客房免费赠品等。

(二) 客房设备用品管理

1. 客房设备的选择

酒店开业,客房设备已经采购完毕,但是更新与改造时,客房部经理有责任参与其中。客房设备的选择应注意以下原则。

(1) 协调性:设备的大小、造型、色彩应与客房整体风格、档次进行协调。

(2) 实用性:操作简单、不易损坏,易于清洁、保养。

(3) 安全性:如电器的自我保护装置正常,淋浴的冷、热水标志明显,家具的防火性能好等。

(4) 经济性:质量合格,价格经济合理,售后服务好。

清洁设备在一定程度上决定客房部清洁工作的效能,选择时除考虑以上原则外,还应该符合使用安全、使用寿命长、操作方便、易于保养、噪声小等条件。

2. 建立客房设备用品档案

对客房家具、机器、清洁设备进行登记、建档,注明设备的使用寿命、操作规范和保养要求。

3. 客房设备用品日常管理与保养

(1) 分级归口管理。将客房设备具体归口到各级使用部门,责任到人;数量、品种、价格要明确;完善岗位制和安全技术操作制。

(2) 维修与保养。对机器、设备制订维修保养计划,定期维护。客房设备不得随意搬走,如需搬动、更换,必须经相关领导批准,并登记。需要搬出进行维修的物品,应在客房服务中心登记,填写维修单。存放在库房的设备用品应遮盖挡尘。

4. 客房设备用品的更新改造

客房设备用品的更新改造应根据酒店自身情况、设备用品质量和保养情况进行。对于客房清洁设备,如果机器不出现明显问题,如严重老化、维修成本过高、清洁效果不佳等,可照常使用不进行强制淘汰。而对于客房内的设备用品,为保证其超前性和稳定性,维护酒店的产品质量和客源市场的稳定,应有计划地强制淘汰与更新。

(1) 部分更新:一般5年左右进行部分更新,如更换地毯、墙纸、装饰品。

(2) 全面更新:一般10年左右对客房进行装修,更新房间陈设,如家具、卫生间设备。

(三) 客用品管理

客用品包括:客人一次性消耗使用或赠送给客人的用品,如香皂、牙刷等;提供给客人使用,不能带走的物品,如浴巾、烟灰缸等。客用品属低值易耗品,其管理应细致、周密。

1. 客用品的选择

重视客用品的质量,选择美观、实用的产品,并与酒店的档次相适应。

2. 客用品的控制

客房部应根据客房数量、客房类型、年均开房率、团队与散客平均比例,确定各类客用品的平均消耗定额,并以此为依据,对各班组、个人的客用品控制情况进行考核。设立客用品库房,储备一定数量的客用品。

3. 客用品的日常管理

(1) 客用品发放控制。楼层领班应了解所辖楼层的库存情况,领取时填写"领料单"。

(2) 做好客用品的统计分析工作。客房中心应每日、每月对客用品的耗用量进行盘点统计。

(3) 控制客用品流失。对员工加强纪律教育,要求服务员做好客用品的领取和使用记录。在打扫房间卫生时,将工作车停放在房间门口,以便监督。

(4) 提倡节约。对于没使用过的客用品,应继续使用。改用固定容器盛放洗浴用品,减少浪费。

(5) 落实奖惩政策。根据消耗定额、预算和执行情况,进行奖惩,提高服务员对客用品的节约意识。

(四) 布草管理

布草是对客房和餐厅使用的棉制品的统称。客房布草主要是床上和卫生间的棉制品,如床单、毛巾。餐厅的布草主要有台布和口布。布草的清洁、美观是酒店服务质量的保证。

布草管理主要由布件房负责。布件房应合理控制布草的储备标准,负责布草的储存与保养,库房应保持通风,脏布草要及时洗涤,破损布草要进行缝补。对于变黄、破旧的布草进行及时更新,并与采购部协调,保证周转数量。

教学案例

无房卡的客人

一天早晨,客房部楼层服务员正在打扫房间。这时过来一位客人说:"服务员,麻烦帮我开一下这层楼507房间的门。"

"先生,请您出示房卡。"

"我要带着房卡,何必找你开门呢?"客人生气地说。

"先生，对不起，我们酒店有严格的规定，凭房卡才能开门。"

"规定是死的，人是活的。我在你们酒店住了好几天了，你也应该见过我。房卡找不到，怎么办？"

"可以出示您的身份证吗？"

客人很不耐烦地从包里掏出证件。

"请稍等，我与总台联系一下。"

经与总台核对，楼层服务员确认客人的身份后，立刻把证件还给客人并为其开门。同时道歉说："先生，对不起，让您久等了，我们仔细核对身份，也是为您和所有住店客人的安全考虑，希望您能够谅解。请仔细寻找一下您的房卡，如果确认遗失，请去总台补办一张，谢谢您的合作！"

客人听完解释后觉得确实有道理，也不再抱怨，并向楼层服务员表示感谢。

点评：

酒店除为客人提供良好的住宿环境外，同时也有义务保障客人的安全。不法分子冒充客人盗取财物的情况多有发生，因此，案例中的楼层服务员严格按照酒店规定办事，认真谨慎地核实客人身份后方才开门，是非常正确的做法，同时也提醒客人，若遗失房卡，应及时到总台补办，以避免安全事故的发生。

模块三　酒店餐饮部运营管理

任务导入

制定星级酒店餐饮部的工作流程。

工作任务一　餐饮部的地位与作用

餐为"食"，饮为"喝"，餐饮就是"吃食物，喝饮料（含酒水）"。餐饮业(catering)是集即时加工制作、商业销售和服务性劳动于一体，向消费者专门提供各种酒水、食品、消费场所和设施的食品生产经营行业。在我国，餐饮业是较早开放的生产经营性服务行业之一，属于第三产业。餐饮行业的经营类型错综复杂，依据不一样的分类标准，有着不同的分类方式。但不管哪种经营类型，餐饮管理都需要以目标市场为载体，以产品质量和服务质量为核心，以经济效益为目标，使企业的级别规格及就餐环境与接待对象相适应。

作为餐饮行业经营类型之一的酒店餐饮部，是一家酒店利润收入的重要一线部门之一，主要为住店及所有的用餐需求的客人提供各种菜式和舒适的用餐环境，是建立客人与厨房联系的重要桥梁。酒店餐饮部的服务质量、水平特色，直接影响酒店的声誉度与美誉度，与酒店的生存与发展息息相关。同时，酒店餐饮部也肩负着接待各方来客、弘扬美食文化、创造经济效益、扩大酒店知名度的重任。

一、打造酒店品牌，提升企业形象的必由之路

近年来，随着人们生活节奏的不断加快、收入的日益提高、消费观念的转变、大众旅游的普及，现代酒店业出现了前所未有的蓬勃发展，与此同时，竞争也日趋激烈。特别是硬件设施水平相差无几的今天，具有充分灵活性的餐饮服务是打造酒店品牌、树立企业形象的重要手段之一。

企业能够在目标消费群体中创立一个品牌，确立一个良好鲜明的企业形象，是其生存的制胜法宝。所谓品牌化，是赋予产品和服务一种品牌所具有的能力，品牌化的根本即是创造差别使自己与众不同。品牌的确立对于营销者来说有助于促进产品销售；有助于扩大产品组合；有利于约束企业的不良行为。比如，人们向往拥有的奢侈品，成本与售价之间差距甚大，这巨大的利润空间即是由品牌所创造的，而事实上，消费者也深知这其中的缘由，但仍然想拥有一件，原因就在于消费者已不再是关注商品本身的使用价值，而是关注其附加价值，它可能是思想的代表、财富的象征，也可能是精神的寄托，这就是品牌所赋予的魔力。具体到酒店行业来说，餐饮品牌的确立不仅可以带来直观的经济收益，同时也可间接带动客房、康乐等产品的销售。

所谓企业形象，是指社会公众和企业员工对企业的总体印象和客观评价。对于消费者来说，企业形象便于辨认、识别；有利于维护消费者利益；有利于促进产品改良，有益于消费者。只有具备鲜明的特点、良好的企业形象，才能在众多同类型企业中脱颖而出。具体对酒店行业来说，其主要产品是客房，但在各酒店经济实力旗鼓相当的今天，客房的硬件设施上一般很难做出特色。在平级的一线收益部门中，只有餐饮服务具有充分的灵活性展现企业的个性，这对酒店业打造品牌、树立形象、创造收益至关重要。

尽管有着数十亿的人口，尽管经历了近亿年的演变，尽管存在着不同的国家和民族，但人类对于维持生存的饮食需求从未改变。中国的饮食文化更是源远流长、举世闻名，中餐甚至在某些地区已成为一项旅游资源，吸引着世界各地的旅游者。酒店餐饮部门可以此为契机，充分挖掘中国饮食文化的内涵，秉承地方饮食的传统与特色，进而创造具有本酒店风格的餐饮产品与服务。这样，既能弘扬中国传统文化的博大精深，又能树立企业形象，提升知名度与美誉度，可谓一举两得。

二、从事商务活动，刺激休闲消费的主要场所

俗话说“民以食为天”，饮食从古至今就是人类生存繁衍的头等大事，也是社会生产力发展的一个基本保证。近年来，随着我国经济的加速发展，餐饮业市场规模迅速扩大，并呈现出多彩多姿的局面。其中，酒店餐饮作为整个社会餐饮的一部分，除满足一部分特定消费群体的需求外，在高端餐饮消费市场的发展中也扮演着重要角色，如政府接待晚宴、商务活动举办、社交消费、喜庆消费、会展消费等。

在各类型酒店中，以度假为核心的旅游酒店发展较迅速，特别是在以旅游业为支柱产

业的地区。根据我国旅游酒店星级评定标准的规定，没有餐饮服务的酒店是有重大缺陷的。在大众旅游休闲活动普遍的时代，相当一部分的住店客人需要在所住酒店的餐厅用餐，酒店餐厅也是部分高端客人社交集会的理想场所，它日夜不停地和住店客人及店外客人发生频繁接触，如果没有与客人消费水平相适应的餐饮服务部门，既影响客人的旅游、社交生活，也影响酒店的经营与生存。因此，餐饮部是酒店业中不可或缺的业务部门，也是大众休闲消费的主要场所。

三、增加酒店收益，吸纳社会就业的重要渠道

作为酒店重要的对客服务部门之一，餐饮部门为酒店带来的收益是仅次于客房而处于第二位的。在我国酒店，一般来说，餐饮收入约占酒店总收入的1/3，经营业绩良好的酒店餐饮收入可与客房收入持平，有的甚至超过客房收入，这主要受诸多因素影响，如酒店的地理位置、经营特色、设施设备、厨师技艺等。虽然餐饮部原料成本开支较大较频繁，毛利率也不如客房高，但相对于客房来说，其早期投入及固定资产占用要比客房部低很多。由此可见，餐饮部门对酒店的直观收益不容小觑，作为酒店管理者，最大限度地发挥餐饮部门的灵活性是提高企业竞争力、增加企业净利润的重要手段之一。

餐饮行业是劳动密集型产业，作为生活服务业中的最基础产业，是农业和工业转移剩余劳动力的主要途径，在吸纳劳动力就业方面一直发挥着重要作用。目前，我们国家社会就业矛盾十分突出，但餐饮行业发展较快、网点多、进入门槛低，对低端人才需求旺盛。因此，在各类生活服务业中，以“食”为代表的餐饮业一直是国家、各级政府优先发展的产业，餐饮产业中的代表——酒店餐饮部在增加社会就业方面也是功不可没。

四、平衡季节差异，提高服务水平的必要手段

对于绝大多数旅游目的地来说，旅游活动都存在明显的季节性，由于该因素造成的需求波动，必然会给度假型酒店带来经济影响。例如，在旅游淡季，需求量的减少会使得酒店相对冷清，设施设备的使用价值不能充分发挥，而酒店无论是客房还是餐饮产品，都具有不可储存的共性，进而对于酒店来说造成的即是不可挽回的闲置损失；而在旅游高峰期，多数酒店往往是超负荷运转，面对供给能力有限的现实，又会带来因供不应求而造成的机会损失。如何平衡因季节差异而带来的酒店经营业绩的波动，灵活性、可操作性极强的餐饮部是最佳的调节剂。餐饮部相较于客房部来说，服务对象更广泛，在当地旅游活动的淡季，餐饮部门可借助文艺表演、娱乐活动、价格折扣等多样化的促销手段吸引更多的本地居民和散客，也可利用营销部门与本地企事业单位开展更多的年中会、员工奖励、高级接待等宴会活动。在增加酒店餐饮收入的同时，也平衡了酒店的季节性差异，提高了酒店设施设备的利用率及服务人员的劳动效率。

前文中曾提到，在同档次各酒店硬件设施设备水平难分伯仲的今天，作为软件的员工服务水平成了酒店行业竞争的筹码。从酒店各部门与客人接触的频繁程度看，餐饮部员工无疑是排头兵，也就是说，餐饮部的服务水平能够客观反映整个酒店的服务水平，优秀

的餐饮经营会给酒店产品的营销带来丰厚的利润,直接影响酒店的声誉度与美誉度。餐饮服务水平主要由两部分构成:①厨房的烹饪技术;②餐厅的热情服务。作为餐饮部的管理者,①重视提高厨房厨师的烹饪技艺,不断改良菜肴的口感特色,推陈出新;②加强餐饮员工的服务技能培训及服务意识的培养,两者综合才能创出酒店的品牌,树立企业的独特形象。

工作任务二　餐饮部的组织结构

一、餐饮部的组织结构

(一)餐饮部组织结构设置的原则

1. 精简

在组织结构设置时,尽量减少层次,讲究实效,避免机构臃肿,人浮于事。

2. 统一

餐饮部组织结构设置应坚持统一领导原则,一个下级机构对应一个直接上级。

3. 自主

各部门、各环节能够自主地履行各自的岗位职责。

4. 高效

效率是结构设置的最高原则,也是衡量机构设置是否合理的重要标准。

(二)不同规模酒店的组织结构

酒店餐饮部的规模不同,其组织结构也不尽相同。

1. 小型酒店

小型酒店的餐饮部组织结构比较简单,且分工不宜过细,如图 3-12 所示。

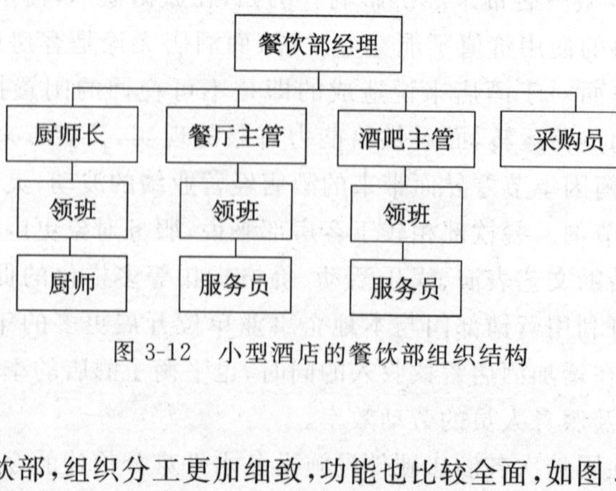

图 3-12　小型酒店的餐饮部组织结构

2. 中型酒店

中型酒店的餐饮部,组织分工更加细致,功能也比较全面,如图 3-13 所示。

3. 大型酒店

大型酒店餐饮部组织结构结构复杂,层次多,分工明确细致,如图 3-14 所示。

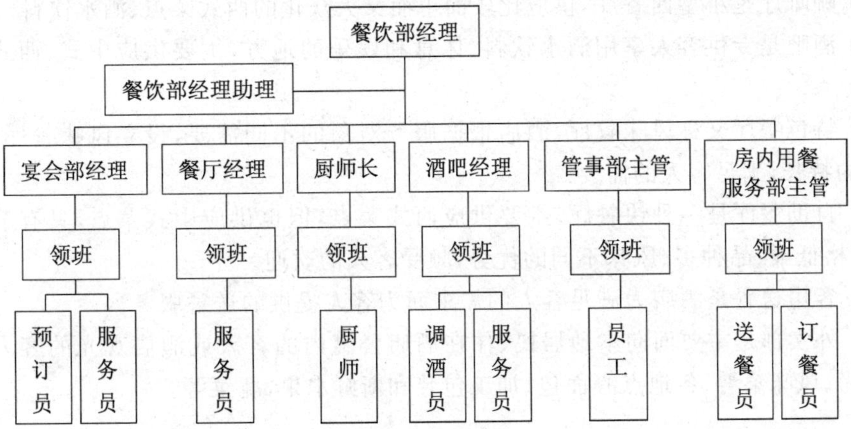

图 3-13　中型酒店的餐饮部组织结构

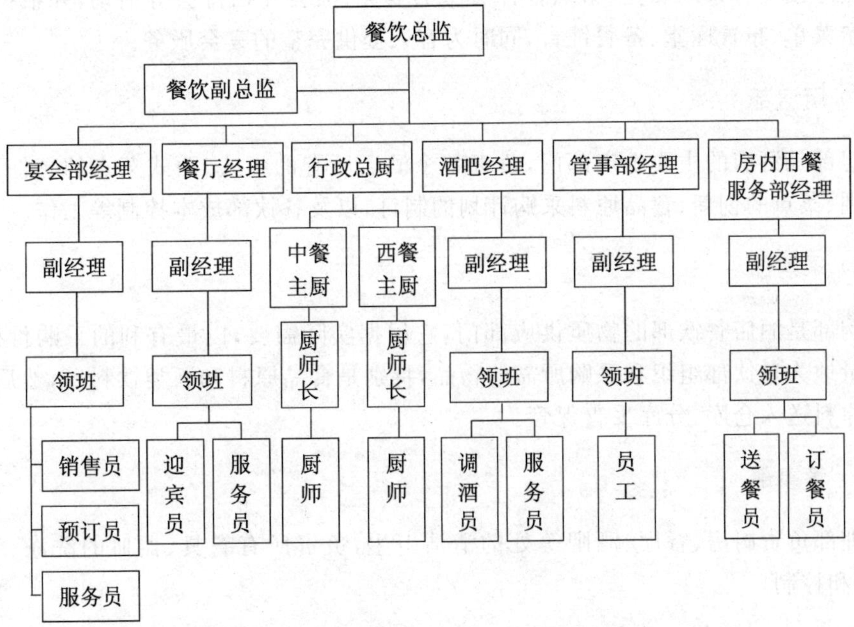

图 3-14　大型酒店的餐饮部组织结构

二、餐饮部各部门的管理职能

(一) 餐厅部

餐厅部是为客人提供食品、饮料和良好服务的公共场所。根据其所提供的食品、饮料和服务的不同,可分为以下几种。

(1) 零点餐厅也叫点菜餐厅,是酒店的主要餐厅,供应中西菜点。

(2) 团队餐厅主要供应团队包餐,也安排适当的西式菜点。

(3) 咖啡厅是小型西餐厅，供应比较简单而又大众化的西式菜点、酒水饮料。

(4) 酒吧是专供客人享用酒水饮料、休息和娱乐的地方，主要供应中式、西式酒水饮料和小吃。

(5) 特色餐厅又称风味餐厅，酒店根据服务对象的不同需要，设立风味餐厅，以便发挥自己的特长，满足客人的需要。

(6) 自助餐厅是一种快餐厅，主要供应西式菜点，但也供应中式菜点，具有节省用餐时间、价格低廉、品种多、风味不同的优势，颇受客人的欢迎。

(7) 客房送餐是酒店为满足客人的需求而为客人提供的送餐服务。

(8) 外卖部是主要面向本地居民、住在酒店公寓内的客人或酒店观光的客人提供的特色烧烤、风味菜肴、各地点心面包、加工包装和新鲜水果、蔬菜等。

(二) 宴会部

宴会厅接受客人的委托，组织各种类型的宴会、酒会和招待会等活动，并根据客人的要求制定菜单、布置厅堂、备餐铺台，同时为客人提供完整的宴会服务。

(三) 厨房部

厨房部是酒店的主要生产部门，负责整个酒店所有的中式、西式菜点的烹饪，负责厨师的培训、菜点的创新、食品原料采购计划的制订，以及餐饮部成本控制等工作。

(四) 采购部

采购部是酒店餐饮部的物质供应部门，它根据实际需要，以最有利的采购价格，按时保质保量地为餐饮部组织和采购所需的物品，特别是食品原料和酒类饮料等，然后将采购进来的原料送入仓库，分库妥善保管。

(五) 管事部

管理部负责厨房、餐厅、酒吧等处的清洁卫生，负责所有餐具、器皿的洗涤、消毒、存放、保管和控制。

工作任务三　餐饮部技能实务

铺台布、托盘服务、斟酒服务、摆台服务、分菜服务等是服务人员在餐厅工作中常用的基本技能。这些技能有着特殊的操作方法和流程，因此从业人员必须有针对性地学习和训练，以保证操作服务的规范化。

一、铺台布

台布也称桌布，常见于中高档社会餐饮及酒店的宴会接待，主要作用是保洁、美观和方便服务。根据台布材质可分为纯棉、绒质、化纤等;根据颜色常有白色、黄色、红色等;根据形状主要有圆形、方形和异形。铺台布的方法主要有推拉式、抖铺式、撒网式和肩上式。

(一) 推拉式

推拉式铺台布的方法一般适用于客人已坐在餐椅上,或者零点餐厅,抑或地方比较窄小的环境。

(1) 准备:备好与餐桌大小匹配的干净台布一张,拉开餐椅,站在主位或副主位处。

(2) 打开:将折叠好的台布打开,正面朝上,凸缝(中心线)对正副主位。

(3) 抓起:双手拇指和食指捏住台布一端,其余三指逐步向前推折一段抓起,大约三次。

(4) 收拢:用双臂的力量将双手抓起的台布两端向中间向内收拢在一起。

(5) 推出:捏住台布边角的双手拇指、食指不松开,其余三指松开,一次性向前向两侧将台布沿桌面迅速用力推出。

(6) 定位:将推出的台布向回拉,使台布十字交叉的中心点位于桌子的圆心。凸缝(中心线)对准正副主人位,四周下垂均等,台布平整、美观。

(二) 抖铺式

抖铺式铺台布的方法一般适用于宽敞的餐厅或者无客人就座的情况下。

(1) 准备:备好与餐桌大小匹配的干净台布一张,拉开餐椅,站在主位或副主位处。

(2) 打开:将折叠好的台布打开,正面朝上,凸缝(中心线)对正副主位。

(3) 抓起:双手拇指和食指捏住台布一端,其余三指逐步向前间隔一段抓起,大约三次。

(4) 提起:将折好的台布向内合拢提至胸前。

(5) 抖出:捏住台布边角的双手拇指和食指不要松开,其余三指松开,将台布从胸前向前方一次性铺撒出去。

(6) 定位:将抖出的台布向回拉,注意台布内包裹的空气,由桌布外端向内缓慢铺盖,使台布十字交叉的中心点位于桌子的圆心。凸缝(中心线)对准正副主人位,四周下垂均等,台布平整、美观。

(三) 撒网式

撒网式铺台布的方法一般适用于宽大的场地,或技术比赛场所,抑或是无客人就座的环境。

(1) 准备:备好与餐桌大小匹配的干净台布一张,拉开餐椅,站在主位或副主位处。

(2) 打开:将折叠好的台布打开,正面朝上,凸缝(中心线)对正副主位。

(3) 抓起:双手拇指和食指捏住台布一端,其余三指逐步向前间隔一段抓起,大约三次。

(4) 提起:将折好的台布向内合拢提至左侧或右侧。

(5) 铺出:捏住台布边角的双手拇指和食指不要松开,其余三指松开,将台布从左侧或右侧斜着向前方一次性抛撒出去。

(6) 定位：将抖出的台布向回拉，注意台布内包裹的空气，由桌布外端向内缓慢铺盖，使台布十字交叉的中心点位于桌子的圆心。凸缝(中心线)对准正副主人位，四周下垂均等，台布平整、美观。

(四) 肩上式

肩上式铺台布的方法一般适用于宽大的场地，或技术比赛场所，抑或是无客人就座的环境。

(1) 准备：备好与餐桌大小匹配的干净台布一张，拉开餐椅，站在主位或副主位处。

(2) 打开：将折叠好的台布打开，正面朝上，凸缝(中心线)对正副主位。

(3) 抓起：双手拇指和食指捏住台布一端，其余三指逐步向前间隔一段抓起，大约三次。

(4) 提起：将折好的台布向内合拢提拿到左后肩或右后肩。

(5) 铺出：捏住台布边角的双手拇指和食指不要松开，其余三指松开，将台布从左后肩或右后肩向桌子的斜前方一次性摔铺出去。

(6) 定位：将铺出的台布向回拉，注意台布内包裹的空气，由桌布外端向内缓慢铺盖，使台布十字交叉的中心点位于桌子的圆心。凸缝(中心线)对准正副主人位，四周下垂均等，台布平整、美观。

二、托盘服务

托盘是餐饮服务中最常用的为客人端送各种餐具、食品、饮品、物品等的服务工具(图 3-15)，被称为“活动的平台”。服务过程中，服务人员要正确有效地使用托盘，做到“送物不离盘，托物不离手”，托平走稳、汤汁不洒、菜形不变。同时，托盘也能减轻服务人员的劳动强度，大大提高工作效率。因此，要求服务人员具备娴熟的技术和规范化的文明操作。

图 3-15 托盘服务

（一）托盘的种类

托盘种类依据不同的分类标准可划分多种类型。根据制作材料不同，可将托盘划分为木质托盘、金属托盘、塑料托盘、胶木托盘等。根据规格不同，可将托盘划分为大型托盘、中型托盘、小型托盘等。根据形状不同，可将托盘划分为圆形托盘、方形托盘、矩形托盘、椭圆形托盘和异形托盘等。

（二）托盘的用途

托盘具有防滑、防腐及使用方便的特点，在餐饮行业中被广泛使用。一般地，大型方形托盘常用于传菜、运送酒水及递送盘碟等较重物品。中型圆托盘一般用于摆台、斟酒服务、撤换餐具、上菜服务、更换烟缸等。小型圆托盘一般用于递送账单、钱款、递送信件或高档饮品等。

（三）托盘的服务方式

托盘的服务方式主要依据的是所托物品的重量，一般分为轻托和重托两种。

轻托指的是盘中所托物品重量在5千克以下，一般用来端送体积较小、质量较轻的物品，常用于摆台、上菜、撤换餐具等，因托于左胸前，故又称“胸前托”。

重托指的是盘中所托物品重量在5千克以上，一般常用于托运大型菜点、酒水和盘碟等，因最初托举于左肩之上，故又称“肩上托”。但目前国内酒店为安全起见，对于重物常采用推车运送，传菜也是多采用双手端托于胸前等形式。

无论是轻托还是重托，其操作程序与技能基本相同，大致如下。

1. 理盘

把所需用的托盘选择好，洗净、消毒、擦干。在盘内垫上干净的专用垫布，垫布大小要与托盘匹配，周边铺平与盘底齐平，既美观整洁，又可防止盘内物品滑动。

2. 装盘

结合物品轻重等特点和托盘特点，按照先后、里外等因素将所托物品合理装盘，总体遵从托盘重心放置中间或偏内侧原则，注意物品摆放互相靠拢，避免摇晃。例如，高物、重物一般放在托盘内侧，低物、轻物放在托盘外侧；先上桌物品放置在上、在外侧，后上桌物品在下、在内侧等。整体摆放大小协调，重量分布均匀，保持托盘平衡。

3. 起盘

起托时，左脚向前迈半步，右脚在后，屈膝弯腰，上身前倾，右手将托盘向外拉出2/3，左手五指分开依托掌根及五指指腹与托盘中心接触并向上托起，托起时右手可协助，待平稳后拿开，小臂平行于地面托于左胸前。

4. 托盘行走

待左手所托物品重心平稳后，上身挺直，收腹提腰，目视前方，右臂可自然摆动也可右手放置后腰肌处，避免盘内物品倾斜，保持托盘平衡，步伐均匀稳健，行进至指定地点。行进过程中，要时刻留意周围，以免发生意外碰撞。

5. 落盘

到达目的地后，身体略屈膝弯腰，右手协助左手将托盘前端1/3放置在台面上，双手再将整个托盘向内推进，安全取出物品。

(四) 托盘服务注意事项

托盘服务要严格按照规范操作，切忌将托盘贴于胸前和肘贴于腰间。当只拿空托盘时，可用左手或右手竖向执拿盘边缘并将盘底朝外；时刻保持托盘内的卫生，放在指定位置，托盘时切忌正对服务人员鼻口，如讲话，需将托盘向外侧打开；端送托盘时不可以从客人头上越过，以免触碰客人。托盘物品重量要量力而行，切忌贪多，造成不必要的麻烦。托盘、卸盘及落盘过程中，要始终注意保持托盘重心，防止盘内物品翻倒。

三、斟酒服务

斟酒服务是餐厅服务工作中一项基本的技能，服务员优美、规范的斟酒操作技能不仅会给就餐客人留下美好的印象，同时还可增添热情友好的宴饮气氛。因此，要求餐饮服务人员掌握正确规范的斟酒程序和服务技能，真正为客人提供优质的服务。

(一) 斟酒服务操作标准

1. 酒水准备

为对客人负责及减少酒店不必要的损失，服务人员在为客人开瓶斟酒之前，需要对酒水饮料做相关的检查。例如，对玻璃瓶装酒水的检查，主要看瓶身、瓶口是否有裂口，瓶内是否有悬浮物、沉淀物或者浑浊；对不透明的酒瓶酒水的检查，可用手晃动一下，看是否有漏酒或者气味逸出；对灌装饮料的检查，可查看生产日期判断是否在保质期内，或者罐底是否凹进或凸出，判断饮料是否已发生变化等。检查好后，服务人员需要擦净瓶身、分类摆放整齐，等待客人选用。

2. 示酒

在客人点取整瓶酒水后，服务人员在开启之前，需向客人进行展示。一方面请客人核实所点酒水是否有差错，并证明酒品质量的可靠；另一方面表示对客人的尊重及征询客人何时开启。

示酒的基本操作方法是：服务员侧身站立于客人的右后侧，右手扶瓶颈，左手托瓶底，酒瓶倾斜 45°，酒标向上面向客人，请客人确认商标及品种，待客人确认无误后，方可进行下一步操作。

3. 开瓶

依据不同的瓶盖及不同的酒水品种选用不同的开瓶方式。旋转盖只需用力旋拧即可。易拉罐开启，用右手扳起把手即可开启，切忌不可对着客人及开启前晃动，以免液体外喷。木瓶塞的开法是先用刀割开外包装纸并取下，左手扶住酒瓶，右手将酒钻螺旋锥转入瓶塞，利用杠杆原理将木塞慢慢拔起，再用干净的餐巾将瓶口擦拭干净。

4. 斟酒

斟酒的方式一般有桌斟和捧斟两种，其中，桌斟又分为徒手斟酒和托盘斟酒两种方法。

(1) 徒手斟酒。徒手斟酒是服务人员左手持一块消毒干净的布巾背在身后，右手握酒瓶，侧身站立于客人右后侧，按照先宾后主的次序将客人所需酒品依次斟倒至酒杯中的方法。徒手斟酒时，右手持酒瓶中下部分，商标面向客人，瓶口位于杯口上方2厘米处，控制好斟倒速度，缓慢将酒水斟倒至客人杯中，待斟倒量适宜时，将瓶口微微抬起并顺势向内旋转45°收瓶，目的是使最后一滴酒液沿着瓶口内壁流转至瓶中，谨防滴洒，最后再用左手布巾擦拭外瓶口。

(2) 托盘斟酒。托盘斟酒是服务人员将客人选定的几款酒水同时放置于托盘中，左手端托，右手根据客人需要依次将所需酒品从托盘中取出，并斟倒至桌面上的客人酒杯中。托盘斟酒服务时，仍需遵循侧身站立于客人右后侧，按照先宾后主的次序斟倒。需要注意的是，托盘移动和斟倒时，左臂要将托盘向左后方自然打开，避免托盘位于客人头部上方或者触碰到客人。因此，托盘斟酒需要服务人员有一定的臂力和娴熟的技术，出于安全性和高效性的考虑，目前餐饮行业很少使用这种方式。

(3) 捧斟。捧斟指的是斟酒服务时，服务人员侧身站立于客人右后侧，右手握瓶，左手持杯，向杯中斟倒酒水后，绕向客人的左侧将酒杯放回原来的位置。捧斟方式一般适用于点酒客人试酒、非冰镇类酒品及带气酒品等，多用于站立式酒会服务和酒吧服务中。

(二) 斟酒服务注意事项

斟酒时，瓶口与杯口不可碰触，相距2厘米为宜；酒水斟倒量一般要依据不同酒品的性质来把握，但前提还是以尊重客人、以客人需求为原则；斟酒时，切忌打断客人交谈，影响客人；斟倒啤酒时，因泡沫丰富，可分两次斟倒，以八分酒液两分泡沫为最佳；宴会斟酒服务中，需在宴会开始前将所有客人酒水斟齐，以免祝酒时杯中无酒；主人与客人交谈时，所有服务工作需停止，站在适当的位置，待讲话结束后，服务人员再将斟好的酒水送上以供祝酒所用。

四、餐巾折花

餐巾折花是餐饮服务人员必须掌握的一项技能，广泛应用于中西餐零点及宴会摆台中。当今人们对于饮食的态度已经超越了传统意义上的“吃”，而是一种“美食文化”，餐巾折花艺术就是“美食文化”的具体呈现之一。服务人员用灵巧的双手将餐巾折叠成不同式样的花形，既给客人带来美的享受，又能增添热情的气氛，给予客人美好的祝福。

(一) 餐巾折花的种类

餐巾折花的种类多样，根据折叠方法和摆放方式的不同，可分为杯花、盘花和环花，从卫生和实用角度看，盘花在今天的餐饮行业中运用更广；根据餐巾花造型的不同，可分为植物类、动物类和实物类；根据餐巾质地的不同，可分为全棉质餐巾、棉麻餐巾、维萨餐巾和纸质餐巾等，其中，星级酒店多采用全棉质餐巾。

（二）餐巾折花的作用

1. 清洁卫生，美化台面

餐巾的主要作用是清洁卫生，客人可将餐巾铺放在膝上，防止用餐时菜汤、油污、酒水等溅洒在衣面上。同时，餐巾还可以用来擦拭嘴角，但切忌不可擦餐具。除此之外，餐巾花通过服务人员的巧妙构思和艺术创造，以千姿百态的花卉造型和惟妙惟肖的动物造型摆放在桌面上，既点缀了台面，又给客人带来了一种悦目的美感和艺术的享受。

2. 表明主题，标出席位

餐巾花造型各异、形状多样，像是一种无声的语言，既能增添热情的就餐气氛，又能表达不同的宴会主题，增进宾主情感沟通。同时，餐巾花型还可标志主人的身份，一般在主人位摆放“主位花”，其花型高度高于其余所有客人的高度以示尊贵，从而方便客人依据花型的不同高度来辨认自己所应坐的位置。

（三）餐巾折花的技法

餐巾折花的技法主要有以下九种。

1. 叠

把餐巾铺好，注意餐巾正反面，然后将餐巾平放取中一折二、二折四，单层叠成双层，最终折叠成正方形、长方形、梯形等多种形状，使餐巾花型层次丰富、形状各异。折叠时，应看准折缝线和角度，尽量一次叠成，避免反复。

2. 推

推是打折时常用的一种方法，使餐巾形成多层褶皱，使花型造型更加饱满。推折时应在干净、光滑的台面上操作，用双手的拇指和食指捏出餐巾的第一个褶皱，然后其余三指依次向前推折，用中指控制间距，不能向后拉折，要求褶皱距离相等，高低、大小一致。

3. 卷

卷是将餐巾卷成圆筒形的一种方法，常分为平行卷和斜角卷两种。平行卷时，餐巾两端一定要卷平；斜角卷时，一定将餐巾一端固定，只卷另一端，或者两端同时卷，一端多一端少等。卷的技法要求卷紧和挺拔。

4. 穿

穿是用筷子从打折后的餐巾夹层折缝中穿过，使折缝形成褶皱，从而使造型更加美观。穿的技法要求筷子的一端要固定，褶皱形成要均匀整齐。另外，穿筷褶皱的餐巾花要先插进杯中，再抽掉筷子，以免褶皱散开。

5. 攥

攥是为保证半成品餐巾花不松散而攥住餐巾的中部或下部，再用另一只手进行其他造型操作。攥的技法要领是攥紧、攥实。

6. 翻

翻指的是在折叠过程中，用拇指、食指或者中指将餐巾进行上下、左右、里外等翻折，以形成花、鸟、动物头部等形状。翻的技法要领主要是掌握好翻折的大小和形状。

7. 拉

拉是在翻折的基础上用拇指、食指、中指等将餐巾牵引拉直，使得造型挺拔而直立。

比如折花的叶子、动物的翅膀等。拉的技法要领是拉直，用力要均匀，且要注意位置和大小。

8. 掰

掰指的是一手攥紧餐巾花，另一只手将折叠好的褶皱一层一层掰出来，形成富有层次的花蕾状。掰的技法要领是间距相等、用力均匀、层次分明。

9. 捏

捏指的是用食指将餐巾一角的顶尖巾角尖端向里压下一定长度，用拇指和食指将压下的角捏紧形成尖嘴型，常用于折鸟的头部的掐捏。捏的技法要领是拇指和食指要配合用力且力度均匀，尽量一次成型。

（四）餐巾折花的注意事项

主花一定要放在主位，一方面便于区别宾主席位，另一方面表示对主人的尊重；餐巾花观赏面要面向客人；动物类、植物类花型要间隔摆放；折花前要分清餐巾的正反面；折叠餐巾花还要注意客人的风俗习惯，避其忌讳；折花尽量一次成型，避免反复折叠，影响美观；服务人员折餐巾花前需将双手洗净并消毒。

五、中餐摆台

中餐摆台是餐饮服务人员的一项基础工作（图 3-16），无论是中西餐零点还是中西餐宴会服务，都需要服务人员在客人到来前，根据就餐人数，将各种所需餐具按照一定的规范铺设在台面上，一方面方便客人就餐；另一方面也体现餐厅的服务特点。

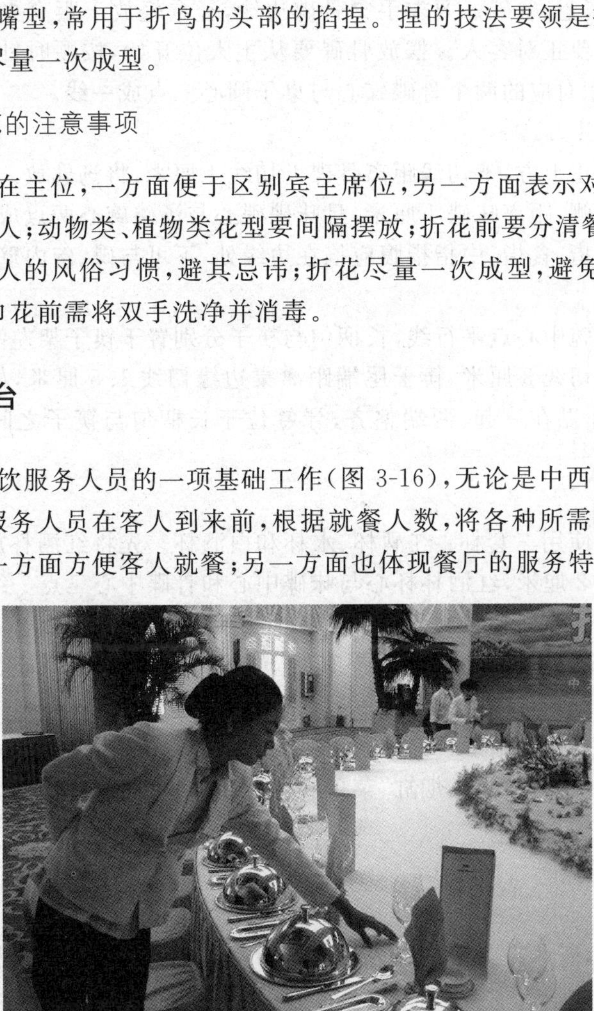

图 3-16　中餐摆台

（一）摆台的基本要求

摆台工作前，服务人员需将双手清洗并消毒，然后检查餐具有无不洁或破损，如有，需及时更换；摆台过程中，要求餐具摆放图案对正、距离匀称、合乎标准、整齐美观；摆放餐具既要洁净卫生、富有艺术性，又要方便客人使用，便于服务人员操作。

(二) 中餐宴会摆台

摆台依据中西餐别，早、中、晚餐形式，零点、宴会等服务方式的不同而各有不同。相较而言，宴会摆台是比较隆重的一种摆台方式，下文将以国家高职院校中餐主题宴会设计大赛的餐具摆台标准为例进行介绍。

1. 摆骨碟

骨碟，又称为餐盘、餐碟。要求手拿骨碟边缘，轻拿轻放于距离桌边缘切线1.5厘米处，盘中若有图案，要正对客人。摆放骨碟要从主人位开始，按顺时针方向依次摆放。要求骨碟间距均匀，相对应的两个骨碟碟心与桌子圆心三点成一线。

2. 摆味碟、汤具

味碟位于骨碟正上方，下切线距离骨碟上切线1厘米，将汤匙放入汤碗内，匙把向左，汤碗摆放在味碟左侧，距离味碟1厘米，且味碟碟心与汤碗碗心两点成一平线。端拿或移动味碟、汤碗时，拇指、食指、中指指腹应掐在边缘处，不可与碟、碗内壁接触。

3. 摆筷具

筷子架位于汤碗中心点平行线，长柄勺与筷子分别置于筷子架左端和右端，长柄勺勺柄左侧距离骨碟右切线3厘米，筷子尾端距离桌边缘切线1.5厘米，如有筷子套，需正面向上，且两根筷子紧贴在一起，两端整齐，牙签位于长柄勺与筷子之间，且与长柄勺底端持平。

4. 摆杯具

中餐宴会一般使用三套杯：红酒杯、水杯和白酒杯。先将红酒杯放置于味碟正上方，与味碟上切线间距2厘米，红酒杯杯心与味碟中心和骨碟中心三点一线，且通过圆桌心与对面三者连线相交。白酒杯放置于红酒杯右侧，杯肚间距1厘米，水杯放置于红酒杯左侧，杯肚间距1厘米，三杯杯心在一水平直线上，并与汤碗心、味碟心、筷子架心三点直线平行。

以上是中餐宴会摆台中餐具的一种摆放标准，在实际宴会服务中，还需要铺桌布、餐巾折花、摆放香巾托、共用餐具、烟缸、菜单和主题装饰物、摆放餐椅等。

六、分菜服务

在中餐中，零点餐厅需要帮助客人剔骨或分派一些形状完整的、带骨汤的菜肴，也叫派菜或让菜。

(一) 分菜方法

1. 使用叉、勺分菜

使用叉、勺分菜时，右手握住叉、勺，叉放在勺的上面，勺心向上，叉的底部向勺心，主要依靠手指来控制餐具进行分菜。

2. 使用勺、筷分菜

使用勺、筷分菜时，服务人员一手握公用筷，一手持公用勺，相互配合，将菜肴分配至客人餐碟中。

（二）分菜方式

分菜方式也是依据不同餐别有多种方法，下面以其中两种举例。

1. 厨房分菜法

根据菜单和客人数量，服务人员在厨房将菜肴分别装盘，每人一份，直接端至客人餐位，方式与上菜方式相同，从客人右后侧送上，并按顺时针方向绕台进行。这种方法规格高，适用于汤类、煲类、高档宴会的分菜。

2. 旁桌分菜法

服务人员将菜品端上桌面，介绍菜式供客人观赏后，再由服务人员端至服务操作台，将菜分派到客人的餐盘中，利用托盘，从主宾开始在客人右后侧按照顺时针方向依次将分菜后的餐盘放置于客人面前。这种方法规格高，少打扰客人，但服务节奏缓慢，较适合大圆桌就餐。

（三）分菜注意事项

分菜时应注意手法卫生，手拿餐碟边缘，汤汁不滴不洒，掉在桌上或地上的菜肴不可拾起再分派至客人；要求所分菜品的菜量基本一致，不可出现较明显差别；服务人员在分菜时动作要快、准、轻，干净利落；鱼、鸡等菜品的头、尾、翼尖等部分不能分给客人；分菜的顺序也应先宾后主，且顺时针依次分派。

工作任务四　餐饮部接待实务

一、主要就餐服务方式

在我国餐饮行业中，中餐厅是主要的经营服务场所，具体指专门为就餐客人提供中式菜点、饮料和服务的餐厅。根据接待对象的不同，中餐厅就餐服务通常分为零点服务、团体包餐服务和宴会服务等方式。

（一）零点服务

零点服务是我国餐饮业最常见的服务方式（图 3-17），是指餐厅对就餐的零散客人进行餐饮服务的方式，其主要特征有就餐时间随意性、就餐需求多样性、就餐场所选择性等。

1. 就餐时间随意性

零点服务方式的最大特点就是客人不用事先预订座位，一般都是随到随吃，服务也是按先到者先服务的原则。因零散客人的到达时间交错，不是随着餐厅的营业时间而有规律地进餐，所以接待的波动性较大、不均衡，每一餐都有可能会连续接待几批客人而需要“翻台”，这就更加要求服务人员拥有全面的服务知识和服务技能，从始至终保持良好的精神状态，迅速、准确、热情、周到地接待好每一批客人。

图 3-17 零点服务

2. 就餐需求多样性

散客就餐，往往人数不固定，且客人可能来自不同的国家、地区，来自不同的民族，有不同的宗教信仰，因此需求的菜品种类分散，餐饮需求标准不一，表现出复杂、多样的特性。

3. 就餐场所选择性

零点服务时，客人由于标准、档次、用餐目的等不同，对就餐环境的要求也不一样。例如，成年客人较多选择宽敞明快的环境；朋友聚会喜欢选择单独的包间或较安静的环境；青年伴侣往往选择安静、私密性较强的环境；老年人或行动不便者则一般选择出入方便的就餐环境，因为客人的个性化需求较多，也因此形成了就餐场所选择性的特点。

（二）团体包餐服务

团体包餐指的是在经过事先预订后，通过一定形式的组合，按照统一标准、统一菜式、统一时间进行的集体就餐形式，常见的有旅游包餐、学生包餐、会议包餐等。服务人员可依据不同性质的包餐团体，提供有针对性的开餐形式及方法引导客人用餐，从而顺利保障团体包餐的有序进行。同时，团体包餐还具有就餐人数多且固定、就餐时间相对集中、就餐标准和菜式统一、口味差别较大等特点。

1. 就餐人数多且固定

团体包餐，往往就餐人数少则十几人，多则几十人甚至上百人，更有可能几个团体同时进餐，所以人数一般较多，因为是团体统一组织的形式，所以就餐人数变化不大。服务人员在工作中应根据其人数安排好适宜的就餐环境及所需桌椅和餐饮用具。

2. 就餐时间相对集中

包餐团体一般都有事先安排好的日程，到了开餐时间，客人就会集中至餐厅，因此就餐时间相对固定。需要服务人员提前确认开餐时间及准备工作，以便及时完成好开餐的各项服务，保证上齐各种菜肴、食品、酒水等。

3. 就餐标准和菜式统一

团体包餐，每人每天的用餐标准是固定的，每桌每餐的菜式也是统一的。因此，需要服务人员事先了解包餐的标准，根据标准准备菜单，同时了解货源情况，保证荤素搭配、营养全面，使菜肴安排得合理得当。

4. 口味差别较大

团体包餐的客人，人数众多，且有可能国家、地区、职业、年龄等都不同，因此口味差别较大，且难免会有饮食禁忌及一些需要特殊照顾的客人，这就格外需要餐饮服务人员随机应变、灵活服务，能够快速掌握大多数客人的口味和习惯，将服务工作做到细微之处。

（三）宴会服务

宴会是政府机关、社会团体、企事业单位或个人为表示欢迎、答谢、祝贺等社交目的以及庆贺重大节日的需要，根据接待规格和礼仪程序而举行的一种隆重的、正式的高级餐饮活动，常见于酒店的宴会厅。宴会具有群集性、规格性、社交性、礼仪性等特点。宴会服务（图 3-18）一般是在同一时间段内、同一环境下开展，服务人员需要同时迎接和面对数以十计、百计甚至千计的客人同时就餐，而且宴会注重接待规格和服务程序，因此对于服务人员有业务素质过硬、服务技能高超的高水平要求。

图 3-18　宴会服务

1. 群集性

宴会最早起源于筵席，是中国最早的聚餐形式，历来是多人围坐、把酒言欢的进餐活动。如今，中式宴会一般为表示欢迎、答谢、祝贺等目的而邀请众人一起参加的高级宴会活动，就餐人数多，气氛隆重热烈，一般以 10 人一桌的大圆桌形式为主，象征着“十全十美”“团团圆圆”的美好寓意，伴随着音乐佐餐，宴会始终在欢乐、愉快的气氛中进行。

2. 规格性

宴会是一种隆重的、正式的高级餐饮活动，它具有一定的档次和规格，主要表现为菜品配套、荤素搭配、营养均衡，而且上菜顺序也是有一定的讲究，分类组合，前后衔接，有一套完整的计划和安排。同时在服务中，对于服务节奏、服务人员都有着严格的要求，以保证宴会活动的有序顺利、轻松愉悦。

3. 社交性

宴会活动最大的特点是就餐人数多，参加者一般都是宴请主人方的亲朋好友或者重要客人，大家品美味佳肴、推杯换盏、敦亲睦谊、促膝谈心，实际上，也是增进了解、加深情谊、疏通关系的重要途径，从而实现社交的目的。

4. 礼仪性

中式宴会注重礼仪由来已久，自古传承。古代许多大型筵席活动，均有钟鼓奏乐、仕女献舞等，均是礼的表达，也是对来访客人的尊重。如今的中式宴会，也保留了很多健康、合理的礼节习俗，如递送请柬、门前恭候、献烟敬茶等，参加者要衣冠整洁大方，仪容修饰得体，谈吐文雅谦恭，用餐举止优雅等，这些都是讲究礼仪的表现。另外，有些正式、重大的宴会中，还要注意主宾双方所在国家或民族的风俗习惯、宗教禁忌等，以上这些不仅体现了宴会中礼仪的重要性，更显示了一个国家和民族的优良美德。

二、餐饮接待流程

餐饮部的不同部门、不同岗位，其对客接待工作的具体流程会有所不同，但就餐饮服务方式来说，无论是零点服务、宴会服务还是团体餐服务，主要的服务环节基本一致。下面以餐饮部最常见的零点服务为例，介绍餐饮部接待流程，主要分为以下四个环节。

（一）餐前准备

按中餐零点要求摆好台，工作台备足各种用品、用具；熟悉当天菜品及酒水的供应品种和数量，准备好各种小票；整理好个人仪容仪表，做好自查，接受领班检查。

（二）入席服务

(1) 开餐前 30 分钟，值台员面带微笑地站在规定位置上迎候客人（图 3-19）。

图 3-19 迎宾服务

(2) 见客人到来，要主动迎上前问候，应用礼貌用语“先生（女士）中午（晚上）好，欢迎光临”，同时接过客人衣帽、物品依次放好，严禁将客人的衣帽倒拿，注意客人的包及物品应放在比较明显的、让客人看得见的位置。

(3) 拉椅让座，用礼貌用语“您请坐”（如有小孩，应立即送上童椅）。

（三）餐中服务

1. 准备工作

送上热毛巾，用语“请用香巾”，在客人的右面斟倒第一杯礼貌茶，用语“请用茶”，一般斟2/3为宜，不宜太满；为客人去掉筷子套，并收回毛巾，同时进行自我介绍：“先生/小姐，中午（晚上）好，我是××号服务员，很高兴为大家服务，祝大家用餐愉快！”

2. 请客人点菜，问酒水

(1) 征询客人是否可以点菜。用语有：“请问可以为您点菜了吗?”“请问用什么菜，我们这儿有××”，或主动介绍当天供应的新品种，礼貌用语：“今天刚推出××菜，您是否愿意品尝一下?”

(2) 点菜流程如下。

① 记录。菜单在哪位客人手里，值台员应站在其右后面，接受点菜，要保持站立姿势，身体微向前倾，认真、清楚地记下客人所点的菜。

② 确认。点菜完毕后，应向客人复述一遍所点的菜，“先生，您点的菜有××对吗?”“还需要什么吗?”让客人确认。

③ 问酒水。复述完后，服务员要收回菜单，并向客人表示感谢：“非常感谢，请稍等，您的菜很快就会来。”同时征询客人用什么酒水，向客人介绍酒水，并按斟酒要求在客人右边斟倒酒水，并说：“这是您要的××酒”。

④ 其他注意事项。如客人点的菜，菜单上没有，则说：“请您稍候，我去厨房看一下有无原料。”若能做则填单；不能制作时，则向客人道歉说：“对不起，您点的这一道菜今天没原料，您看××菜的制作原料和口味与其类似，是否品尝一下?”如客人请值台员代为点菜时，应根据客人口味、爱好、饮食习惯、消费水平和就餐人数等考虑，妥善安排。如客人点的是活养海鲜品种时，应将活养海鲜捞出装袋（盘），到客人桌前示意：“先生/小姐，您点的××可以做了吗?”在客人确认后再送入厨房。在接受客人点菜时应适当推荐中、高档菜品，但要注意语言要委婉。

3. 填写并分发点菜单

填写完点菜单（一式四联），一联交收银员，二、三联交传菜员（二联给厨房发菜），四联服务员自留（或放在客人桌上）以备核查。

4. 上菜

点菜后10分钟内要出第一个热菜，热菜由传菜员送进餐厅，再由值台员把菜送上桌，并报菜名（按上菜服务要求进行操作）；每上一道菜，要在该台的菜单上划去此菜名；上第一道热菜时，在客人只吃饭、不用酒的情况下，主动征询客人是否上面点；上带壳的食品，要跟上毛巾（或洗手盅）；上带汁的菜或大盘菜时，要加公勺。

5. 席间服务要求

(1) 服务员要严守自己的工作岗位，按站立要求站立，面带笑容，并在客人的餐桌旁边巡视，以便随时为客人服务。

(2) 及时为客人斟添酒水，更换餐碟，如客人的餐碟有1/3杂物，要及时撤换。

(3) 为客人提供点烟服务，撤换烟缸，不超过三个烟头，同时收去餐桌上的空酒瓶和菜盘等。

(4) 点菜后30分钟，应检查客人的菜是否到齐。

(5) 客人进餐中，应主动征求客人意见，是否需要加些什么。

(6) 要经常为客人加满茶水，饭后要换上热茶。

(7) 客人吃完饭，主动为客人介绍水果和饭后甜点。

(四) 餐后服务

1. 收拾餐具

客人用餐完毕，应尽快收去餐台上不需要的餐具，但不要催促客人。

2. 结账

问清客人不再需要什么时，可为客人结账，先送上毛巾，并征求客人意见，"各位还满意吗？如果有什么建议的话，请填写'客人意见卡'，相信下次来的时候，我们会有更好的改进。"然后再用收银夹送上账单："这是您的账单。"(不要报出账单上的价格)；收款时要当面点清："您给了××(钱)，谢谢！"找钱与给客人发票时放置于收银夹内一起交还客人，并说："多谢。"

3. 送客

客人离座，拉椅送客、道谢，向客人道"再见""欢迎下次光临"，送客到门口；及时检查有无遗留物品，如有，要设法归还客人；餐厅若要翻台，注意操作要轻，尽量不影响就餐客人。

工作任务五　餐饮部日常管理

酒店餐饮部管理是指从食品原材料采购、厨房生产加工、产品销售服务等方面进行的各项组织管理活动的总称，是组织酒店餐饮部人员、设施设备，利用食品原材料向客人提供餐饮产品及服务的系统管理过程。从是否与接待对象接触的角度，可把酒店餐饮部管理分为餐厅接待管理及餐饮保障管理两部分。酒店餐饮部日常管理主要围绕餐饮部后勤保障管理等内容。

一、餐厅接待管理

酒店餐饮部餐厅接待管理主要指的是餐厅服务管理，餐厅服务是与客人面对面的服务，服务的优劣直接影响酒店的经营收益，所以餐厅服务管理是酒店餐饮部日常管理的重要组成部分之一。国际标准ISO 9004-2《服务指南》中明确给出了服务的定义："为满足客人的需求，供方与客人接触的活动和供方内部活动所产生的结果。"即服务是以劳动的直接形式创造使用价值,满足人们需要的一种劳动方式。作为酒店餐饮部的无形产品,其主要是满足客人心理上、精神上的需求,在今天同档次的餐饮服务中,满足客人的显性需求已经是游刃有余,能否使服务人员热情周到、恰到好处地满足客人的心理、情感等隐性需求是目前餐饮部门管理者面临的新挑战。餐饮行业之间的竞争从本质上讲即是服务质量的竞争,而服务质量的竞争根本上就是满足客人的心理、情感等隐性需求的竞争,餐饮企业必须不断探索提高餐饮服务的途径和方法,才能取得良好的经济与社会效益。

二、餐饮保障管理

(一)餐饮原料管理

餐饮原料是餐饮活动的物质基础,餐饮原料管理主要包括原料自采购至验收、储存、发放、盘点等诸环节的管理工作,只有原材料质量好、价格低、储存得当、合理使用,才能最大化地降低酒店的餐饮成本,以获得更可观的经济利润。

1. 原料采购

餐饮原料采购即依据餐饮部生产和经营的需要,以最优惠的价格购得符合餐厅质量标准的原料,整个管理工作需要对采购人员、采购的质量和数量、采购的价格等落实严格的规章制度,以保证餐饮原料成本处于最理想的状态。

2. 验收

验收是指根据餐饮部制定的验收程序及质量标准,检验供应商发送或采购员购买的原料数量、质量和总额等,并将检验合格的原料送到仓库或厨房,并记录检验结果的过程。验收在餐饮部日常管理中处于重要地位,采购原料的数量、质量、价格是否符合酒店餐饮部的需求,必须依靠验收管理加以控制。

3. 原料的储存与发放

餐饮原料的储存与发放是酒店良好经营的重要环节,它直接关系餐饮产品的生产质量、成本和经营效益。如贮存管理不当,会造成原材料腐败变质、账目混乱、私自挪用、库存积压等,使餐饮部的成本和经营费用升高,进而直接影响酒店的经济利益。

4. 盘点

盘点管理工作也是餐饮部经营不可忽略的重要一环,为及时掌握原料库存的流动变化情况,就必须适时对库存原料进行盘点,以便合理使用原料,控制库存物资的短缺。

(二)餐饮生产管理

餐饮生产管理是餐饮部日常管理的中心环节之一,对酒店目标的实现、餐饮成本的控制、餐饮生产的顺利实施有着直接影响,其生产水平的高低和产品质量的好坏,也直接关系餐饮特色和市场形象。餐饮生产的形式复杂多样,可分冷菜、热菜、中餐、西餐等。餐饮生产活动的内容与一般生产活动也有所不同,从原料的选择采购、储存、领发、粗加工、细加工、配料、烹制到成品上桌,每个环节都不容马虎,整个过程完整连贯,这就要求餐饮管理者严格按照规章制度,控制好生产节奏,使餐饮生产活动正常有序地运作。

（三）餐饮销售管理

在酒店餐饮部运转和日常管理中，餐饮销售管理也是其中一个至关重要的环节。从餐饮产品的生产制作到服务人员的服务劳动，最终只有通过有效的餐饮产品销售，才能实现从产品到商品的根本转变。餐饮销售管理工作主要包括餐饮定价、餐饮销售对策、餐饮销售控制、餐饮营销等方面。餐饮定价是销售和成本控制的重要基础，其是否合理不仅影响客流量，还会影响餐饮的成本结构和经营利润，是餐饮销售管理工作中的核心。另外，餐饮营销管理也同样不容小觑，它是餐饮从产品到商品并实现其价值的有力助推，随着我国餐饮业的迅速发展，消费者对餐饮需求的口味偏好都会随社会环境的变化而变化，酒店餐饮部门必须依据自身实力和环境条件的影响，选择适时适当的营销方法，才能在激烈的市场竞争中获得成功。

（四）餐饮厨房管理

餐饮厨房管理就是对餐饮产品的生产成本、产品质量、制作规范进行检查，避免产生一切生产性误差的过程。保证产品始终如一的品质和标准，是厨房管理工作的重点。同时，在管理中也要加强厨房生产的效率，以形成最佳的生产秩序和最有效的制作流程。厨房管理工作的好坏对菜肴品质、原料成本、餐厅的服务质量及客人和酒店的利益有着举足轻重的影响，因此，要保证酒店餐饮部门的卓越经营，厨房的管理工作也是关键的要素之一。

（五）餐饮设施设备管理

餐饮设施设备属于酒店硬件范畴，是保证餐饮经营正常运转的物质条件。在酒店开业期初，餐饮设施设备的采购及配置需要大量的资金投入，而其在每一天的使用中，都会伴随不同程度的损耗，如不重视设施设备的正确操作和安全卫生，必然导致隐患和事故，降低餐厅设施设备的使用效率，缩短使用寿命，进而无形中增加了餐厅的营运成本；若维修不及时，还会影响餐厅的服务质量和酒店的企业形象。因此，酒店餐饮部必须健全、完善具体的设施设备维护保养计划及管理制度，而管理者必须主动积极地与各部门沟通协调，监督各岗位对设施设备的控制和管理，切实做好餐饮设备的管理工作。

教学案例

捕捉时机，超值服务

广州某西餐厅晚餐时间，宾朋满座。餐厅几位琴师弹钢琴、拉小提琴，奏出美妙的乐曲，使客人沉浸在温馨的艺术气氛中。

服务员小姚正在巡台，偶然听到一位女士对一位先生说："我现在特别想听《爱相随》，钢琴与小提琴协奏，效果棒极了。"小姚听到后，随即走到琴师面前，说明情况并请他们演奏一曲《爱相随》，即刻钢琴与小提琴协奏响起，一曲优美的《爱相随》飘荡在大厅里。

小姚看见那两位客人惊奇地抬起头，满脸惊奇地倾听这动人的曲子。小姚微笑地走到两位客人身旁，悄声对客人说："这首《爱相随》送给这位女士，祝二位今晚过得开心！"两位客人连声道谢，高兴之余又点了许多食品饮料，多消费了几百元。

资料来源：张翠菊. 餐饮服务与管理[M]. 北京：化学工业出版社，2009.

点评：

（1）服务员打破常规，给客人带来惊喜，使客人得到了心理的满足和超值的艺术享受，服务人员特别出色的服务不仅传达了对客人的真情，也收到了极佳的服务效果。

（2）服务员在做好分内工作的同时，要善于观察倾听，反应机敏，及时捕捉服务时机，满足客人的隐性需求，客人才能满意。

模块四　酒店康乐部运营管理

任务导入

制订星级酒店康乐部培训计划。

工作任务一　康乐部概述

康乐活动的出现是随着人类社会的发展而逐渐形成的，人类早在远古时代就把走、跑、跳跃、投掷等活动作为基本的生产劳动和日常的生活技能而记录下来，这也是康乐活动的萌芽。今天，利用闲暇进行轻松活泼的康乐活动，达到放松身心、缓解压力，使人们身体、心理更加健康的目的已经成为一种时尚。日益丰富的康乐项目、大幅增加的康乐场所，以及大众对康乐意义的深刻认识，无形中也推动了康乐服务行业的发展。

在酒店的众多部门中，康乐部是现代酒店一个新兴起的部门，按照中华人民共和国国家旅游局《旅游涉外酒店星级评定标准》的规定，涉外星级酒店必须具备一定的康乐设施。它不仅会为酒店带来丰厚的利润，同时也是酒店星级评审等级的先决条件。因此，康乐部是酒店不可或缺的一个重要部门。

一、酒店康乐部概述

"康乐"的定义从字面意义上来理解就是健康、娱乐的意思，即满足人们对健康和娱乐需求的一系列活动。康乐活动的内容主要包括健身、休闲、娱乐、文艺、美容等。酒店康乐部就是提供与康乐相关的产品的生产与经营，并满足客人娱乐、康体、健身等需要的综合性营业部门。随着生产力的提高、社会的进步，康乐活动近几年发展迅速，康乐场所也已逐渐成为文化交流之地。在很多国家，康乐产业已成为国民经济新的增长点。

二、酒店康乐部设置依据

酒店的经营管理必须坚持“以市场为导向,以成本为中心,以质量为生命”的原则和“让客人满意”的服务宗旨,而酒店康乐部的设置,既增加了酒店服务功能、更好满足客人的需求,同时也借以吸引客人,提高酒店声誉度和营业额,因此,其部门的设置需要因时、因地、因店并遵循相应的依据。

(一)星级评审

酒店的等级评定是目前国际酒店行业的一个重要评价标准,它不仅对酒店在行业中的生存至关重要,同时也是吸引客源、制定价格的关键依据。我国的等级评定标准于1993年9月颁布并与国际惯例接轨,采用星级作为酒店的等级标志。在这个标准中,不同星级的评定,对于酒店康乐设施的设置和规模有着明确的规定。由此可见,康乐设施是酒店星级评审的必要条件。

(二)市场需求

近几年来,随着我国经济的高速发展,全民健身的高昂热情,人们对于休闲、健身、娱乐的需求与日俱增,酒店康乐部也是在这样的大环境下应运而生的。特别是对于度假型酒店,康乐部更是满足客人多样化需求、为酒店创造可观利润的重要部门之一。随着人们物质精神文化需求的不断提高,酒店康乐部也不再是单纯提供娱乐休闲的场所,还承载着人们增进情感、沟通交流、洽谈业务的重要功能,这不仅对康乐部门提出了更高的要求,同时也符合康乐现代化的市场需要。

(三)经济效益

酒店,作为市场中的经济组织,其本质目的是盈利。除了人力资源、财务等二线服务部门,客房部、餐饮部、康乐部等都是其一线最直接的收入来源。因此,酒店康乐部在设置中,必须以实现经济效益最大化为前提,这也是酒店康乐部设置依据中的核心。

(四)社会效益

俗话说:身体是革命的本钱。没有健康的体魄,再美好的未来也是无稽之谈。随着近年来因为工作压力、过度劳累等猝死事件的频繁发生,死亡年龄也逐渐偏低,健身放松的康乐项目日益受到人们的青睐。但对于酒吧、SPA会馆、桑拿洗浴、足疗等项目必须合法经营,积极响应及宣传健康娱乐的号召,使人们走出传统观念中谈“桑”色变的思想误区,真正成为阳光经营、放松身心的康乐场所,为社会健康、有序的和谐发展锦上添花。

康乐部的设置是酒店盈利能力的重要表现之一,因此在具体的设置过程中,不仅要考虑社会、经济、市场等因素,还要依据酒店自身的经济实力、主要客源的消费偏好及康乐项目经营的整体环境等,更重要的是因地制宜地创建自己的风格特色,实现资源的优化配置,切忌盲目跟风。

三、酒店康乐部发展前景

我国的酒店业相比于西方起步较晚，康乐部门更是从20世纪80年代才出现。但随着中国经济的飞速发展、综合国力的日趋强盛，酒店康乐部及社会康乐企业在数量增长、规模扩大方面不断完善，在国民经济中的地位越来越重要，管理与服务也更加规范化与系统化，人们对于康乐的消费也逐渐大众化，现代年轻人的聚会选择在KTV、酒吧等康乐场所已俨然成为一种时尚。

对于蓬勃发展中的康乐行业来说，设施设备的科技含量会越来越高，性能也越来越完善，项目更加丰富多彩，营销手段更加多样化，服务更加精细化。这就要求康乐行业要与时俱进，不断提高服务和管理水平，与国际接轨，与时代接轨。

工作任务二　康乐部日常管理

随着康乐业的不断发展，康乐管理的理论和实践也在不断完善，酒店康乐部门日常服务与管理也在日趋制度化和规范化。无论是管理内容，还是对客服务流程，都是一项系统工程，体现在康乐经营的各个环节上。科学合理的管理制度及热情周到的优质服务直接影响康乐部门的经济效益，进而也影响酒店的知名度与美誉度。

一、酒店康乐部主要管理内容

依据科学管理原理组织和调配人、财、物，保证康乐部正常运转。康乐部隶属于酒店部门经营管理范畴，其部门管理者应当科学运用现代管理理论，掌握科学管理方法，行使计划、组织、领导、控制等管理职能，把责任、权力和利益有机地结合起来，分工协作，合理调配，实现资源的最大化利用。同时，在坚持计划管理的基础上，还应掌握一定的灵活性，只有二者相结合，才能保证康乐部的正常运行，才能实现计划既定的目标。

确保和控制服务质量，激励并发挥员工的积极性。坚持以人为本的原则，已是当今世界各行各业最基本也是最广泛的管理原则，对于由人来提供服务的康乐部来说，康乐服务人员热情优质与否的服务，是部门经营成败的关键。作为管理者，应该及时了解员工的不同需求，因人而异，合理分工，使他们热衷于自己的工作，从而也可能最大化地发挥主观能动性。另外，有吸引力的奖励制度及和谐的工作氛围，也是员工创造性开展工作的前提。

进行成本核算，保证酒店目标的实现。康乐部，作为酒店单独的营业部门，有着相对独立的经济核算体系。在实际管理中，要保证最大化的经济收入，最小量的成本支出，以求获得更多的利润。这就要求管理者合理建立一定的工作定额制度、按项目分类核算制度及健全的岗位经济责任制，以规范康乐部的收益化经营。

二、酒店康乐部服务要求

康乐收入也是酒店营业收入的重要来源之一，加强酒店的康乐管理，具备有吸引力的接待能力，延长客人的住店时间，进而创造更多的效益，是酒店康乐部门不断寻求的目标。在康乐目标的实现中，除硬件设施设备的供给外，更需要服务人员高效、专业、热情的服务来保障。因此，加强服务管理，同样是康乐部门管理工作的重中之重。根据服务内容，可把康乐服务分为岗前准备服务和对客服务。

（一）岗前准备服务

康乐服务中，客人大多是通过一些器材、设施设备、环境获得身心的放松和愉悦，因此他们对服务质量的评价也多会来源于此，这就要求服务人员在岗前准备工作中认真、细致。例如，设施设备的岗前检查工作，确保每台设备都可以正常使用；环境的干净卫生，保证客人活动的空间和公共区域清洁，为客人创造良好的环境氛围，对于泳池或者桑拿中心等特殊环境，还要依据国家相关法律法规对安全、卫生方面的有关规定；服务人员仪容仪表、个人卫生等要按规定标准严格执行；客人用品的准备和检查，如一次性物品的准备和循环使用物品的清洁、消毒等。

（二）对客服务

除硬件的设施设备带给客人体验的感受外，服务人员亲切、热情、周到的服务同样会给客人留下深刻的印象和美好的经历，进而实现创造更多收入的目标。因此，在康乐部门的日常管理工作中，服务人员的对客服务工作同样不可懈怠。

具体要求如下：在对客迎送接待工作中，服务人员要始终保持微笑，熟练使用酒店常用的礼貌用语；面对客人的询问和物品的索取等，服务人员要及时给予回应，如果是自己能力范围内无法实现的，也要及时帮助客人寻求解决的途径，而不是一个歉意的回复；当客人对设施设备的操作提出疑问时，服务人员需要热情、耐心地为客人指导，并可在适当时候对客人在康乐项目中取得的胜利表示支持和鼓励(图 3-20)。

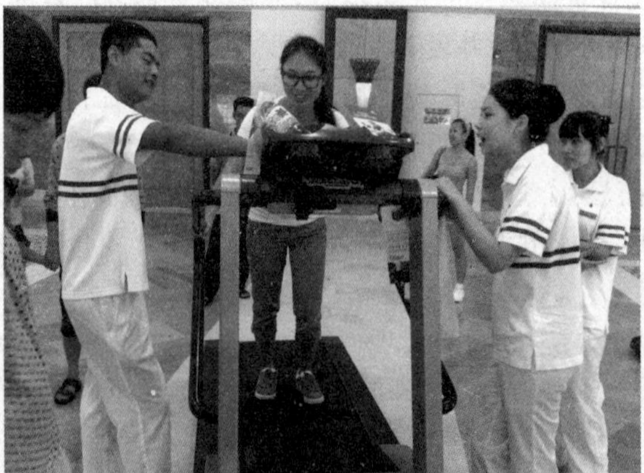

图 3-20　对客服务

工作任务三 康乐部日常服务

酒店的康乐服务主要包括康体项目服务、娱乐项目服务和保健休闲项目服务三个板块，每个板块项目所提供的设施设备不同、特征也不同，但不论哪个康乐项目的服务人员，都有相适应的岗位职责要求、行为规范及工作纪律。综合各不同项目岗位，总结康乐部对客服务的基本流程如下。

一、岗前准备检查

(1) 检查各种设施设备是否准备齐全、安全可靠、完好无损等。

(2) 做好营业前客人活动区域及公共区域的卫生清洁工作，并做好通风。对于泳池、更衣室、沐浴室等环境还需按照国家相关规定做好相应的卫生维护。

(3) 饮具、餐具、酒吧器具等客用品，不仅做好清洁工作还要进行消毒，如发现破损等还需及时更新、补齐。

(4) 灯光、音响等设备也需要在营业前进行调试，以保证客人的正常使用，若有异常，需及时报备工程部门排查或协助维修。

(5) 上岗前，服务人员还需仔细查阅值班日志，了解客人的预订及同事交代的遗留工作等。

二、预订服务

前台服务人员接受预订时要注明预订时间，问清客人姓名及联系方式。根据客人需求认真做好记录并填写登记表。

三、迎宾服务

(1) 接到通知或预订时间前 10 分钟，服务人员应在康乐中心门前等候客人，双手自然相握在腹前，双脚丁字步站好，面带微笑，客人到来时，应主动迎接。

(2) 服务人员与客人确认其姓名再引领至预订好的康乐项目处；没有经过预订的客人则要问清其具体需要，确认该时间段无预订，再引领至相应的康乐项目处。

(3) 确认签单人或现付人，预计使用时间。

(4) 面带微笑向客人简单介绍营业时间、收费标准、使用注意事项、茶水等服务，并预收客人押金。

(5) 热情询问客人有无其他服务要求，礼貌退出。

四、中间服务

(1) 烟缸及时更换,餐具及时撤除,非特殊情况(如呕吐等)或客人要求一般不进行中间打扫。

(2) 如果遇到客人呕吐,及时清扫并马上汇报。尽量减少康乐设施设备的污损,同时要照顾好客人。

(3) 视情况给客人添加茶水。

五、结账服务

(1) 开账单要注明起始时间、客人姓名、结账方式(签单卡号、结账房号、押金情况等),签单限住店或有签单卡的客人,和客人确认起始时间及使用项目收费明细。

(2) 对现付客人,应在结束时间前礼貌询问其是否延时,客人确认不延时则应结账。

(3) 签单情形的请客人签字,并与酒店前台确认是否为有效签单人,账单送中心入账后,然后送酒店前台签收后再送中心。

教学案例

想客人之所想

殷先生随旅游团住进了海口的一家酒店,晚上,他兴致勃勃地与几个同伴到卡拉OK表演厅去欣赏表演。该厅表演的节目有很强的互动性,经过主持人一番鼓动之后,观众的情绪被调动起来,很多人被请上台参与表演。殷先生也跃跃欲试,主持人恰到好处地把他请上舞台,他很高兴,唱了一首他最喜欢的歌曲。台下的观众回报以热烈的掌声,他也异常兴奋,对着话筒激动地说:"我今天很高兴,结识这么多新朋友。我的歌声又受到朋友们如此热烈的欢迎,真让我激动。但很遗憾,不能把这精彩的时刻带回家。这也没关系,我愿意再为大家演唱一首《天上人间》。"台下又报以一阵热烈的掌声。

消费结束,殷先生正要起身时,一位面带微笑的服务员礼貌地走过来,递上一张CD唱片并对他说:"十分感谢您为大家带来如此动听的歌声,我们的音响师已经将您刚才演唱的《天上人间》录制下来,让您能够把欢乐带回家去。"接过这张CD唱片,殷先生十分感动,惊喜之情溢于言表,非常感谢歌厅的员工送给他的这个珍贵的礼物。

资料来源:刘哲.康乐服务与管理[M].北京:旅游教育出版社,2009.

点评:

(1) 不同客人的期望值往往是有区别的,商家如果能够根据客人不同的需求,提供有个性特征的服务,将会使客人的期望值和满意度趋于统一。

(2) 酒店康乐部是酒店收益的重要来源之一,而作为以放松、休闲、娱乐为主体的消费场所,灵活优质的服务是其良性经营的核心。

项目小结

本项目介绍了酒店主要接待部门的组织结构、业务内容、日常接待与管理，包括前厅部、客房部、餐饮部、康乐部。这些部门位于一线，是酒店经营活动的主体，是对客服务的重要部门。

复习思考题

一、选择题

1. 一般情况下，团队客人消费了房间小冰箱内的饮品，应该（　　）。
   A. 客人已经交了团费，因此由导游或领队支付
   B. 客人到前台自付
   C. 记入团队总账单，由导游签字确认
   D. 与旅行社确认，由旅行社统一支付
2. 客人咨询（　　），问询处应及时给予回答。
   A. 当地的人文特色
   B. 住店客人的房间号
   C. 网络公司与酒店的合作价格
   D. 入住本酒店的一位明星的情况
3. 酒店礼宾部对（　　）可提供行李寄存服务。
   A. 包装食品　　B. 现金　　C. 支票　　D. 护照
4. 前厅人员与客人沟通时，你觉得（　　）说法最易被客人接受。
   A. 如果客人没有理解我的意思，我可以再说一遍
   B. 如果客人没有听清楚，我可以再说一遍
   C. 如果我没表达清楚，我可以再说一遍
   D. 以上均正确
5. 客人来办理入住，但房间还没有打扫好，下列处理方法错误的是（　　）。
   A. 请客人到大堂吧，茶水、饮料免费
   B. 可为客人提供寄存行李服务
   C. 通知客房部，加紧清扫
   D. 迅速为客人办理入住，把房卡交给客人，客人在现场时可以督促客房服务员加快清扫
6. 上班期间，客房服务员应将工作钥匙（　　）。
   A. 从身上取下　　B. 随身携带
   C. 放在工作间　　D. 放在客房服务中心
7. （　　）是客人离店后客房服务员的善后工作。
   A. 了解离店的准确时间　　B. 检查代办事项
   C. 协助整理行李　　D. 迅速进入房间检查

8. 为保持室内空气新鲜，每位客人在客房内的居住面积应在(　　)平方米以上。

A. 25　　B. 20　　C. 15　　D. 8

9. 以下不是中餐宴会发展趋势的是(　　)。

A. 营养化　　B. 大众化　　C. 高档化　　D. 特色化

10. (　　)是餐厅中最常见的销售方式，其主要特征是客人不用事先预订座位，通常是随到随吃，服务也是按先到者先服务的原则。

A. 宴会　　B. 零点　　C. 送餐　　D. 以上均不正确

11. 以下不是康乐部日常服务基本流程的是(　　)。

A. 预订服务　　B. 迎宾服务　　C. 清扫服务　　D. 结账服务

12. 以下不是酒店康乐部设置依据的是(　　)。

A. 经济效益　　B. 环境效益　　C. 社会效益　　D. 市场需求

二、判断题

1. 客房领班检查服务员的工作，一般采取不定期抽查形式。(　　)

2. 未经客人同意不可抱玩客人的小孩，以免引起客人不悦。(　　)

3. 住宿超过一天的客人，酒店应当要求他继续使用原有的毛巾，不更换床单。(　　)

4. 领班查房时要对员工给予指导和帮助，这实际上是一种在岗培训。(　　)

5. 服务员被客人叫进客房时，应该让房门半掩。(　　)

6. 斟酒前，需将酒瓶擦拭干净，特别要将塞子屑和瓶口部位擦净。同时需仔细检查酒水质量，如发现瓶子破裂或酒水有变质现象(悬浮物、浑浊、沉淀物等)时，应及时调换。(　　)

7. 上菜时每盘菜同时摆放配勺、配叉和配筷以方便客人取菜，保持卫生。(　　)

8. 在对客迎送接待工作中，服务人员要始终保持微笑，熟练使用酒店常用礼貌用语。(　　)

9. 酒店的康乐服务主要包括康体项目服务、娱乐项目服务和保健休闲项目服务三个板块。(　　)

三、问答题

1. 服务是酒店的主要产品，酒店通过销售设施和服务来获利。当客人认为所购买的酒店产品非所值时，可能会产生投诉。酒店前厅部是对客服务的重要窗口，经常受理客人的投诉。假设你是前厅部的管理者，应该如何看待投诉？

2. 请用英汉双语设计一段为感冒的客人提供服务的情景对话。

3. 餐饮部日常保障管理都包括哪些内容？

4. 托盘服务的操作程序包括哪些？

5. 酒店康乐部设置依据包括哪些内容？

6. 康乐部日常服务基本流程包括哪些？

四、案例分析题

迟迟未离店的客人

酒店的客人王先生已到退房时间，但还未离开。而预订客人李女士即将到达，她预订了一个大床房。目前除了王先生所住的1021房为大床房，其他同类房型已客满。如何通知王先生迅速离店，而又不使他觉得酒店在催促自己退房，从而感到不快呢？

请同学们针对本案例，谈谈自己的看法。

项目四

酒店服务与酒店服务质量管理

学习目标

- 了解酒店服务质量的含义、内容、特点。
- 学习制定酒店服务规程、进行酒店服务质量教育的内容。
- 掌握服务质量管理的有效方法。

引例

在内地一家酒店，一位住店客人外出时，有一位朋友来找他，要求进他房间去等候，由于客人事先没有说明，总台服务员未答应其要求。客人不悦，公关部王小姐刚要开口解释，怒气正盛的客人就指着她的鼻子尖，言辞激烈地指责起来。王小姐默默无言地看着他，让他尽情地发泄，脸上则始终保持一种友好的微笑。直到客人平静下来，王小姐才心平气和地告诉他酒店的有关规定，并表示歉意。这位客人离店前与王小姐辞行，激动地说："你的微笑征服了我，希望我有幸再来酒店时能再次见到你的微笑。"

模块一　酒店服务与服务质量

任务导入

分别制定星级酒店前厅部、客房部、餐饮部的服务质量标准。

工作任务一 酒店服务

随着现代酒店管理科学的发展,服务质量管理已成为酒店经营管理的核心内容之一。假日酒店创始人凯门斯·威尔逊的名言是:“优质服务是构成最终胜利的重要因素。”国际酒店业巨子拉马达酒店总裁杰里·马尼昂曾说:“向客人提供卓越的服务是拉马达酒店未来成功的关键所在。”客人入住酒店,购买的不仅仅是设施,更重要的是购买优质、周到的服务。因此,酒店的使命就是通过全体员工提供的卓越服务,不断满足甚至超越客人的期望,满足客人的需求。如何提高酒店服务质量,使酒店在激烈的市场竞争中处于优势,是酒店管理者的共同目标。

一、酒店服务

酒店服务可定义为酒店员工以设备设施为基础,以一定的操作活动为内容,以客人需求为目标,倾注员工感情形成的行为效用的总和。

在英文中,“服务”(SERVICE)一词通常被解释为七个方面:①S—微笑(smile),其含义是服务员应该对每一位客人提供微笑服务;②E—优秀(excellence),其含义是服务员将每一服务程序、每一微小服务工作都做得很出色;③R—准备好(ready),其含义是服务员应该随时准备好为客人服务;④V—看待(viewing),其含义是服务员应该将每一位客人看作是需要提供优质服务的贵宾;⑤I—邀请(invitation),其含义是服务员在每一次接待服务结束时,都应该显示出诚意和敬意,主动邀请客人再次光临;⑥C—创造(creating),其含义是每一位服务员应该想方设法精心创造出使客人能享受其热情服务的氛围;⑦E—眼神(eye),其含义是每一位服务员始终应该以热情友好的眼光关注客人,了解客人心理,预测客人要求,及时提供有效的服务,使客人时刻感受到服务员在关心自己。不同的人对优质服务有不同的理解,但有一点是共同的,即优质服务含有超出常规和一般性的服务内容及服务满足。一般理解是“标准服务+超常服务=优质服务”,即优质服务是在标准服务的基础上有超乎常规的表现。

美国旅馆和汽车旅馆协会主席W.P.费希尔认为:“优质服务是指服务人员正确预见客人的需要和愿望,尽量提高客人的消费价值,使其愿意与酒店保持长期关系。”这种解释是从管理者的角度出发,但难以让服务员记住它、理解它,从而成为行动中的有效指南。

对于优质服务,每家酒店都有自己的理解。有的理解为“微笑服务”,有的理解为“周到服务”,有的认为是“宾至如归的服务”,还有的认为都是“一种超值服务”,如此种种,都有其切实可取的一面。

优质服务对酒店所提出的特别要求有:①要使发自内心的服务成为员工自觉的意识和行为,真正体会到服务的乐趣;②创造良好的工作环境;③要像制定政策吸引优秀人才一样,创造条件使服务员能够真心地提供服务;④要学会尊重服务员;⑤建立良好的培训机制。

二、酒店服务的特点

(一) 无形性

酒店服务的"最终产品"表现不是酒店客房、餐饮或其他服务项目,而是客人离开酒店或餐厅时所获得的"体验和感觉"。虽然客人离开时,酒店服务也随之结束,但是通过酒店服务客人获得的"体验和感觉",这一无形物质性的"最终产品"将长期留在客人的记忆中,那些有形要素的感觉也形成了客人全部经历中的一个重要组成部分。

(二) 复杂性

酒店服务是一项涉及面广、职业技能和专业技能高度结合的业务活动。酒店员工必须了解服务学、心理学、化学、物理学、食品营养学、食品卫生学等理论知识,还要掌握中西礼仪礼节、美容知识,能用外语与主要客源国的客人交流。

(三) 不可储存性

酒店服务是酒店出售实体产品、出租其他综合服务设施,并同时为使用者提供服务的过程。客人购买到的是特定时间、特定环境的暂时使用权,而不是所有权。只有当客人购买产品进行消费时,服务才能进行。当客人离开后,直接服务随即终止。

(四) 差异性

酒店服务包含大量的手工操作,主要表现为服务人员与客人之间的直接人际交流。因此,服务的实际效果常常因人而异。服务的差异性具体表现在以下四个方面:①每一位酒店员工的工作态度、技能技巧都存在差异,从而使服务不可避免地产生质量水平上的差异;②同一员工在不同时间、地点或为不同的对象所提供的同一酒店产品和服务的水平在质量上有所不同;③酒店员工由于体力、精力、情绪变化的影响而很难自始至终提供同一质量的服务;④即使能提供一种稳定不变的服务,但对不同的客人,其评价结果也会有所不同。

(五) 生产、销售和消费的同时性

酒店服务的生产、销售和消费是同时或几乎同时进行的,即当场生产、当场销售、客人当场消费。这是服务产品与有形产品最核心的区别。这种特殊性决定了酒店生产经营必然受到区域的限制,市场范围受到一定的局限。这一特点增加了酒店质量管理的难度。

(六) 非专利性

酒店服务同其他旅游产品的组成部分一样,通常具有非专利性。非专利性是指一家酒店不可能为自己设计的客房装饰、菜肴、服务方式等申请专利。酒店只能为自己的标识和名称申请专利。正是因为酒店服务的非专利性,当某一家酒店创新出某一新的服务形式或新的菜肴等,并且这种新形式为酒店带来很好的经济收益时,其他酒店就会很快

效仿。

（七）品牌忠诚度低

如前文所述，酒店服务具有非专利性的特点，也就是说当一家酒店提供一种服务时，很快另外一些酒店也都可以提供相同的服务，这种非专利性导致酒店可以相互模仿，提供的服务也就基本相同。所以，对于一般客人来说，只认一个品牌的意义不大，何况消费者都有追求新鲜感的心理需求，希望换一个新的酒店、新的环境，体验新的消费感受，这样品牌忠诚度低也就不可避免了。

（八）公共性

酒店的设施设备，特别是公共空间，是向所有客人开放的，酒店必须应对公众，向他们提供便利。同时，还要公平地对待每一位使用者。

三、酒店服务产品的构成要素

（一）服务态度

服务态度取决于服务人员的主动性、积极性和创造精神，取决于服务人员的自身素质、职业道德和对本职工作的热爱程度。在酒店服务实践中，良好的服务态度表现为热情服务、主动服务、周到服务和个性化服务。

（二）服务效率

服务效率是服务工作的时间概念，是提供某种服务的时限。效率把服务过程和时间联系起来，成为服务质量的又一因素。

（三）服务方式

服务方式是指酒店采用什么形式和方法为客人提供服务，其核心是如何方便客人，使客人感到舒适、安全、方便。酒店服务项目大体上可分为两大类：一类是基本服务项目，即在服务指南中明确规定的，对每个客人几乎都要提供的那些服务项目；另一类是附加服务项目，是指由客人即时提出，不是每个客人必定需要的服务项目。服务项目反映了酒店的功能和为客人着想的程度。

（四）服务技巧

服务技巧是提高服务质量的技术保障。它取决于服务人员的技术知识和专业技术水平。服务技巧就是在不同场合、不同时间对不同对象服务时，灵活恰当地运用操作方法与技能，以取得更佳的服务效果。在专业技术培训中，基本要求掌握专业知识，加强实际操作训练，不断提高技术水平，充分发挥接待的艺术性，即语言、动作表情、应变处理等多方面的艺术，来提高酒店服务质量。

（五）服务设施

酒店的设施设备是酒店赖以生存的基础，是酒店提供服务的依托，因此，设施设备质量是服务质量的基础和重要组成部分。服务设施主要表现为：①设施设备的舒适程度，它一方面取决于设施设备的配置，另一方面取决于对设施设备的维修保养；②设施设备的完好程度，如果客房空调失灵、电器损坏等，即使服务态度好，提高服务质量也是一句空话。保证各种设施设备的正常运转，充分发挥设施设备的功能，是提高酒店服务质量的重要组成部分。

（六）服务环境

酒店的环境气氛由酒店的装饰、卫生环境、服务设施的布局、灯光音响效果、市内温度等构成。良好的服务环境能够给客人提供舒适、方便的食宿环境，满足客人物质方面需求的同时，满足他们精神享受的需要。

（七）服务礼仪

服务礼仪体现一个酒店的精神文明和文化修养，体现酒店员工对客人的基本态度。服务礼仪主要表现为仪表仪容、沟通礼仪、语言谈吐、行为举止。这要求服务员衣冠整洁、举止端庄、待客谦恭有礼；尊重不同客人的风俗习惯；站有站相、坐有坐相，动作优美，语言文雅动听、规范化；各种礼仪运用得当；坚持微笑服务等。

（八）清洁卫生

酒店的清洁卫生体现了酒店的管理水平，也是服务质量的重要内容。酒店清洁卫生工作主要包括酒店各部分各项目的清洁卫生、食品饮料卫生、用品卫生和个人卫生。

工作任务二 酒店服务质量

酒店是服务性行业，为保证酒店服务质量标准，不断提高酒店服务质量水准是所有酒店经营管理的共同目标和基本要求。

一、酒店服务质量的定义

酒店是为广大消费者提供以住宿为主的服务的企业。从消费者的角度来看，酒店提供产品和服务不仅满足其基本的物质和生理的需求，还要满足他们精神和心理的需求。从酒店的角度来看，酒店为客人提供的产品有“硬件”和“软件”服务之分。“硬件”服务指的是以实物形态出现的服务，即由酒店的基础设施、实物产品等提供的以满足客人住宿、餐饮、休闲娱乐等基本生理需求的服务；而“软件”服务则是由酒店服务员的服务劳动所提供的、不包括任何实物形态的无形劳务，包括理解礼貌、服务态度、服务技能、服务效率等。

通过对酒店服务产品的含义进行诠释，我们对酒店服务质量的定义进行了界定。酒店服务质量是指酒店以其所拥有的设施设备为依托向住店客人提供的服务在使用价值上满足客人物质和精神需要的程度，它包括以酒店设施设备、实物产品等实物形态服务的使用价值和非实物形态服务的使用价值。

从以上的定义可知，酒店服务质量的高低主要取决于客人所享受的服务与其预先的期望值进行比较，当两者持平时，客人就满意。酒店为客人提供的服务越超出其期望值，则酒店的服务质量就越高。然而，不同的客人对酒店的服务有着不同的期望，因此，酒店要满足所有客人的需求，就必须不断提高自身的服务水平，不断提高酒店的服务质量。

二、酒店服务质量的内容

根据酒店服务质量的定义，酒店服务质量实际上包括酒店有形产品质量和酒店无形产品质量两个方面。

（一）酒店有形产品质量

首先是酒店设施设备的质量。设施设备是酒店赖以生存的基础，是酒店各种服务的依托，反映了一家酒店的接待能力，同时也是服务质量的基础和重要组成部分。其次是酒店实物产品质量。实物产品满足客人的物质消费需要，通常包括菜点酒水质量、客用品质量、商品质量、服务用品质量等。最后是服务环境质量，通常要求是整洁、美观、有序和安全。

（二）酒店无形产品质量

酒店无形产品质量是指酒店提供服务的使用价值质量，也就是服务质量，包括礼节礼貌、职业道德、服务态度、服务技能、服务效率及安全卫生等。

三、酒店服务质量的特点

酒店服务实际上是为客人完成某些工作或任务的行为，这种行为活动的好坏就是服务质量水平的高低。这里所说的服务质量指的是服务劳动的质量。由于服务行为本身所固有的特征，必然导致酒店服务质量这一特定概念具有与物质产品质量不同的特点，这些特点主要如下。

（一）难以量化

普通产品是具有某种特性和用途的实物，这些产品的质量能够被量化并客观地加以衡量，以便决定它是否适合客人提出的要求。然而，这种方式并不适用于服务质量。服务的无形性，决定了消费者不能把服务本身购买回家，其带回去的只是服务产生的效果，即服务对消费者所产生的生理、心理、感官上的作用和影响，以及不同程度的满意或不满意，而客人对酒店服务的满意程度是评价服务质量水平高低的客观依据。因此，酒店服务质量很难被具体地加以量化。

（二）不稳定性

酒店服务质量控制中的问题和工业品质量控制有很大不同。由于酒店服务包含大量的手工劳动，缺乏机器控制，也由于职工的工作态度、技能、技巧各有好坏和高低，因此酒店提供的服务不可能完全相同。这样，服务便不可避免地产生质量和水平上的差异。与产品的生产相比较，酒店不仅不易确定具体的服务质量标准，即使制定了标准，服务人员也不一定能时时处处按规定去做。此外，酒店工作是直接为客人服务的，他们有思想、有千差万别的要求，相同的服务也可能会有不同的质量评价，这些都使酒店服务质量呈现出波动状态。

（三）不可逆性

酒店服务劳动的特点是没有具体的物质形态，服务劳动“生产”的过程同时也是客人的消费过程。因此，它和物质生产劳动有很大的区别。酒店服务劳动这种产品既是无形的，又不可储存，因此事前控制、事后检验有一定的难度。而且，在信息反馈后，对已提供的服务劳动也无法弥补其不足，这就造成了服务质量具有不可逆的特点。

（四）带有浓厚的人际关系色彩

酒店服务传递系统是以客人的参与为特征的。把服务从服务员手中传递给消费者的过程，相当于工业生产中的生产和分配过程，但两者在特征上却极不相同，服务的生产行为和传递过程往往伴有消费者的积极参与。这个特点对酒店服务质量的评价有很大影响。因为从客人的角度来分析服务质量，涉及两个方面：一方面，他们通过服务项目应具备的实际功能来评价服务质量；另一方面，通过服务过程中，服务员的表现以及和客人的相互关系来评价服务质量。虽然服务项目功能的发挥对客人的满意程度是至关重要的，但由于客人通常缺乏对具体服务项目的专业知识，因此他们评价服务是否使自己满意时，对人际关系、服务态度具有更高和更直接的判断力。所以，服务员和客人在服务过程中的交往活动成为服务质量的一个重要因素。这也正是我们强调服务态度在服务工作中重要性的原因。从某种意义上说，酒店服务劳动应该是一种感情色彩丰富的“情感劳动”，服务员的行为态度有着比酒店设施更为重要的意义。

（五）影响酒店服务质量的因素具有很强的关联性

酒店服务过程涉及许多部门和环节，某一环节出了问题，就会影响整个经营过程的顺利进行。生产、销售、服务若不同步协调，酒店的营运就会失常，影响酒店的形象和效益。因此，要求有更高效率和更严密的组织工作，来维持和提高酒店的服务质量。

（六）整体性和全面性

酒店服务质量并不是一次或一段时间内就能评定的，酒店服务是一个整体，包括客人在酒店住宿消费的所有时间内所享受的服务，中间无论哪一个环节出现差错，都会导致服务失败，使酒店服务质量大打折扣，所谓“100－1＝0”，就是酒店服务质量整体性的具体体现。另外，酒店服务以满足客人需求为出发点，客人在酒店住宿过程中，涉及衣食住行的各个方面，要充分满足客人需求。酒店服务质量除整体性外，还具有全面性，酒店必须树立全面、系统的服务质量观念，才能把握酒店的整体质量。

总之，由于存在着“人的问题”，维持预定的服务质量要比维持产品质量有更大的难度和不同点。解决这个问题的关键在于建立一个适用于酒店服务特点的质量保证体系。

四、酒店服务质量形成要素

酒店服务质量的形成来自三个要素：服务设计、服务供给和服务关系。酒店如何认识和管理好这三个因素将会影响客人对酒店总体服务质量的评价水平。服务设计是指服务是否优秀，首先取决于满足客人的个性化要求。服务供给是指将设计好的服务，经服务人员以客人满意的方式提供给客人，把理想的技术质量转变为现实的服务质量。服务关系是指酒店服务过程中，服务人员与客人之间的合作直接影响服务质量。服务人员越是关心客人，尽量借助有形因素将无形服务有形化，客人服务质量的评价就越高。通常客人感知的服务质量受企业形象、客人预期质量和体验质量三方面的综合作用。客人在消费前，常常受到企业广告或其他宣传方式的影响，或自己以前消费的经验已形成对企业形象的初步认识，对自己准备要购买的服务质量有了比较具体的预期。这样，客人在消费前，已形成并带有具体期望；客人在消费后，会把自己在消费中体验到的服务质量与预期的服务质量进行比较，得出对该酒店服务质量的结论。此外，客人对服务质量的最终评价还受客人心目中原有酒店服务形象的影响。如果该酒店的形象一贯良好，客人很可能原谅其在服务中的小过失，从而提高对该酒店服务质量的评价；然而，若该客人对该酒店原有的形象印象不佳，则有可能会放大服务中的缺点，得出不满的结论。

教学案例

案例一　客人拿走了浴巾

一次，有位客人在离店时把房内一条浴巾放在手提箱内带走，被服务员发现后，报告给大堂副理。根据酒店规定，一条浴巾需向客人索赔 50 元。如何既不得罪客人，又能维护酒店利益？大堂副理思索着。大堂副理在总台收银处找到刚结完账的客人，礼貌地请他到一处不引人注意的地方说：“先生，服务员在做房时发现您的房间少了一条浴巾。”言下之意是：“你带走了一条浴巾已被我们发现了。”此时，客人和大堂副理都很清楚浴巾就在手提箱内，客人秘而不宣，大堂副理也不加点破。客人面色有点紧张，但为了维护面子，拒不承认带走了浴巾。为了照顾客人的面子，开始给客人一个台阶下，大堂副理说：“请您回忆一下，是否有您的亲朋好友来过，顺便带走了？”意思是：“如果你不好意思当众把东西拿出来，您尽可以找个借口说别人拿走了，付款时把浴巾买下。”客人说：“我住店期间根本没有亲朋好友来拜访。”从他的口气理解他的意思可能是：我不愿花 50 元买这破东西。大堂副理干脆就给他一个暗示，再给他一个台阶下，说：“从前我们也有过一些客人说是浴巾不见了，但他们后来回忆起来是放在床上，被毯子遮住了。您是否能上楼看看，浴巾可能压在毯子下被忽略了。”这下客人理解了，拎着手提箱上楼了，大堂副理在大堂恭候客人。客人从楼上下来，见了大堂副理，故做生气状：“你们服务员检查太不仔细了，浴巾明明在沙发后面嘛！”这句话的潜台词是：“我已经把浴巾拿出来了，就放在沙发后面。”大堂副理心里很高兴，但不露声色，很礼貌地说：“对不起，先生，打扰您了，谢谢您的合作。”要索赔，就得打扰客人，理当表示歉意。可是“谢谢您的合作”则有双重意思，听起来好像是客人动大驾为此区区小事上楼进房查找，其合作态度可谢。然而真正的含义则是：“您终于把浴巾拿出来了，避免了酒店的损失。”如此合作岂能不谢？为使客人尽快从羞愧中解脱出来，大堂副理很真诚地说了句：“您下次来合肥，欢迎再度光临我们酒店。”整个索赔结束了，客人的面子保住了，酒店的利益保住了，双方皆大欢喜。

点评：

这是把“对”让给客人的典型一例。客人拿走了浴巾，不肯丢面子，若直截了当指出客人“错”，就如同“火上浇油”，客人会跳起来，会为维护自己的面子死不认账，问题就难以解决了，仍以客人“对”为前提，有利于平稳局势，本例中的大堂副理，站在客人的立场上，维护他的尊严，把“错”留给酒店，巧妙地给客人下台阶的机会，终于使客人理解了酒店的诚意和大堂副理的好意，而拿出了浴巾，使客人体面地走出了酒店，又避免了酒店的损失。这位大堂副理用心之良苦，态度之真诚，处理问题技巧之高超，令人折服，她的服务真正体现了“客人永远是对的”的服务意识。像这样的例子在日常服务中是经常发生的，只要服务人员用心去思考、去钻研、去改进，那么在“客人永远是对的”前提下，我们的服务也会变得越来越完美。

案例二　道歉水果

一天中午，明星计算机公司的刘厂长在明华国际酒店的餐厅雅间宴请 6 位客人，值台服务员实习生小黄热情接待了客人。刘厂长了解到该雅间的最低消费标准是 1500 元之后，依然大方地说：“没问题，我们就按最低消费标准点菜吧。”小黄送上菜谱，客人开始点菜。点完菜后，刘厂长问小黄：“我们已点菜的总额是多少？”小黄忙用计算器核算一番，然后告诉客人：“先生，您点菜的总额是 1034 元，离最低消费标准还差 466 元。”客人爽朗地说：“那就请你推荐一些菜式吧。”于是，小黄就提议：“再要一只龙虾吧，那就差不多了。”客人说：“好吧，就要一只龙虾。”

客人就餐完毕，小黄去收银台取账单，收银员一算共计 1750 元。小黄大吃一惊，怎么会多了 250 元。于是只好对收银员说：“好像不对啊，请你再核对一次吧。”收银员又逐笔再算，告诉小黄说：“没错，是 1750 元。”原来，核算的标准是最低消费再加 15%的服务费。小黄拿着账单，心里扑扑地跳。真是一时粗心带来后患，多出的 250 元差价，客人会怎么看？也许会认为自己用欺诈的手段让人家花钱，觉得这实在像是“宰”客，很可能拒付。但是，又有什么办法呢？无论如何，都是自己误导客人多点菜，再加上忘记把服务费合进计算，才造成客人超过预算的。问题出在自己身上，就该自己负责任。小黄做好打算，准备由自己垫付差价了。当她把账单递给刘厂长的时候，坦然地说：“真对不起，由于我一时粗心大意，多了 250 元，这是我该负的责任。所以，请您就按最低消费标准付钱，余下的差价部分，由我来付吧。”刘厂长接过账单看了看，说：“1750 元就 1750 元吧，没问题，这钱无论如何也不能让你付。不过，下次算账的时候就要细心一点！”说罢，马上拿出一沓人民币来，交给小黄去埋单。小黄连声道歉：“谢谢，让刘厂长您多花钱了。”小黄十分感激客人的宽宏大量，她自己掏钱在酒店要了一个小水果篮，在客人临走的时候送给了刘厂长，再次表示道歉。刘厂长风趣地说：“就算是道歉水果吧。”

说真的，小黄确实是打心里感谢客人那么通情达理。再说，刘厂长毕竟是这里的熟客。小黄不想因为自己的不慎，失礼于这位“上帝”。

点评：

此案例告诉我们，服务员工作粗心大意，危害极大。作为餐厅服务员，工作马虎不得，要处处细心。现在有些餐厅的雅间对客人的消费设定最低的消费标准，这是对客人就餐消费的引导，也是提高一个餐厅营业收入的措施。根据酒店的硬件水准与软件水平，各个酒店的最低消费标准不同。由于酒店业普遍采取这种方式，所以客人也能接受。虽然有最低消费标准，但要灵活掌握，如客人所点的菜品价格接近最低消费标准，就不应死板地要求客人必须点到一分不差。那样会让客人感到反感，让餐厅服务没有人情味。诚然，这是值得注意的问题。

模块二　酒店服务质量管理

任务导入

分别制定星级酒店前厅部、客房部、餐饮部的服务质量管理程序。

工作任务一　酒店服务质量管理概述

酒店服务质量管理是酒店经营管理中的重要内容。服务质量是酒店的生存之本，代表酒店的竞争能力，是酒店能否吸引并留住客人的关键，也是酒店能否在市场竞争中制胜的关键。目前，我国酒店业正处在蓬勃发展的时期，多数酒店已拥有了同国际接轨的现代化服务设施、设备，但服务质量却达不到现有的国际标准。因此，对我国酒店进行服务质量的控制和管理是促进我国酒店业健康持续发展的重要保障。

一、酒店服务质量管理的定义与基本原则

（一）酒店服务质量管理的定义

酒店服务质量管理是指酒店为提高对客服务质量而制定的质量目标和实现该目标所采取的各种手段。

（二）酒店服务质量管理的基本原则

1. 以酒店客人为中心

酒店客人是酒店组织生存的环境和依托，因此，正确认识酒店客人的现实和潜在需求，并满足这些需求，甚至通过提供超常服务超越他们对酒店服务和产品的期望，应该成为酒店服务质量管理的首要原则。为体现以客人为中心的原则，酒店组织需要通过市场调研等技术手段全面链接影响客人满意的各种质量因素，将客人的需求和期望通过酒店质量方针和经营战略的形式传达至整个组织的各个部门，同时确保这些需求和期望在整个组织内部达到沟通和理解；要通过直接或间接的方式测量客人的消费满意度，收集客人意见和有关信息，并对这些信息进行分析，采取相应的改进措施，不断地提高酒店产品的服务质量；要处理好与客人之间的关系，确保他们的要求得到满足。

2. 领导作用

在酒店组织的管理活动中，领导者起着关键的作用。作为决策层的领导者，不但要为酒店组织的未来描绘清晰的远景和制定具有挑战性的目标——确定质量方针和质量目标，而且要创造一个实现质量方针和质量目标的良好环境，营造使组织中每个成员均能积极参与的氛围。领导者在以身作则的同时，在组织内应建立起敬业爱岗、恪尽职守、人人平等、相互信任、价值共享的道德理念，要为所有员工提供适宜的工作和生活环境，为员工提供技能培训，赋予实施其职责范围内的任务所必需的权利，使他们能积极主动、创造性地开展工作。同时，领导者应采取合理的激励机制，鼓励创新，激发酒店全体员工的工作积极性和热情，为酒店组织创造更高的业绩。

3. 全员参与

酒店服务质量管理工作不单是几位领导的事，也不仅是从事一线接待的基层员工的事，它是上到决策层，下到管理层、操作层的每一位员工都要充分参与的工作。在酒店组织内，每一位员工首先要明白自己在组织中的角色和自身贡献的重要性，清楚自己的职责权限及与其他员工之间的关系，知晓自己的工作内容、要求和工作程序，理解其活动的结果对下一步工作的贡献和影响；其次，要正确地行使组织所赋予的权利和职责，按照规定的要求积极主动地做好本职工作，解决工作中遇到的各种问题，要勇于承担责任；最后，要主动地寻求增加知识、能力和经验的机会，不断地提高自身的专业技术水平和实际工作能力，在实现自身价值的同时为组织创造更大的效益。

4. 过程方法

酒店服务的过程往往是客人消费酒店产品的过程。酒店产品生产与消费的同步性，促使酒店更加重视生产过程和服务过程的质量管理。应用过程方法原则，酒店组织应采取下列主要活动：①明确为达到期望的质量结果所需的主要服务过程和关键活动；②确定为实现这些过程和使这些活动顺利开展所需的资源，包括人力、物力和财力资源，并且明确相应的职责和权限，以便更有效地开展工作。

5. 系统原则

针对特定的目标，识别、理解并管理一个由相互关联的过程所组成的体系，有助于提高酒店组织的有效性和效率。因此，系统原则是酒店服务质量管理工作需要遵循的又一原则。它要求酒店组织在服务质量管理过程中，了解并确定客人的需求和期望；根据客人的需求和期望及组织的实际情况和产品特点，制定酒店组织的质量方针和目标；确定产品实现所需的过程及其职责；确定过程有效性的测量方法并用以测定现行过程的有效性；寻求改进机会，确定改进方向，实施改进；监控改进效果，并对照改进计划对改进效果进行评价；最后对改进措施进行评审，并确定适应的后续措施等。

6. 持续改进

持续改进是酒店组织永恒的目标。质量的根本内涵是"用户适用性"，用户的需求不但具有地域上的多样性，随着时代的进步、环境的改变，用户需求还有时间上的变化，这一时期的服务质量目标可能与另一时期的用户普遍需求大相径庭。客人对酒店产品的需求包含一种高层次的心理需求，这种需求的微妙性、复杂性、多变性更需要酒店组织以"持续改进"为原则进行服务质量管理工作，将持续地对服务进行改进作为每一位员工的目标，向每一位员工提供有关持续改进的方法和意识培训。

7. 依据事实

依据事实是酒店服务质量管理工作的一条基本原则。酒店服务质量工作必须以审查报告、纠正措施、服务不合格、客人投诉及其他来源的实际数据作为决策和行动的事实依据。这就要求酒店组织对相关的目标值进行测量，收集数据和信息，确保数据和信息具有足够的精确度、可靠性和可获取性，然后使用有效的方法对数据进行合乎逻辑的分析，凭逻辑分析的客观结果及相应的管理经验采取行动，并制定出更实际、更具有挑战性的目标。

8. 全面受益

全面受益是酒店组织和供方之间保持互利关系，增进多个组织创造价值的能力，把与供方之间的关系建立在兼顾组织与供方的短期和长远目标相结合的基础上。由于酒店业是综合性行业，全面受益的服务质量管理原则的重要性体现在：与不同类型的旅游企业之间互为供方，互相提供客源，分别在承认供方服务与成就的基础上进行本组织的生产服务活动，分别构成整条服务链上的单独一环。因此，酒店、旅行社、旅游景点、旅游交通各部门之间应相互建立战略联盟与合作伙伴关系，共同理解客人的需求，分析市场信息，通力合作，全面受益。

二、酒店服务质量管理的内容

（一）确定质量管理目标

酒店服务质量管理是围绕质量管理的目标展开的。酒店服务质量管理的基本目标是：贯彻酒店服务质量等级标准，提供适合客人需要的服务使用价值，维护和保障客人的合法权益，不断提高酒店的服务质量。也就是说，酒店的质量管理必须以满足客人的需要为中心，以酒店服务质量的等级标准为基本依据，并结合本酒店的实际情况，确定自身的质量管理方针、政策和措施，制定具体的、切实可行的规范和管理制度。这是酒店质量管理的首要任务。

（二）建立质量管理体系

建立质量管理体系，就是围绕酒店服务质量的等级标准，建立一整套为贯彻实施这种质量标准的管理体系，主要包括：服务质量管理的组织结构，人员分工；责任体系的建立，职责权限的划分；服务质量的检查体系；酒店内部服务质量管理标准化、程序化、规范化的操作体系；质量信息的收集、传递、反馈及质量改进措施；服务质量投诉处理的方法、措施等。

（三）开展质量管理教育

酒店的质量管理，必须坚持始于教育、不断改进教育的原则，它只有阶段性的总结，而没有终点。酒店质量的教育工作主要包括：①质量意识的教育，质量意识是员工对质量的看法和认识，通过质量教育，应使员工认识"质量是酒店经营的生命线""没有质量就没有效益""质量只有好坏之分，而不存在较好与较差，必须追求完美""保证质量的最好办法是事先预防错误的发生""优质服务是各部门相互协作、全体员工立足本职、共同努力的结果"；②全面质量管理基本知识的普及教育，使员工掌握酒店服务质量的基本内容和标准，了解酒店服务质量管理的基本知识和方法，从而强化自我管理意识；③职业道德教育，培养员工高尚的道德情操；④业务技术教育，使员工掌握正确的技能和方法，提高业务技术和服务水平。

（四）组织质量管理活动

酒店质量管理活动，包括接待服务活动本身的组织和质量管理活动的组织两个方面。前者主要是对服务质量标准的执行和控制，做到服务质量标准化、服务行为规范化、服务过程程序化；后者主要是开展服务质量管理主题活动，其主要目的是发动群众、制造声势，促进服务质量的提高。

（五）评价质量管理效果

酒店服务质量管理的效果，最终主要表现为两条：①是否符合酒店服务质量的等级标准；②是否满足客人的物质和精神的需要。酒店的服务质量管理应以此为准则，采取多种方法，加强检查考核，及时发现各种问题，并采取有效措施，不断完善管理，提高服务质量。

三、酒店服务质量管理的基本要求

（一）以人为本，内外结合

酒店的质量管理，一方面必须坚持客人至上，把客人的需要作为酒店服务质量的基本出发点，酒店质量目标的建立、质量标准的制定，以及酒店服务质量管理活动的组织均应以此为依据，注意抓好每一个环节，把握每一个动作，注重每一个细节，力求使每一次服务都能达到标准，满足并努力超越客人的需求。另一方面，酒店管理者的心中必须装有员工，用心管理，尊重、理解和关爱员工，给员工创造良好的工作环境，充分发挥员工的聪明才智，使员工能够快乐工作。

（二）全面控制，硬软结合

酒店服务质量构成复杂、影响因素众多，既有硬件的因素，也有软件的因素；既有物质的因素，也有精神的因素；既有酒店的因素，也有社会的因素；既有员工的因素，也有客人的因素。所以，要提高服务质量，必须树立系统观念，实行全员、全过程和全方位的控制，既要注意硬件设施的建设和完善，更要重视智力投资，抓好软件建设。各级管理者应齐抓共管，各部门互相协作、互相配合，全体员工立足本职、共同努力。

（三）科学管理，点面结合

酒店的服务对象是人，来酒店消费的客人既有共同的需求，又有特殊的需求。作为酒店，既有酒店的共性，但不同的酒店又有自己的特点。所以，酒店的服务质量管理，既要注重客人的共同需求，又要注重客人的特殊需求；既要坚持贯彻国家的服务质量标准，做好全面管理工作，又要根据自己的特点，具体情况具体处理，确立具有特色的服务规范和管理办法。

酒店服务质量既有物质的因素，也有精神的因素，有些可以有定量的标准，而有些则难以定量，只能采用定性要求，所以，酒店的质量控制必须实事求是、科学分类，能量化的尽量做到量化管理；不能量化的，则要明确定性要求，把定量管理和定性管理有机地结合起来。

（四）预防为主，防管结合

酒店服务具有生产与消费同时性的特点，服务质量的高低，往往是一锤定音，事后难修补，也无法回炉重做。所以，要提高服务质量，就必须树立预防为主、事前控制的思想，防患于未然，抓好事前的预测和控制。同时，各级管理者要强化服务现场的管理。抓好动态管理，力求把各种不合格的服务消灭在萌芽状态。

工作任务二　酒店服务质量管理体系的建立

我国酒店业经过多年的发展，在服务质量、管理水平、人员素质方面都取得了历史性的进步。但我国整体酒店管理水准还落后于世界发达国家，国内地区间的服务质量差异也很大，如何有效地实施酒店服务质量管理？如何建立起一套行之有效的服务质量保障体系呢？酒店服务质量管理体系建立的因素有以下几方面。

一、建立酒店严密的服务质量管理规章制度

无论是新筹建的酒店，还是正在运营中的酒店，都必须首先建立起一套严密且严肃的

酒店服务质量管理规章制度。制度是酒店人员管理、经营管理、服务质量管理的核心准则，是保障酒店良好运营、给客人提供优质服务的法典。国内许多知名酒店，如南京金陵酒店、广州白天鹅宾馆、北京王府酒店等，在筹建之初就着手制定了完善而严密的服务质量管理规章制度，这些制度保证了酒店服务管理体系的良好运行和服务工作程序的落实到位。

二、有一批对服务质量工作高度负责的管理人员队伍

酒店服务质量的好坏、管理水平的高低，最关键的一点是首先造就一批有高度质量意识、服务意识、对质量工作高度负责的管理人员队伍，这是保证酒店服务质量优质的灵魂。

综观国外酒店的职业经理人，他们在进入酒店前，就进行了严格的专业技能和服务质量标准化、规范化、优质化的教育和培训。酒店要想保证其服务质量的优良，就必须从"头"抓起，首先培养一批勇于负责，有高度敬业精神、开拓精神、酒店意识、质量意识的经理人。广州白天鹅宾馆、南京金陵酒店、深圳南海酒店、成都西藏酒店、北京王府酒店，为什么能在这么多年的发展历程中，保持服务质量的优质化、精品化、一致性，关键是有了一批对酒店服务质量检查工作、督导工作、管理工作高度负责、常抓不懈的高层管理队伍和职业经理人，他们视酒店的优质服务为自己工作的生命线。

三、有督导检查管理到位的工作力度和工作作风

一些酒店的管理人员认为，抓服务质量是接待部门的事，把自己游离于整体服务质量管理工作之外。酒店虽然也制定了一整套服务质量管理制度、奖励处罚条例，但由于个别管理人员服务质量管理意识不到位、工作力度不强，致使服务质量督导检查工作在酒店中流于形式。酒店服务质量的优劣，与管理人员的自觉性、工作力度、督导检查、管理到位是密不可分的。

【例 4-1】 向客人问好

在深圳的某四星级酒店，曾发生一件这样的事情：客房服务员正在楼道清洗地毯，有位客人从房间走出来，领班见到客人，微笑着问好！而服务员则低头工作。客人走后，领班对服务员说："小王，你为什么不向客人问好！你已是来酒店工作四个多月的员工了，见到客人一定要问好！下不为例！"从这件小事，我们可以看到服务质量好的酒店，它的质量管理工作一定是细微的、到位的。

国外酒店服务质量督导检查管理工作有两个准则：①酒店不能有卫生死角；②酒店不能有服务不到位的地方。

四、有全员高度服从质量检查管理的思想观念

酒店服务质量管理体系一旦建立，就必须教育全体员工，要自觉树立优质服务的思想，做好对客服务的每一项具体而细小的工作，服从酒店质量管理工作的思想观念。只有

全员高度树立了服从质量管理的思想，酒店的各项服务质量管理工作、检查考评制度才能落实到位，才能保证酒店整个质量管理体系的良好运行。

同时，酒店各部门不能因信息沟通、部门协调、硬件维修等问题影响酒店服务质量，各工作人员都必须无条件地对部门存在的服务质量问题加以改进。只有在层层管理、逐级负责、垂直领导的过程中，树立全员高度服从质量管理的思想观念，酒店管理水准、服务质量才能提高。反之，若政令不畅、落实不力，则会影响酒店服务质量和对客服务工作的满意度。

五、有日检、周检、月检的质量检查管理体系

酒店在制定了严密且严肃的服务质量管理规章制度之后，还应建立起一套全方位、立体化的服务质量检查督导系统，建立和完善日检、周检、月检的质量检查管理体系。以保证服务质量管理工作的贯彻执行，以实施全面服务质量管理。

另外，在进行日常三级质检督导工作的同时，还可以进行抽查。广泛收集各方面意见，以改进和提高酒店的整体服务质量管理水平。对服务过程中存在的问题，应及时纠正、及时整改，保障酒店服务质量工作的不断提高和进步，使酒店在服务质量管理和经济效益上都获得较好的收益。

六、有奖罚严明的质检纪律条例

酒店服务质量控制，①靠预防，防患于未然，杜绝发生质量事故；②靠检查督导控制，实行日检、周检、月检；③靠与经济利益挂钩，奖罚严明。

众所周知，在酒店服务质量管理控制中，最难做的工作就是“处罚”问题，因为一旦触及经济利益，不要说服务人员，许多中层管理人员也会表现出不接受、不情愿、不执行的情况。所以，在制定《服务质量奖罚条例》时，一定要总经理亲自挂帅、统一部署、全员参加，各部门建立质检奖罚条例起草小组，让全体人员共同参与制定。起草制定的过程，也是对全体员工进行《服务质量奖罚条例》培训学习和教育的过程，将传统的事后劣质服务质量处罚管理变为预防服务质量管理。

《质检奖罚纪律规章条例》一旦制定实施，从总经理到普通员工都必须无条件遵照执行，在质检纪律面前做到人人平等、不留情面、不流于形式、不打折扣，该奖则奖、该罚则罚，并使之成为酒店质量管理、保障服务质量优良的一张电网，谁触犯了它，它就要“电”(处罚)谁。外资酒店之所以管理得好，就在于他们有严肃认真的质检管理体系，在奖罚上是严谨而公平的，不留半点情面，没有丝毫的马虎。国内许多酒店，之所以质检工作力度不大，最主要的因素是“人情大于法治，批评教育替代经济处罚，制度执行只触及表皮，而不能触及灵魂深处”。

七、培养创造服务精品，进行精细化服务与管理的全员意识

服务质量是酒店生存发展的前提，优质化是保障服务工作标准化、快捷化、个性化、超

值化的基本条件，服务质量管理已成为当今酒店管理的一门艺术。在现代酒店经营过程中，有许多酒店往往偏重于公关营销、市场客源拓展，但忽略了酒店内部服务质量管理的精细与创新。销售部花了大量的时间、精力、宣传费用，好不容易把客人吸引到酒店，但由于酒店在服务管理中，没做到优质服务，使部分客人感到不满意，形成了“100－1＝0”的服务结果，客人被酒店中的个别低劣服务赶走了，这种不合格的服务产品一旦成为事实，对酒店产生的不良影响将非常大。

所以，在酒店服务质量管理中，我们一定要坚持每一位服务员、管理人员给客人提供的服务都是优质而满意的，服务都是精细的。只有树立创造服务精品，进行精细化服务、创新服务的全员行为意识，在整个酒店中才能真正营造出一种“人人以客人满意为中心，以客人需要为中心，以提高服务质量为工作根本出发点”的氛围。酒店的服务质量、管理水平才能更上一层楼，并把创造服务精品、精心为客人服务变成每一位员工的自觉行为。

总之，酒店要建立起一套行之有效的服务质量管理体系，并保持服务质量的一贯优良，需要酒店全体工作人员高度树立服务质量意识，并为之付出艰辛努力，是进行长期不懈追求才能达到的目标。

教学案例

完美的服务让总统像回家一样

2001年，美国总统布什是在美国遭受“9·11”事件后来上海参加APEC会议的。布什下榻于上海波特曼丽嘉酒店，这家酒店接待过美国前总统克林顿。酒店一个很重要的准则，就是为每一位客人提供个性化的体贴入微的服务，当然包括布什总统这样的一位特殊的客人，使他感到在中国很安全，酒店就像他的家一样温馨。

由于种种原因，这一次，布什总统没有携带夫人一起来，但酒店知道他们是一对很恩爱的夫妇，于是，就从美国找来一批放大的照片，其中有他夫人和女儿的照片，还有他两条爱犬的照片，准备悬挂在总统套房楼层的最显眼处，让他一走出电梯就可以看到。可是由于安全原因，布什上楼的路线一改再改，所有照片也只得一移再移。最后，在18日晚上，布什终于来到了总统套房的楼层。当他一眼看到自己夫人的照片时，顿时非常感动地问酒店管家：“你们是怎么找到这些照片的?”管家告诉他：“这是一个秘密，我们只希望能给您带来一些家的感觉。”他笑眯眯地说：“我已经有这个感觉了。”

布什总统有早上锻炼的习惯，而且特别喜欢跑步。酒店特意为他准备了一个放满各种跑步用品的包，里面有镶着他名字的运动衫、短裤、袜子、毛巾，甚至连鞋子上也有他的名字。他很喜欢这份特殊的礼物。他的管家在第二天早上告诉酒店，总统收到礼物的当天晚上，就穿着运动服在房间里跑来跑去。

丽嘉酒店的服务颇具个性化，对客人的爱好了如指掌，细微之处令人惊叹。美国第一夫人最大的爱好是阅读，她在大学里学的是图书管理。酒店考虑布什在上海的时间紧，没有机会买东西送给夫人，于是就买了一套英文版的《红楼梦》，并在外面用绸缎做了一个精美的盒子，作为礼物送给第一夫人。更有趣的是，布什总统十分疼爱他的两条狗，以前去哪里都带着它们。酒店想方设法为两条狗专门做了两件中国绸缎的衣服，上面还绣了狗的名字，结果布什对这些特殊的礼物爱不释手。

布什总统是得克萨斯州人，他身边很多工作人员都是他以前做州长时的老部下。除布什总统外，怎样才能让他的工作人员在上海有宾至如归的感觉呢？送他们每人一枝黄玫瑰，因为黄玫瑰是得克萨斯州的州花，送黄玫瑰就是欢迎归来的意思。于是酒店在半年前就订了6000多朵玫瑰，采用黄玫瑰来做大堂中间的巨型盆花，另外包括记者在内的所有客人进入大堂时，都会献上一枝黄玫瑰。这个效果出奇的好，当客人看到黄玫瑰时，万分惊喜。后来，布什总统的公关顾问回美国后，给丽嘉酒店总经理寄来一张卡片。她告诉总经理，当她的美国朋友听到布什在上海时住的是波特曼丽嘉酒店时，很多人马上说："哦，这是一个美国酒店集团。"但她马上纠正他们："这个酒店比美国酒店还要好。"

布什总统离开的那天，当他再次经过酒店后台时，突然在洗衣房门口停了下来。他不顾外面60多辆车子都在等他，走进洗衣房与员工一一握手，而且主动提出要与员工合影留念。这是很少见的，难怪白宫工作人员后来评价酒店的工作几乎接近完美的境界。

资料来源：陈志学. 酒店服务质量管理与案例分析[M]. 北京：中国旅游出版社，2006.

点评：

这是一个非常成功且有启发性的案例。布什总统是一国元首，这次接待也是一种荣耀，个性化、情感化的服务体现了中国人民热情好客的优良传统和美德。

项目小结

酒店服务质量是指酒店以其所拥有的设施设备为依托，为住店客人提供的服务在使用价值上满足客人物质和精神需要的程度。它包括以酒店设施设备、实物产品等实物形态服务的使用价值和非实物形态服务的使用价值，包括酒店有形产品质量和酒店无形产品质量，具有难以量化、不稳定性、不可逆性、带有浓厚的人际关系色彩、影响酒店服务质量的因素具有很强的关联性和服务质量的整体性和全面性等特点，是由服务设计、服务供给和服务关系三个要素形成的。酒店服务质量是酒店经营的生命线。

酒店服务是指酒店员工以设备设施为基础，以一定的操作活动为内容，以客人需求为目标，倾注员工感情形成的行为效用的总和。酒店服务质量管理是指酒店为提高对客服务质量而制定的质量目标和实现该目标所采取的各种手段。服务质量是酒店的生存之本，要提升酒店的竞争力，必须提高酒店服务质量，并进行有效的服务质量管理。

复习思考题

一、选择题

1. "服务"一词通常被解释为七个方面，其中"S"代表(　　)。

A. 优秀　　B. 准备好　　C. 微笑　　D. 邀请

2. "服务"一词通常被解释为七个方面，其中"I"代表(　　)。

A. 优秀　　B. 准备好　　C. 微笑　　D. 邀请

3. 下列不属于酒店服务质量形成要素的是(　　)。

A. 服务关系　　B. 服务形式　　C. 服务供给　　D. 服务设计

4. 酒店企业流行的“100－1＝0”服务公式，说明酒店服务质量管理具有(　　)特点。

A. 质量构成的综合性　　B. 质量呈现的一次性

C. 质量评价的综合性　　D. 对人员的依赖性

5. 酒店服务质量必须实行全员控制、全过程控制、全方位控制，这主要是由(　　)所决定的。

A. 质量构成的综合性　　B. 质量呈现的一次性

C. 质量评价的综合性　　D. 对人员的依赖性

6. “PDCA”酒店服务质量分析方法是(　　)。

A. 计划—处理—检查—实施　　B. 计划—检查—实施—处理

C. 计划—实施—处理—检查　　D. 计划—实施—检查—处理

二、判断题

1. 酒店最大的特点就是直接性，由客人直接寻找服务员为其服务 。　(　　)

2. 酒店服务员要具有完善的个性特征、良好的情绪体验和意志品质 。　(　　)

三、问答题

1. 如何理解优质服务的含义？

2. 酒店服务的特点有哪些？

3. 简述酒店服务质量的含义。

4. 简述酒店服务质量的特点。

5. 简述酒店服务质量管理的特点。

四、案例分析题

1. 真情换得客人心

4月下旬，某公司在某酒店新装修的会议室开会。一会议代表在使用卫生间时，自动冲洗阀突然破裂，导致客人全身湿透。会议室领班贝贝一面向客人道歉，将客人带往洗衣房，一面通知维修。由于当天正值星期天，洗衣房蒸汽不足，洗烘达不到效果，她边与有关部门联系，边找合体的衣服让客人换上。正午休的洗衣员工也赶来帮忙。客人的衣、裤、皮鞋完全湿透了，但见领班贝贝与洗衣房师傅满脸歉意一直为他吹干衣服、裤子和鞋子，同时酒店对突发事件能及时处理，工作认真负责，客人的气顿时消了。

思考：酒店员工如何让客人顿时气消了？

2. 一只小虫子引起的风波

某三星级酒店一行15人由总经理率领慕名来到本市一家酒店用晚餐。他们此行的主要目的是想学习该酒店的管理和服务，看看菜肴如何。晚19时他们来到单间“春”厅，虽有预订，因多来了几个人，使得服务员和领班手忙脚乱地加椅子和餐具。还没有坐下，一位客人指着墙上那幅字，问服务员写的是什么？服务员答：“不清楚。”又问领班，答：“不知道。”入座后，客人点菜，问：“最近餐厅推出什么特色菜没有？”领班回答：“不清楚，我到厨房问一下告诉您。”客人点完菜，领班把菜牌一收离开了。15分钟后才开始上凉菜。客人们发现转盘底下爬出一只蚂蚁，叫服务员赶快处理；同时，一位客人从啤酒杯里打死一只小虫子后，让领班换一只杯子，换后，客人觉得更换的这个杯子似乎就是刚才那个杯子，因为发现杯子里有手拿过的痕迹，要求再重新换一个。领班不情愿地拿来一个与原来杯子不同的高脚杯，往桌子上"砰"地一放，客人讲："怎么是这种杯子?"领班答："杯子没有了，这才是喝啤酒的杯子。"

席间，客人流露出对领班的不满，就对服务员讲："您服务得不错，你们那个领班真不像话。"后来领班也就没有出现了。结账时客人提出要打折，一位自称是部长的小姐讲："我做不了主，得上报。"客人中的主人(即总经理)对那个部长小姐开玩笑地讲："你可得注意，这个人不好惹(指要求打折的同事)，他是黑社会的头儿。"部长小姐回敬道："没关系，我们敢开这么大一个店，就不怕有人来捣乱。"10分钟后，部长小姐把投诉客人叫出去了。餐饮部经理(一个老外，会讲中文)出面说："可以考虑打折，但只能打八五折。"客人讲："不行，你们服务出现这么多问题，菜肴也不好，怎么也得打六折。"餐饮部经理讲："我做不了主，得上报。"这样僵持不下，10分钟又过去了。最后值班经理(也是酒店的人力资源总监)来了，听了投诉经过后说："你们讲的那个领班服务不好我知道，她不代表我们酒店。""你们不能指责服务员，你们是人，他们也是人。"最后，以八折达成协议。可是，客人一看账单觉得价格不对，打折下来应为3200多元，怎么是3600多元？仔细一算，发现将基围虾和另一个菜按两份结账。这下客人火了，客人说："本来是想来考察，学习学习，没想到不仅没学到东西，反而让人生气。""钱不在多，关键是要一口气。"这家酒店管理和服务质量问题多多。服务过程出现了哪些问题？应该如何提高该酒店的服务质量？

项目五 酒店职能部门管理

学习目标

- 熟悉和掌握酒店人力资源部门的管理情况。
- 熟悉和掌握酒店财务部门的管理情况。
- 熟悉和掌握酒店保安部门的管理情况。
- 熟悉和掌握酒店销售部门的管理情况。

模块一　酒店人力资源管理

任务导入

(1) 制订星级酒店主要岗位的人力资源计划。
(2) 制订星级酒店的招聘与培训计划。

工作任务一　酒店人力资源管理概述

在酒店管理中，人的管理最为关键。现代酒店拥有四大资源，即物资、资金、信息和劳动力。人力资源是酒店最基本、最重要、最宝贵的资源。加强酒店的人力资源管理，既可提高酒店服务质量，又能提高员工的工作效率，更能树立酒店的企业形象，提高酒店的经济收益。因此，做好酒店人力资源管理工作具有十分重要的意义。

一、酒店人力资源管理的含义

(一) 人力资源及人力资源管理

1. 人力资源的含义

人力资源是指在一定的时间和空间条件下，劳动力数量和质量的总和。按照不同的空间范围，人力资源可区分为某国家或区域的人力资源、某一产业(行业)或某一企业的人力资源。人力资源从内容看，包括四个方面：劳动者的体力、劳动者的智力、劳动者的文化素养和受教育程度、劳动者的思想和道德水平。

2. 人力资源的特点

(1) 时间性。从劳动力的生产和再生产的周期来看，一个成熟的劳动者的培养教育需要相当长的时间，少则十五六年，多则二十几年。即使是一个成熟的劳动者，随着科学技术的进步、生产条件的变更，也还需要进行再培养、再教育，才能适应生产发展的需求。也就是说，劳动力的生产具有长期性。从劳动力的具体形式看，劳动者的体力形成后，如果在一定时间限度内不被使用，它就会自然消耗掉，体力不能像物品一样储存起来，以备再用。劳动者的智力和体力不同，它的形成和发展需要经过一个长时期的积累过程。劳动者的智力形成后，如果长时期得不到发挥，也将白白浪费掉。也就是说，劳动者的体力、智力若不能及时地被使用，就会随着时间的推移而消失。

(2) 消费性。人力资源是一种“活”资源，无论是存在还是被开发利用都离不开消费。劳动者个人既是生产者，又是消费者。企业在研究开发和利用自身人力资源时，必须注意物质原则，因为劳动者具有生存、享受和发展的物质需要。

(3) 创造性。人力资源区别于其他资源的最本质的特征，就在于它是“有意识的”，具有无限的创造力。在其从事脑力和体力活动的过程中，它不仅增强了自身抵御自然或社会困难的能力、自我完善和自我发展的能力，而且也极大地丰富了人类物质资料的生产和生活，推动了人类社会的发展。从社会的角度看，人力资源的创造性特征表现为通过社会制度的完善和创新，调动全体社会成员的积极性，实现各种社会资源的有效配置，以推动生产力的发展；从企业的角度看，员工的创造性特征是通过有效的员工激励，推动企业生产效率的不断提高；从个体的角度来看，它是通过人力资本的再投资，提升智力资本的竞争力，从而获取人力资本投资效益的最大化。

(4) 主观能动性。人力资源区别于其他物质资源的一个最重要的特点，就在于它是一种具有主观能动性的资源。从资源开发的角度看，人力既是被开发、被管理的对象，又是自我开发、自我管理的主体。作为被开发的对象，人力资源开发的广度和深度，取决于社会的、经济的、宏观的、微观的外部条件，劳动者的劳动力是被开发的对象，而开发的主体是社会、企业或单位；作为自我开发的主体，劳动者个人的主观能动性，对于人力资源开发的效果具有很重要的影响。在这里，劳动者个人是开发的主体，在一定条件下，劳动者对自身劳动能力的开发程度和效果，取决于劳动者个人的主体条件、政治素养、价值观念、使命感、责任心、意志力、自我控制力等。这些因素越是接近最佳状态，人力资源开发的效果越好。企业在运用各种方法进行人力资源管理、开发人们劳动能力的过程中，必须掌握人力资源的这一特点，劳动者的自我开发与被开发是相互联系、不可分割的整体。

（二）人力资源管理的基本概念

人力资源管理是指运用现代化的科学方法，对与一定物力相结合的人力进行合理的培训、组织和调配，使人力、物力经常保持最佳比例，同时对人的思想、心理和行为进行恰当的诱导、控制和协调，充分发挥人的主观能动性，使人尽其才、事得其人、人事相宜，以实现组织目标。

（三）人力资源管理的内容

人力资源管理是酒店管理的核心部分。酒店围绕“人”要开展哪些具体管理活动呢？一般可以将这些具体管理活动划分为引人、选人、育人、用人、留人、流人等六个方面。各个方面的人力资源管理活动存在相互交叉与相互影响。

1. 引人

引人的关键在于创造吸引人才的组织环境。我国人口众多，劳动力基数庞大，但目前相当一部分酒店存在招工难和员工不稳定的现象。这与社会上对酒店行业的偏见不无关系。在很多地区，认为酒店业是吃青春饭的行业、是伺候人的行业、是不稳定的行业。因此，在我国酒店业中，鲜有像欧美国家那样白发苍苍却风度翩翩、热情洋溢的前台酒店职员。因此，如何吸引优秀人才到酒店工作应当成为酒店领导者的工作重点，可以考虑的措施包括设计富有吸引力的招聘信息、待聘岗位、薪酬战略与人事政策。

2. 选人

选人的内容既包括酒店根据自身的发展需要，在劳动力市场上招聘所需要的人才，也包括酒店从内部选拔人才。选人是人力资源管理工作的重要步骤，如果人选合适，那么育人、用人、留人工作就会事半功倍。在选人上，酒店要把握三个要点：①选人者具有足够的能力。如果选人者不能识别谁是合适的人选，就无法实现人岗匹配、人尽其才。②招聘信息要覆盖面广、及时发送。如果招聘信息不畅、滞后，就无法获得足够的候选者，也就难以选聘到合适的员工。③酒店领导者应坚持“适应就是人才”的原则，每个岗位都要努力招聘最适合的人才，避免人力高消费与拔高使用的情形。选人工作对应的是酒店员工的招聘管理。

3. 育人

育人是指酒店进行员工培训与开发、开展职业生涯管理，使得员工个人能力、素质不断提高，实现酒店和员工的同步发展。员工培训并不仅仅是人力资源部门的工作，酒店应该建立从上而下、从里到外的培训体系。人力资源部门主要对职业道德、企业文化、行为规范等进行培训，而技能培训则应该具体落实到各个相关部门。在育人上，需要掌握的一个重要原则是“因材施教”，酒店应该根据个体的特点、职责、态度、知识、能力与经历，开展有针对性的培训。为使员工胜任更高的职位，人力资源管理部门应该“按需施教”，针对员工的每一次晋升，结合实际工作中可能出现的需要与问题，筹划与实施相应等级的培训，而每一项培训，都是为员工的进一步发展做充分准备，使员工不断地从培训中得到激励，明确自身的职业发展定位。

4. 用人

用人指的是酒店采取有效的激励手段，充分调动每一位员工的主观能动性，激发“人”的上进心，挖掘“人”的潜力，把“人”和其他生产要素合理地组织起来。人们的专长和能力只有与他们的工作要求和职位相一致时，才能得到充分发挥，这就要求酒店人力资源管理部门遵照量才适用的原则。所谓量才适用，就是根据每个人的专长、能力、志向与条件，做到才以致用、各得其所。实行这项原则，首先要基于工作分析明确各个职位的要求，其次还要明确了解个人专长、才能、志向、性格等，这样才能有效地使用人才。

希尔顿酒店集团的创始人康拉德·希尔顿(Conrad Hilton)在人才选拔上非常慎重，但一旦决定人选，就给予其充分的肯定权与否决权。他非常信任与尊敬被提拔的员工，让他们在各自的岗位上发挥聪明才干。正是由于他对员工的信任、理解与尊重，使得酒店拥有一种温馨、协作的工作环境，创造了愉悦的工作氛围。他竭力打造微笑服务与团队精神，让员工保持发自内心的微笑，让大家合力把一个个美梦变成现实。

5. 留人

留人指的是酒店采取合理有效的措施，留住有价值的员工。这些措施包括酒店制度设计、报酬内容与形式的设计、组织文化的建设、管理者与员工的有效沟通等。“千军易得，一将难求”，随着优秀人才对酒店发展的重要性不断上升，酒店间的人才竞争越发激烈，“挖人”“跳槽”的现象频频发生，人才流动越来越频繁，常常给人才流失的酒店造成巨大损失，因此“留人”在酒店经营管理中越来越具有战略意义。

6. 流人

酒店要发展，需要留住人才，也需要促进员工的合理流动。人才流动机制的合理性，主要是指酒店在没有违反劳动合同的情况下，应满足人才内部流动或外部流动的需要。根据“银行效应”，人才的流向必然倾向“高利率”和“高自由度”的部门或企业。人才内部流动是基于“高利率”的吸引，它有利于人才对酒店运营的综合了解，为人才具备“一专多能”奠定基础，既增加人才的自身价值，又可增强预防酒店人才危机的能力。

香格里拉酒店集团始终坚持“卓越的酒店源自卓越的员工，而非绚丽的水晶吊灯或昂贵的地毯”。为让员工认同香格里拉的经营与服务理念，该集团非常重视员工的甄选工作，坚持“聘用工作态度好的员工，并通过培训使他们技巧娴熟”。在完成选人环节后，该集团会对员工展开持续、系统的培训与指导，并通过创造宜人的工作氛围，使员工能够达成职业目标与个人理想，让优秀员工心甘情愿地与酒店一起成长。该集团之所以在酒店业内一贯保持相对低的员工流失率，并有效创造“殷勤好客香格里拉情”的服务氛围，就在于其拥有一套完整的选人、育人、用人与留人机制。

二、酒店人力资源管理

(一) 酒店人力资源管理的定义

酒店人力资源管理就是科学地运用现代管理学中的计划、组织、领导、控制等职能，对酒店的人力资源进行有效的开发和管理，合理地使用，使其得到最优化的组合，并最大限度地挖掘人的潜在能力，充分调动人的积极性，使有限的人力资源发挥尽可能大的作用的一种全面管理。

（二）酒店人力资源管理的特点

现代酒店人力资源管理是包括传统的人事行政管理、员工的激励与管理和潜能开发利用的一种全面管理。它具有以下特点。

1. 全面性

酒店人力资源管理不仅包括根据酒店的整体目标为酒店提供和选拔合适人才等人事管理的职能，而且还包括如何创造良好的工作环境、调动员工的工作积极性、指导员工工作、改善员工的工作环境和生活条件、发展员工潜在的各项能力等。

2. 全员性

酒店要把每一位员工都看成是宝贵的资源，都要有长短期的人力资源培养开发规划，以达到胜任本职工作和提高素质的目的。

3. 动态性

管理者不仅要根据酒店的整体目标选拔合适的人才，对酒店员工的录用、培训、奖惩、晋升和退职等全过程进行管理，更要注重员工工作过程中的动态管理，即重视员工的心理需求，了解员工的情绪变动和思想动态，并采取相应措施调动员工的工作积极性，使全体员工充分发挥潜在的各项能力。

4. 系统性

酒店人力资源管理是一个系统工程，由录用系统、培训系统、使用系统、奖惩系统、离退系统等围绕总系统目标进行运转的数个子系统组成。

5. 科学性

酒店人力资源管理是一项复杂的、综合性的系统工程，应该进行科学的管理，逐步实现标准化、程序化、制度化和定量化。

（三）酒店人力资源管理的意义

(1) 酒店人力资源管理的目的是吸引、保留、开发、激励、优化组合酒店所需要的各类人力资源，通过精心挑选、加强培训，建立一支高素质的员工队伍。

(2) 经过科学的配置，优化人员组合，维持和提高酒店员工的工作效率，使酒店在竞争中保持相对优势。

(3) 运用科学的管理和有效的激励，关注员工的需求，激发员工的积极性和创造性，保证酒店经营与管理目标的实现。

（四）人力资源管理的目标

酒店人力资源管理的根本目标是通过合理组织和运用人力资源以提高员工的劳动生产率与达成组织的战略目标。具体目标包括如下内容。

1. 形成高效的人力资源组合

酒店要正常运转起来并取得良好的经济效益和社会效益，不仅需要有先进的管理方法，更需要拥有一支高效优化的人才队伍。因此，要通过科学的设置，使人力资源实现优化组合，做到职责分明、各尽所能、人尽其才、才尽其用，形成一个精干、有序、高效的有机劳动组织。

(1) 优化组合。酒店应该充分有效地利用现有人才，合理组织、安排和使用各类人员，使每位员工都能充分发挥积极性、主动性，提高应有的劳动效率。一支优秀的人才队伍，必须经过科学的设置，以充分发挥群体协同作用，因此，在人力资源配置上，必须兼顾酒店人力资源的数量、质量与结构。由于当前酒店从业人员队伍的年轻化，从业人员特别是高级管理人员的素质缺陷等都直接影响酒店的绩效，因此，酒店应该注重在职员工潜能的开发，并吸引优秀人才从事酒店工作。

(2) 战略布局。尽管很多酒店管理者已经认识到人力资源是组织的重要资源，但是他们没有认识到人力资源的时效性和流动性。为保证酒店能够在长时期内拥有充足的、持续的人才资源，应该有一定的人才储备，以适应各项业务的发展需要。因此，需要基于酒店的战略发展规划，做到有计划地培训、开发和利用人才资源，从长远角度考虑智力投资、队伍建设与业绩提升。

(3) 职责分明。酒店应该通过科学的工作分析，基于工作描述与职务要求，明确规定各项工作的任务、责任、技能与素质要求等，以避免产生"有人有力不愿使"和"有些工作没人做"的情形。

(4) 精干高效。酒店属于劳动密集型企业，所以在进行组织结构设置时应尽量体现组织结构扁平化的要求，使得管理层次和管理幅度合理配置，同时采取直线领导责任制，避免多头领导，从而打造高效的酒店管理模式。

2. 提高员工的工作生活质量

工作生活质量(quality of work life)是指组织中所有员工，通过与组织目标相适应的公开的交流渠道，有权影响组织决策与改善自己的工作，进而形成员工更多的参与感、更高的工作满意度和更少的精神压力的过程。有效的人力资源管理机制必须能够充分激发员工的工作热情，提高员工工作成效，提高员工的满意度。因此，酒店管理者必须认真探究如何提高员工的工作效率与工作生活质量。

长期以来，许多酒店管理者不够重视员工的工作生活质量，实际上，只有改善与提高员工的工作生活质量，工作效率的提升才有客观的基础。工作生活质量改善的关键是员工在工作中能获得快乐的体验。酒店人力资源管理的关键是如何使员工在快乐工作的过程中提升工作效率。为提高员工的工作生活质量，酒店可以采取的举措包括：①设置工作生活质量管理小组；②全面了解与合理满足员工的个性化需要；③重视员工情绪的管理；④鼓励员工参与组织决策工作；⑤构筑畅通的信息传递渠道；⑥构建有效的授权机制。

授权是指管理者根据工作的需要，授予下属一定的职权，使下属在承担的职责范围内有权处理问题、作出决定，为管理者承担相应的责任。一句话，就是管理者将自己不必亲自做、下属可以做好的事情交给下属去完成。正确有效的授权，对于员工愉快而高效地工作具有非常积极的意义：①有利于提高下属的工作安全感。②有利于调动和发挥下属的工作积极性、创造性。管理者通过授权，可以增强下属的工作责任心和工作热情，激励下属奋发向上的动力。可以说，管理者调动下属积极性的能力，从某种程度上可以反映他的管理能力。③有利于改善上下级的关系。通过有效授权，使下属从层层听指令行事的消极状态，改变为各自负责的积极主动状态，使上下级之间的关系变成合作共事、互相支持的关系，从而有利于构建和谐友好的工作团队。因此，恰当的授权可以改善上下级关系，促进相互理解与信任，提高员工的工作生活质量。

3. 创造自动自发的工作环境

人力资源管理的重心并不在于"管人"，而在于"安人"，谋求人与职、人与事的最佳组合，安心、安稳、安乐是员工动力之源。"天时不如地利，地利不如人和"，正说明人心向背的巨大威力。酒店人力资源管理，就是要通过各种有效的激励措施，创造良好的工作氛围，从而使员工安于工作、乐于工作，最大限度地发挥员工的聪明才智和创造能力。

(1) 科学的管理机制。在人力资源开发过程中，酒店应坚持观念创新、制度规范、流程畅通、团结协作，通过内部晋升与外部人才引进相结合，依托完善和科学的管理机制，促进优秀人才脱颖而出，达到人适其位、岗得其人、人事两宜的目标。

(2) 卓越的企业文化。如果说各种规章制度、服务守则等是规范员工行为的"有形规则"，企业文化则作为一种"无形规则"存在于员工的意识中。企业文化可以比喻为行为的"基因"，它通过标识、仪式与惯例等方式，传播组织的核心价值观，告诉员工在组织里什么目标是最重要的，哪些是组织所倡导的，能够引导员工行为朝同一个方向努力。因此，优质的企业文化，往往能减少人力资源管理的费用。酒店管理者应努力创建服务至上、追求卓越的企业文化。

(3) 和谐的人际关系。酒店管理者与员工之间需要双向互动，才能达到双赢效果。管理就是保持和设计一种良好的环境，使人在群体里高效率地完成既定目标。所以，管理者必须具备处理和改善人际关系的能力，建立良好、和谐的人际关系环境，并鼓励和推动员工参与管理过程，让员工拥有一种"主人翁"的责任感。

工作任务二　酒店人力资源管理的内容

一、人力资源计划

(一) 制订人力资源计划的意义

人力资源计划的宗旨，是将酒店对员工数量和质量的需求与人力资源的有效供给相协调，通过评估现有的人力资源状况，预测未来的人力资源状况，制订一套相适应的人力资源计划。人力资源计划是酒店计划管理的组成部分，酒店人力资源计划必须服从酒店的经营发展战略。

酒店人力资源的取得，一种是通过内部培养、选拔(服务人员需要 2～3 年，职业经理人员则需要 4～5 年)；另一种是外部招聘，也需要较长的时间来适应酒店的企业文化及组织情况。因此，为酒店长期经营发展的需要，人力资源计划必须从长远着眼，注重未来计划，为酒店的发展提供长期的人力支持。

（二）人力资源计划的主要内容

人力资源计划的主要内容如下。

(1) 人力资源战略。人力资源战略包括酒店人力资源管理的原则、方针和目标，为人力资源管理工作提供指导。

(2) 职务编制。职务编制包括酒店的组织结构、岗位设置、职务资格要求等。

(3) 员工配置。员工配置包括酒店每个职务的员工数量、职务变动以及职位空缺数量等。

(4) 员工晋升。员工晋升实质上是酒店晋升政策的一种表达方式，如员工晋升到上一级职务的平均年限和晋升比例，一般用指标来表达。

(5) 员工需求。员工需求应阐明需求的职务名称、员工数量、希望到岗时间等内容。

(6) 员工供给。员工供给应明确员工供给的方式（外部招聘、内部招聘等）、员工内部流动政策、员工外部流动政策、员工获取途径和获取实施计划等内容。

(7) 教育培训。教育培训包括教育培训需求、培训内容、培训形式、培训考核等内容。

(8) 工资。工资应结合酒店所在地区的经济发展水平、物价指数水平，以及最低工资限额和员工配置计划、员工晋升计划来制订。

(9) 人力资源投资预算。人力资源投资预算是上述各项计划的总费用预算。

（三）制订人力资源计划的步骤

制订人力资源计划的步骤如下。

(1) 要根据酒店的组织结构和未来经营趋势，对酒店所需人力资源进行需求预测。

(2) 分析酒店内外人力资源的供给情况，进行人力资源的供给预测。

(3) 对需求预测和供应预测进行分析，确定酒店对人力资源的实际需要，从而制订出一个具体的人力资源计划。

(4) 对计划实施进行跟踪、监督和调整，以正确引导当前和未来的人才需求，并与其他计划相衔接。具体工作程序如图 5-1 所示。

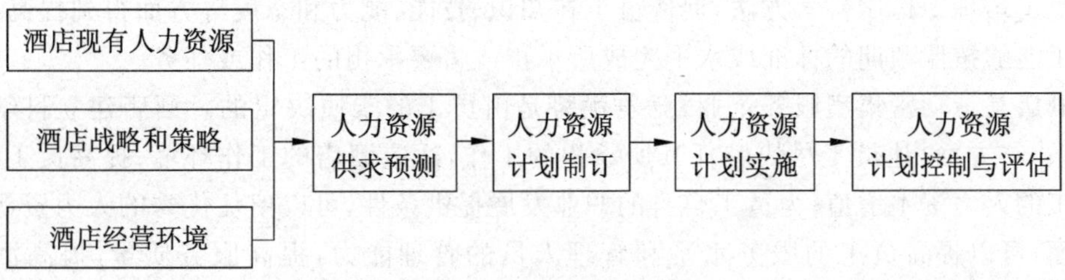

图 5-1　人力资源规划程序图

二、人员招聘

招聘是指酒店根据经营目标和相关政策，依据人力资源计划和工作分析的结论，结合酒店的经营状况，补充酒店空缺职位的过程。员工招聘工作主要由招募、选择、录用、评估等一系列活动构成。

（一）职位分析

职位分析即根据酒店工作的实际情况，对酒店各项工作的内容、特征、规范、要求、流程作出规定，明确完成此工作对员工的素质、知识、技能的要求。其目的是研究酒店中每个职位是做什么工作的；明确这些职位对员工有什么具体的从业要求，以此判断应聘者是否符合该项工作的要求。

（二）招聘方式

1. 内部招聘

内部招聘包括内部晋升和转换岗位。内部晋升是指将有才能的员工提拔到更高层级的职位上，不仅可以满足酒店经营的需要，还可以对员工起到激励的作用，但要做到任人唯贤。转换岗位是指员工的职务等级和待遇不变，仅工作岗位变换。有的是为酒店经营的需要，也有的是为有效地发挥员工的积极性。

2. 外部招聘

在酒店新开业或扩建、增设新的服务项目等情况下，需要从外部招聘员工，可以通过媒体广告、职业介绍所、人才交流会等渠道向外界招聘。

从应聘人员中选择最佳候选人，选拔流程有：求职申请表、面试、测试、体格检查等。综合评定各种考核和测验的结果，严格挑选出符合酒店岗位要求的人员名单，并与入选者商议确定工资、待遇，通过审查批准，确定正式录用。酒店正式录用的标志是签订劳动合同。劳动合同是确立劳动关系的法律文书，也是员工与酒店之间形成劳动关系的基本形式。

三、员工培训

员工培训即运用科学方法，促使员工在知识、技能、能力和态度等方面得到提高，以保证员工能够按照预期的标准或水平完成所承担或将要承担的工作或任务。

酒店是劳动密集型服务企业，竞争优势是由员工的素质决定的。酒店建立科学的培训体系，一方面，让员工尽快胜任其所承担的工作，适应酒店的工作环境；提高员工素质，使员工的人力资本增值；为员工自身的职业发展提供条件，可以留住优秀的人力资源。另一方面，可以提高员工的服务水平和管理人员的管理能力，提高服务质量，提高酒店竞争力。

因此，酒店必须对员工进行经常的培训。通常对操作层的员工侧重于技能方面的培训，对管理者则侧重分析问题、解决问题的能力方面的培训。培训可以是在职培训，也可以是脱产学习，培训方式可以是店内培训、外出进修、考察等，培训为员工提供了发展的机会。

四、绩效考核

绩效考核是酒店人力资源管理部门根据设定的目标和标准，对员工完成工作目标或执行酒店各项规定的实际状况进行考察、评估，是奖惩的依据。酒店应建立科学的绩效考核体系，并根据酒店的发展进行合理的调整，以适应酒店内外环境的变化。科学合理的考核体系给员工指明努力的方向，提高酒店的工作效率，从而有助于实现酒店的经营目标。

五、薪酬管理

薪酬管理是酒店人力资源管理的重要内容。薪酬是酒店给予员工的各种财务报酬，包括直接报酬（工资、奖金）和间接报酬（集体福利、补助、带薪假期、保险等）。这项工作的范围很广，包括确定工资级别和水平、福利与其他待遇的制定、各种补贴的发放、奖励和惩罚的标准与实施，以及工资的测算方法（如岗位工资、计件工资或绩效工资）等。

薪酬是员工生活的保障，同时还是员工社会地位、资历及自身价值的具体体现，它直接影响员工的工作积极性的调动与发挥的程度，甚至在很多员工看来，没有比薪酬福利更重要的问题了。所以，酒店应根据国家法律法规、社会收入水平、职位的相对价值、劳动力市场供求、酒店财务状况及员工绩效考核情况选择适当的工资形式，实行合理的薪酬管理制度，提高员工满意度，激励员工努力工作。

六、沟通与激励

沟通是指通过召开会议等形式将有关信息传达给员工，安排一定的方式使员工能对公司决策有所贡献（如提出建议方案）。沟通的方式有口头沟通、书面沟通、电话沟通、非语言沟通、电子媒介沟通等，在特定环境中，协商也可归入此类活动。沟通有利于协助酒店各部门之间、员工与领导之间交换信息、传达思想、增进理解，通过沟通可以增强酒店的凝聚力。在管理中，沟通起到非常重要的作用。

激励是指激发人的动机，使人产生内在的驱动力，并朝着一定的组织目标行动的心理活动过程，或者说是调动人的积极性的过程。

合理有效地对员工实施激励，调动员工的积极性、主动性和创造性是企业发展的重要保证。酒店人力资源管理的目标是：①通过具体分析，有针对性地设置目标，引导员工的行为方向，把酒店的目标与员工的需求有机地结合起来，帮助员工通过努力工作实现这一目标；②通过有效的激励措施，转化员工的行为，释放每一位员工的潜能，使其作出最佳的表现。在激励中要注意两点：一是激励只有满足员工内心的需求，才会有较好的效果。由于每位员工的需求不同，因此一本证书、一天假期、一本好书、一张音乐会票、一张球票、一次讲座、一次出游等，只要给对了人，都能取得理想的激励效果；二是激励要以正面激励为主，当然也不排除恰当的批评和处罚。

常见的激励方式有需要激励、目标激励、内在激励、形象激励、荣誉激励、兴趣激励、参与激励、情感激励、榜样激励、惩罚激励等。总之,要使激励取得较好的效果,一方面要采取多种激励方式,另一方面也要力求做到公平、公正、适度、及时等。

工作任务三　我国酒店人力资源管理的现状

随着我国经济的不断发展、人们生活水平的逐步提高、生活品质的不断提高,我国酒店业的发展也进入了一个新的阶段,我国酒店已经拥有先进的设施和设备,但服务质量与人们的生活需求不符,其中一个重要的原因就是人力资源的贫乏,尤其是专业的酒店管理人才,正是因为酒店的软实力制约了酒店的服务提升,使国内酒店和国际酒店在服务和理念上有一定的差距。

一、我国酒店人力资源管理存在的问题

(一)酒店职业管理人员短缺

近二十年来,我国酒店业发展迅速,星级酒店规模越来越大,由于培养酒店管理人才的大专院校人才培养不足,专业酒店管理人才严重短缺。

(二)重视程度不够,人力资源管理与酒店发展战略脱节

大多数酒店经营者认为,人力资源管理属于后勤管理,只要做强做大酒店就能可持续发展。一旦经营收入出现平稳或略跌、成本过高的现象出现,那么酒店经营者首先会考虑人力资源的成本问题,以控制人力资源成本来解决酒店整体成本过高的问题,而忽略了企业中"以人为本"的重要性。

(三)酒店从业人员层次低,人才流失现象严重

酒店业属于劳动密集型产业,作为服务性行业,酒店对服务人员需求量大。酒店从业人员的知识结构和整体素质偏低,特别是餐饮服务员和客房服务员。有关资料显示,目前我国酒店业从业人员中大专以上学历仅占总数的11.2%,餐饮从业人员的学历比平均水平要低6.2%,初中及以下学历者约占总数人数的24%;高中学历的约占总人数的71%;大专学历(包括进修取得的学历)的占总人数的4.66%;本科学历占总人数的0.34%。从以上数据可知,我国从事酒店行业的人员学历普遍偏低,学历结构不合理,与信息社会极不相符。由于当前酒店劳动力市场资源相对不足,各大酒店重点争夺一些高学历、年纪轻、酒店从业经验比较丰富的管理型、技能型员工,致使人才频频跳槽,严重影响酒店服务质量。

(四)薪酬管理与激励机制不完善

大多数酒店的薪酬管理与激励机制都没有发挥真正的效用,酒店可以自己决定薪酬待遇,并将薪酬与绩效挂钩,但酒店管理者不重视基础管理工作,没有经过岗位分析和岗

位评估，薪酬的发放随意性强，严重挫伤了员工的积极性。当员工发现薪酬与自己的预期出现差距时，对其激励不到位，导致许多酒店即使是高薪聘请也因为使用不当而留不住。

（五）酒店人才培训机制不完善

人力资源管理导向上的“重使用，轻培养”反映在酒店中就是缺乏一套有效的建立在培训与发展基础上的人才培养机制。我国许多酒店为减少培训成本，只对基层员工进行简单的岗前培训，没有让基层员工对培训引起重视，导致员工消极被动地接受培训。培训可以让新进员工、在岗老员工了解工作要求，增强责任感，减少客人的投诉，以及减低员工的流动率，从而保证服务质量，保持工作的高效率。而酒店的现有培训内容大多数陈旧、缺乏针对性，且形式单一。对员工进行培训时，多以理论为主，缺乏实用性，很难调动员工的积极性，难以达到预期的效果。

（六）酒店文化建设薄弱

每个酒店均有独特的文化内涵。如万豪、假日等世界著名酒店集团，均有自己的企业文化，这种文化孕育了酒店的经营理念、方法、手段，而我国大部分酒店还没有形成自己独特的企业文化，进而不能形成强烈的文化凝聚力，员工没有积极性，最后选择离开原有酒店，选择更适合自己发展的酒店。

（七）缺乏对员工职业生涯的设计管理

酒店人力资源管理部门和管理人员有责任鼓励和关心酒店员工的个人发展，帮助其制订个人发展计划，并及时进行监督和考察。这样做有利于酒店的发展，使员工有归属感，从而最大限度地调动员工的工作积极性，提高酒店的经济效益。但是在酒店内部，大多数的员工并没有对自己的职业生涯进行明确的设计，这也是造成酒店员工流失的一个原因。与此同时，酒店人力资源管理部门对员工职业生涯设计与管理也很乏力，酒店并没有形成一套完整的制度来保证这项工作的实施。我国酒店大多都存在员工晋升的“天花板”，没有把员工晋升所具备的条件进行量化，使得很多员工没有工作目标、缺乏工作动力。很多员工在某一层级供职多年，工作业绩优秀，但一直没有得到晋升，使员工的工作积极性受挫，从而以跳槽的方式来实现自己的理想。

二、新形势下酒店人力资源管理的对策

（一）制订合理的员工招收计划

酒店员工的招收包括招工和招聘，是管理者根据酒店的人力资源管理计划、酒店的经营目标和运转需要，按国家现行的劳动人事制度，制定出一整套程序以择优录用最适合担任某项工作的人选。我国酒店业从业人员的素质普遍偏低，影响了行业的进一步发展。要从招收源头上解决这一问题，就要制订合理的员工招收计划并严格执行。酒店应该按照自身发展的需要，实施人才战略，在制定招收标准时应该适当提高员工文化素质标准，以适应酒店进一步发展的需要。同时也可以接受相关院校的学生实习，这样可以给酒店

提供一个选择人才的平台,为酒店补充新的血液。

(二)建立合理、可行、有效的培训制度

员工培训是指通过一定的科学方法,促使员工在知识、技能、能力和态度四个方面的行为方式得到提高,以保证员工能够按照预期的标准或水平完成所承担的或将要承担的工作或任务。员工培训无论对酒店还是对员工都大有益处,通过培训可以提高员工的文化技术素质,提高服务质量,降低损耗的劳动力成本,同时也为员工提供新的发展机会。所以,不能把重视培训停留在口头上,而是应该切实地重视起来,建立合理可行的培训制度。管理者应该通过工作评估、客人反映等多种渠道,采用观察员工的工作状况、问卷调查、面谈等方法,找到工作中的现存问题,从而确定员工的培训需求,管理者应根据酒店员工的培训需求制订相应的培训计划。

(三)运用科学方法解决员工高流动性的问题

酒店从业人员的高流动性,在一定程度上制约了我国酒店业的进一步发展。从长远的角度来说,必须解决这一问题,使酒店从业人员的流动性保持在一个适当的范围。因此,酒店管理者必须纠正员工对服务业的认识偏差。要使员工树立为客人提供服务是一种高尚的有价值的行为的意识,从事服务业并不是低人一等。同时,酒店管理者应该树立以人为本的理念,正确认识员工。员工首先是自然人和社会人,他们有自然人的基本需求,同时也要得到社会的认同和尊重,最后员工才是职业人,是酒店的员工,应适应酒店的需求,具有酒店人的职业习惯和特点。只有正确地认识员工,树立"客人至上,员工第一"的管理理念,针对员工的特点,通过培训教育,才能使员工成为"为绅士和淑女服务的绅士和淑女",提升职业自豪感。此外,应按员工的工作表现、工作业绩,公平地给予培训、晋升、发展的机会,让他们觉得工作有前途、内心有动力。

(四)建立和健全考核奖惩体系

酒店应建立科学的奖惩考核体系,并根据酒店的发展进行合理的调整,以适应酒店内外环境的变化。考核是对员工完成工作目标或是执行酒店各项规定的实际情况进行考察、评估,是奖惩的依据。应该建立一种所有员工参与考核的机制,在每个考核周期,给每一位员工一张制定好的问卷表,让其对本部门的工作情况、员工工作积极性进行评估,人力资源管理部门结合其他的资料对员工进行综合评价,尽可能地调动员工的参与积极性,让每一位员工都参与到考核中来。

(五)对员工进行职业生涯设计管理

酒店新进员工往往处于职业探索阶段,对所从事的职业缺乏客观的认识。对此,酒店应为每一位员工设计职业发展规划。具体来说,酒店应建立科学的绩效评估制度,了解员工现有的才能、特长与绩效,评估他们的各项潜能;帮助他们设置合理的职业目标,并提供必要的职业发展信息;建立必要的沟通制度,使双方的期望达到统一,并帮助工作满意度低的员工纠正偏差。同时,接受员工的申诉,以避免由于种种原因而压制员工的不良现象。这样的职业生涯发展规划一定会受到员工的欢迎。

总之,我国酒店业正在面临严峻的经济形势以及国外知名酒店强有力的竞争,要在机遇与挑战并存的环境下得到长足的发展,就必须改革和完善酒店人力资源管理制度,打造一支优秀的员工队伍,提高酒店竞争力。

工作任务四　酒店人力资源管理实务

酒店人力资源管理六大模块,是通过模块划分的方式对酒店人力资源管理工作所涵盖的内容进行的一种总结。具体是指人力资源规划、招聘与配置、培训与开发、绩效管理、薪酬福利管理、劳动关系管理,如图 5-2 所示。

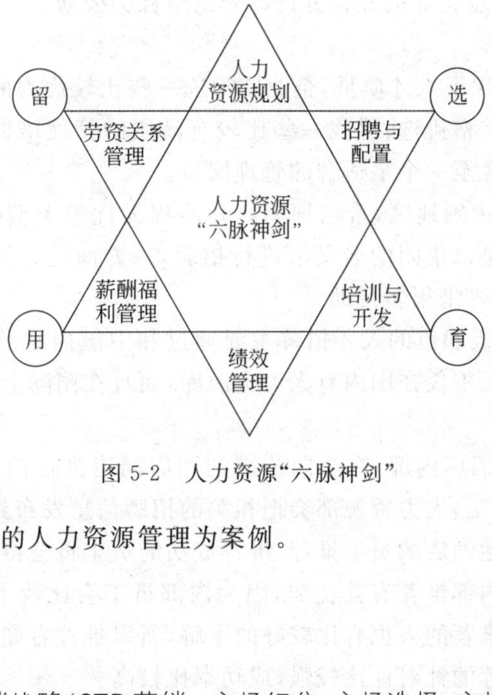

图 5-2　人力资源“六脉神剑”

具体以希尔顿酒店的人力资源管理为案例。

一、规划

(一) 目标市场营销战略(STP 营销:市场细分、市场选择、市场定位)

(1) 机场酒店:普遍坐落在离机场跑道只有几分钟车程的地方。

(2) 商务酒店:拥有高质量服务及特设娱乐消遣项目的商务酒店是希尔顿酒店旗下的主要产品。

(3) 会议酒店:承办各种规格的会议、会晤及展览、论坛等。

(4) 全套间酒店:适合长住型客人,每一套间有两间房,并有大屏幕电视、收音机、微波炉、冰箱等。起居室有沙发床,卧室附带宽敞的卫生间,每天早上供应早餐,晚上供应饮料,还为商务客人免费提供商务中心服务。全套间酒店的一个套间有两间房间,然而收费却相当于一间房间的价格。

(5) 度假区酒店:人们在这里放松、休养、调整,同时也可以享受这里的各种娱乐设施。

(6) 希尔顿假日俱乐部：为其会员提供多种便利及服务。

(7) 希尔顿花园酒店(Hilton Garden Inn)：目标市场是新近异军突起的中产阶级客人,市场定位是"四星的酒店,三星的价格"。

(二) 人力资源目标

1. 企业内部

力求达到企业内部员工的团结与合作,消除企业内耗,取得上下左右及各层次关系的充分和谐。

2. 企业外部

要充分取得客户的信赖,提高员工的道德修养和文化素质,培养其主人翁意识,在新产品推出时要抓住时机将企业的经营方针等介绍给社会公众。

3. 人才招募

(1) 校园招聘。为保证人才质量,企业应筛选一些比较优秀的院校、对口的专业进行合作,并且对学生进行严格挑选;寻找一些比较有潜质的管理培训生,在酒店各部门进行轮岗,最后通过考核推送至一个最适合的管理岗位。

(2) 网络招聘。在中国地区,希尔顿酒店和前程无忧等大型招聘网站都有比较好的合作关系,而且通常都是以集团的名义来进行招聘,一方面是为提升酒店的形象,另一方面对每个酒店的操作会带来很多帮助。

(3) 猎头公司。高级职位的人才招募主要通过和中国内地及海外的7～8家专业猎头公司的合作,这些公司不仅在国内有人力资源库,而且在国际上都有比较全面的候选人资料。

(4) 内部推荐。在酒店内部,在全国范围的酒店网络进行内部推荐。比如北京希尔顿酒店需要招聘一个员工,人力资源部会把相关的招聘信息发布到国内的姐妹酒店,鼓励员工应聘,也可以由其他酒店的员工推荐,推荐成功的员工将会得到相应的奖励。

相对于网络招聘,内部推荐有其优势,因为内部员工会比较了解酒店的文化、岗位的需求和要求,对于他所推荐的人也有比较好的了解,所以推荐者能更加适合这两方面的要求。相对来说,内部推荐的针对性比较强,成功率比较高。

(5) 内部招聘。希尔顿的企业文化要求"尊重并信任每一个人""共同发展分享成功"。只要你工作努力,就有机会获得提升。所有员工都有机会去应聘希尔顿酒店内的任何一个职位。希尔顿庞大的人才库掌握着有3000多人的"关键人物名单"。通过内部应聘提拔,可以满足5%新增职位的需求。

(6) 内部提升。希尔顿的总经理、高级管理人员都是从内部选拔提升的,总监级及以上的管理者,集团都会从希尔顿全球人才库中选拔最优秀、最适合的人员调配到相应的酒店。

4. 人才选拔标准

(1) 注重人际沟通,因为酒店是服务性行业,人际沟通能力显得尤为重要,所以这也成为首选的能力考核标准。

(2) 注重成果,即注重企业的服务业绩、产出业绩,包括通过有效安全的工作来控制浪费、不影响服务质量的前提下降低成本、在可接受的成本许可下增加更多收入的机会等,都是考核员工的标准。

(3) 关注客户和质量,要求员工注重各方面的细节,达到酒店品牌的服务标准。只有那些真诚愿意为客人服务、有比较优秀的个人品质的人才可以达到要求。

二、组织

(一) 培训与开发

1. 新员工

(1) 基层员工:参加一项 4 小时的优质服务培训课程(掌握对客人服务的基本技能)。

(2) 管理层员工:参加 40 个小时的培训,这 40 个小时不仅培训经理人掌握对客人服务的基本技能,而且教给他们鼓励下属完善服务的方法。

2. 配备部门培训负责人

具体培训工作包括:岗位技能培训(60 天之内完成)、企业文化培训、产品知识培训、员工沟通能力培训。

(二) 希尔顿内部大学

希尔顿内部拥有一个 Hilton University(希尔顿大学),提供 1000 多门网上课程,覆盖很多方面,包括人力资源、财务、市场销售、营运等,每个部门都有针对自己部门的培训。还有一些常规性培训,包括沟通能力、协调能力、谈判能力、组织发展管理等,员工可以根据自己的兴趣爱好、发展要求来选择他们所要学的课程。酒店的培训部门会专门根据希尔顿的要求和特质要求员工上一些必修课,辅助他们做整体职业规划,并且跟进以确保他们能达到要求。

网上课程的设计非常精巧,与传统的课堂教学非常相似,有真人发音、互动提问、游戏环节和考核。在考核结束后会有一个独立的成绩报告,用以检测学员的学习情况和学习成果。如果学员的成绩没有达到要求,我们会督促他重修,如果员工一直没能通过考核,可能会把他安排到一个更适合他的岗位。

三、领导

(一) 薪资与福利

1. 留才计划:希尔顿总部的 Talent Bank(人才银行)

希尔顿的留才计划是一个整体系统,涵盖招聘、薪资、培训等环节。希尔顿总部有一个信息不断更新的 Talent Bank(人才银行),每位酒店管理层(部门副经理及以上)的员工都会被列入人才名单,酒店会一直跟进这些员工的发展情况。如果有新的管理职位,除员工的内部应聘外,酒店会在人才名单里进行筛选,把最适合的员工安排到最适合的岗位上。酒店也会适时地与名单上的员工沟通，让他们清楚自己在酒店可能的职业发展，员工在酒店能找到自身的发展机会。

2. 员工关怀

(1) 几乎和所有的员工都签订无固定期限的劳动合同，让他们觉得劳动关系是受到保护的。

(2) 强调开放式的沟通，没有很强的等级观念。比如员工可以直呼总经理的英文名字，有助于给员工创造一个非常轻松的工作环境。

(3) 给员工提供舒适宽松的休息环境，配有计算机、电影院等娱乐、学习等设施。

(4) 拥有员工自己的委员会，包括娱乐委员会、员工福利委员会、节能委员会。酒店会定期为员工举办此类会议，届时总经理也会参加，员工会提出自己对福利的期望，如对员工餐厅的服务质量、住宿、娱乐设施等问题进行沟通和讨论，随后制定相应的跟进行动和计划。

(二) 完善的劳动关系

(1) 酒店不会无故解除与员工的劳动关系。

(2) 酒店拥有严格的管理体制，制定了员工手册，并对所有员工进行《劳动法》的专门培训。

(3) 酒店有严格的绩效考核。

四、控制

(一) 主要评分系统

(1) 性格评分。性格评分主要用于评价员工的个性，评分依据因素包括对企业的忠诚度、交流沟通能力、对主管的态度、团体工作能力、决策能力。

(2) 行为评分。行为评分是评价员工的行为而不是个性，如评估员工对客人的热情程度、是否乐于帮助客人、接受客人的小费是否会致谢等。

(3) 结果评分。根据性格评分和行为评分的情况进行最终的结果评分。

(二) 绩效评估

绩效评估包括同事评估、下属评估、自我评估、客人评估、360 度评估，坚持全面、科学、合理原则。

教学案例

越俎代庖的新任副总

江西某酒店工程部经理吕彬由于打造高效团队、营造愉悦氛围与创造出色业绩，升任酒店主管设备、安全与服务质量的副总经理。他的原助理赵军被提拔为工程部经理。由于吕彬对设备管理比较熟悉，他还是把主要精力放在工程部事务上，认为自己能够做得比现在的工程部经理更好,所以经常去工程部对一线操作工人进行指导,解决一些实际问题,或者直接下达任务,替代了现任工程部经理赵军的职责。时间长了,赵军就很少作决策,遇到需要抉择的事情时,都要请示吕彬。工程部员工的抱怨日益增多,因为要经常面临吕彬与赵军的直接指挥。上下级之间、员工之间的关系日趋紧张。

吕彬一边要处理工程部的具体事情,又要分管酒店其他的事情,忙得不亦乐乎。于是找到了刚从某著名大学 MBA 班学成归来、现主管人力资源的副总李凌,以寻求解决问题的策略。在李凌的总体协调下,制订了具体的解决方案。首先,重新安排吕彬每天的工作时间,按照工作的流程与重要性进行时间分配。吕彬应尽量控制自己不去酒店工程部。在去之前,首先,问自己:我为什么要去?我必须去吗?需要解决的事情是否属于自己的职责范畴?其次,帮助现在的工程部经理赵军重新明确职责。以后凡是工程部的任务,即使需要吕彬协助解决,也由赵军下达命令。最后,吕彬应充实安全管理与服务质量管理的专业知识,以便更好地发挥自己的作用。经过一段时间的努力,吕彬基本上从工程部的日常事务中脱离出来,也有更多的时间处理其他更为重要的事宜。赵军慢慢地胜任了自己的本职工作,工程部有了更多的欢声笑语。

案例中的新任副总对接替自己的工程部经理不信任,很多工作不敢放手让他去做,想授权又不敢授权,有时候即使授了权,也经常插手,时间长了严重打击了接替者的积极性,使他对自己的能力产生了怀疑。没有权力就不愿意承担责任,于是责任又回到了吕彬的身上。此外,直接对工程部一线员工下达任务,越俎代庖,相当于剥夺了现任工程部经理的权力,工程部的一线员工受到多头领导,不知道该听谁的,工作积极性会受到严重影响。在李凌的协助下,吕彬与其下级管理人员明确了各自的权限,共同承担了解决问题的责任,最终顺利解决了由其管理不当造成的问题,使工程部恢复了往日的高效合作与愉快工作的氛围。

模块二　酒店财务管理

任务导入

调查本地两家合作酒店,初步比较其财务管理过程中的区别、优势及存在的问题。

工作任务一　酒店财务管理概述

一、酒店财务管理的概念

酒店财务管理就是根据客观经济规律和国家政策,通过对酒店资金的形成、分配、使用、回收过程的管理,利用货币价值形成对酒店经营业务活动综合性的管理。

二、酒店财务管理的内容

酒店的财务活动表现为酒店再生产过程中周而复始、循环往复的资金运动。酒店资金运动从经济内容上观察，可以划分为投资活动、筹资活动和股利分配活动等环节，因此，酒店财务管理的基本内容包括酒店投资决策、筹资决策、股利分配决策等。

（一）投资决策

投资是酒店为获取经济资源的增值而将其货币投放于各种资产形态上的经济行为。依据投资的形式可将投资划分为实物投资与金融投资。实物投资是对酒店生产经营实际应用的实物资产进行的投资，如购置与更新设备，兼并企业进行生产经营规模的扩充，对新的投资项目进行的投资，由于酒店经营规模的扩充对营运资本进行的投资等；金融投资是对金融性资产所进行的投资，如购买股票、债券等。在现代经济中，酒店业大部分投资都属于金融投资。

（二）筹资决策

投资决策一经作出，财务人员必须为筹集投资所需资金而进行筹资决策。筹资是为满足酒店对于资金的需要而筹措和集中资金的经济行为。筹资决策的核心问题是确定酒店的资本结构，即确定酒店的资产负债率、酒店的股权结构等；其次则是筹资方式的选择，不同的筹资方式具有不同的特点，对酒店企业的影响也不一样。通常酒店在筹集资本时，会有多种筹资方式可供选择，不同的筹资方式会导致酒店的财务风险程度、资本成本水平等多方面的不同。因此，财务管理人员必须在清楚每一种筹资方式特点的基础上，结合酒店自身的特点，作出合理的抉择，使酒店获得代价最低的资本或资金来源。

（三）股利分配决策

股利分配决策是确定酒店当年实现的税后净利在股东股利和酒店留存收益之间的分配比例，即制定酒店的股利政策。由于留存收益是酒店的筹资渠道，因此，股利分配决策实质上是筹资决策的延伸。股利分配决策通常涉及下列问题：采取怎样的股利分配政策才是酒店的最佳选择？酒店应采取怎样的股利分配形式？是派发股票股利还是现金股利？酒店应对股东分配现金股利的比例有多大？对于这些问题的回答，理财人员应根据酒店的实际情况，以增加酒店价值为出发点，作出合理的选择。

三、酒店的财务关系

酒店的财务关系，就是酒店在资金活动中与各有关方面发生的经济关系。

（一）酒店与投资者和受资者之间的财务关系

酒店从不同的投资者那里筹集资金，进行生产经营活动，并将所实现的利润按各投资者的出资额进行分配。酒店还可将自身的法人财产向其他单位投资，这些被投资单位即为受资者，受资者应向酒店分配投资收益。酒店与投资者、受资者的关系，即投资同分享投资收益的关系，在性质上属于所有权关系。处理这种财务关系必须维护投资、受资各方的合法权益。

（二）酒店与债权人、债务人和往来客户之间的财务关系

酒店由于购买材料、销售产品的需求，要与购销客户发生货款收支结算关系，在购销活动中由于延期收付款项要与有关单位发生商业信用——应收账款和应付账款。当酒店资金不足或资金闲置时，则要向银行借款、发行债券或购买其他单位债券。业务往来中的收支结算，要及时收付货款，以免相互占用资金。无论由于何种原因，一旦形成债权债务关系，则债务人不仅要还本，而且要付息。酒店与债权人、债务人、购销客户的关系，在性质上属于债权关系、合同义务关系。处理这种财务关系，也必须按有关各方的权利和义务，保障有关各方的权益。

（三）酒店与税务机关之间的财务关系

酒店应按照国家税法相关规定缴纳各种税款，包括所得税、流转税和计入成本的税金。国家以社会管理者的身份向一切企业征收有关税金，这些税金是国家财政收入的主要来源。及时、足额地纳税，是生产经营者对国家应尽的义务，酒店必须认真履行此项义务。

（四）酒店内部各部门之间的财务关系

一般来说，酒店内部各部门与酒店财务部门之间都要发生领款、报销、代收、代付的收支结算关系。处理这种财务关系，要严格分清有关各部门的经济责任，以便有效地发挥激励机制和约束机制的作用。

（五）酒店与员工之间的财务关系

酒店要用自身的营业收入，按照员工提供的劳动数量和质量向员工支付工资、津贴、奖金等。这种酒店与员工之间的结算关系，体现着员工个人和集体在劳动成果上的分配关系。处理这种财务关系，要正确地执行有关分配政策。

四、酒店财务管理的基本职能

财务管理的基本职能是财务决策。决策是管理工作的核心，复杂多变的市场经济要求酒店财务管理能够预测市场需求和酒店环境的变化，针对种种不确定的经济因素，及时作出科学有效的决策。因此，酒店财务主管人员的主要精力要放在财务决策上。在这个前提下，财务管理还具有组织、监督和调节的具体职能，即组织酒店资金运作，监督酒店资金运作按照酒店目标和国家法令运行，及时调节资金运作及资金运作中各方面的关系。财务决策这一基本职能统率各项具体职能，各项具体职能归根到底是为财务决策服务的。

五、酒店财务管理的特点

作为酒店价值管理的财务管理，其基本原理和方法与其他行业的财务管理没有本质上的差别。但是，作为综合性服务企业的酒店企业本身所具有的与其他行业企业不同的经营特点，决定了酒店财务管理又有其自身的特点。酒店财务管理的特点主要体现在以下四个方面。

（一）现金流量的季节性

旅游产品需求的季节性导致了酒店现金流入和流出的季节性，在年度的某一特定时期（如旅游旺季），酒店会有大量的现金余额可用于投资；而到了淡季，酒店如果没有足够的现金来支付应付的款项和其他支出的话，酒店将会面临严重的现金流问题。

（二）涉外业务的风险性

与规模相当的其他行业内的公司（如制造企业）相比，大部分涉外酒店的经营活动更容易受外汇汇率变化的影响。任何一个涉外酒店，要想提高其盈利水平，就必须对外汇汇率变动带来的风险有正确的认识，并适当地对其进行管理。

（三）内部控制的严密性

内部控制适用于各行各业，但酒店业尤其需要极为完善、严密的内部控制，其原因主要如下。

（1）酒店属于与客人直接接触的服务行业，酒店员工的一举一动直接在客人的注视之下，直接影响酒店的声誉和业务。为在激烈的竞争中始终保持较高的服务质量和服务水准，酒店必须提高内部管理水平，实行完善的内部控制。

（2）随着酒店规模的不断扩大，营业项目日趋繁多，由此带来的收入和支出的环节也越来越多。要保证营业收入的安全、完整，保证营业支出的合理、正确，酒店也需要实行完善的内部控制。

不仅如此，酒店管理者深知，对于酒店内部的错弊行为，如果听之任之，采取容忍的态度，将会贻害无穷。即使是对一些小的错误、小的作弊、小的违法行为，如果不立即作出反应，不及时纠正或处理，也会很快腐蚀整个员工队伍，败坏酒店风气，损害酒店的声誉和形象。因此，酒店行业往往比其他任何行业都需要下功夫、花本钱来加强其内部控制。

（四）更新改造的紧迫性

酒店设施、设备新颖与否，对经营有很大的影响。因此，为适应酒店经营业务发展变化的需要，酒店需要对各项设施、设备经常进行装修、改造和更新，以保持酒店的全新状况，保证客人在任何时候购买的都是新的商品。

工作任务二　酒店成本费用管理

一、酒店成本费用概述

酒店成本费用是指酒店在一定时期内的接待经营过程中，为客人提供产品和劳务所发生的各项费用的总和，它是酒店经营耗费补偿的最低界限，是制定价格的基础，是酒店经营决策的重要依据。

从广义上来讲，酒店成本费用包括直接原材料的耗用支出和间接费用的支出；从狭义上来讲，酒店成本费用只指直接原材料的耗用支出，而间接费用的支出则被归入费用部分。

二、酒店成本费用的分类

根据酒店的特点，酒店成本费用分为营业成本和期间费用，具体如下。

（一）营业成本

营业成本是指酒店在经营过程中发生的各项直接支出，包括餐饮成本、商品成本、洗涤成本和其他成本。一般而言，营业项目少的酒店，其营业成本主要包括餐饮原材料成本和其他商品进价成本等。营业项目多的酒店，其营业成本还包括其他营业项目所耗费的原材料成本。

（二）期间费用

期间费用是指酒店在经营过程中为赚取某一会计期间的收入而发生的，与该会计期间的经营管理有关的费用。期间费用应从企业的营业收入中得到补偿。酒店的期间费用一般划分为如下几种。

(1) 营业费用又称销售费用，是指酒店各营业部门在经营过程中为组织和管理经营活动发生的各项费用，包括运输费、保管费、燃料费、广告宣传费、物料消耗、工作餐费、服装费等。

(2) 管理费用是指酒店行政管理部门为组织和管理经营活动而发生的费用，以及由酒店统一负担的费用，包括公司经费、工会经费、职工教育经费、劳动保险费、技术转让费等。

(3) 财务费用是指酒店在筹集活动中发生的费用，包括利息支出和汇兑损失等。

三、客房成本费用的控制

客房经营作为酒店经营的主要项目，其租金收入占整个酒店的50%左右甚至更多。

因此,加强客房营业费用的日常控制与管理,对降低整个酒店的费用支出具有重要的意义。

客房经营过程中发生的各项支出是通过营业费用进行核算的。客房营业费用的高低与客房出租率的高低有直接的关系。

客房出租率＝实际出租房间数或床位数÷可供出租房间数或床位数×100％

一般情况下,可供出租房间数或床位数是一个常量。酒店客房费用可以分为固定费用和变动费用两部分,固定费用总额不会随出租率的变化而变化,但从每间客房分担的固定费用来讲,则会随着出租率的提高而减少。变动费用却与此相反,变动费用总额会随着出租率的提高而增加,但每间客房的变动费用却是个常数。因此,控制客房费用的支出、降低消耗,需从两方面入手。

(1) 降低单位固定费用,其途径是提高客房出租率,通过出租数量的增加来降低每间客房分摊的固定费用。虽然出租率对于降低单位固定费用至关重要,也过分依赖降低价格来提高出租率,即使单位固定费用下降了,也有可能造成其他方面的支出增加,结果是得不偿失的。

(2) 控制单位变动费用,主要是按照客房消耗品标准费用(消耗品定额)控制单位变动费用支出。消耗定额是对可变费用进行控制的依据,必须按酒店的不同档次,制定消耗品的配备数量和配备规定。对一次性消耗品的配备数量,要按照客房的出租情况落实到每个岗位和个人,领班和服务员要按规定领用和分发各种消耗品,并做好登记,对费用控制好的班组和个人要给予奖励,对费用支出超出定额标准的班组和个人要寻找原因、分清责任。对于非一次性用品的消耗,要按酒店的档次和正常磨损的要求确定耗用量,尽量减少使用不当造成的损耗。

相关链接

加强酒店楼层成本控制的小方法

加强酒店楼层成本控制的小方法如下。

(1) 回收毛巾、拖鞋时应注意鞋边未开裂、鞋内未粘上客人袜子上的脱毛。

(2) 回收用过的洗发水、沐浴液、润肤露放于工作间,待每天的中班重新灌装。

(3) 回收未用完的牙膏,可作计划卫生时用。

(4) 住客房未动用的梳子、香皂、牙具等,还可继续使用时无须丢弃;连续住店客人干净的床上用品无须更换,卫生间的巾类如客人用后折叠挂好了的也无须更换。

(5) 住房客人需增加一次性用品时,先委婉拒绝,尽量不多给,若客人坚持,视情况而定。

(6) 空气清新剂等罐装用品领用时须以旧换新,每台车一套,由领班把好关,电池领用也要以旧换新。

(7) 该回收的报纸、纸盒、水瓶、易拉罐等不能丢弃;好的纸袋收集在工作间内备用。

(8) 做卫生时不得放长流水,随手关灯、关空调。不能用热水冲洗卫生间。

(9) 工作间及员工电梯口要人走灯关。

(10) 注意工作车、吸尘器的保养和正确使用,间接节约成本。

四、餐饮成本的控制

餐饮经营也是酒店经营的一大主要项目，而且这一经营项目降低成本费用的潜力相对于客房来讲是较大的，因为客房出租数量总是有限度的，而餐饮却不同，无论是就餐人次还是客人的消费水平，都比客房有更大的灵活性。因此，制定有效的餐饮成本管理制度，实行严格的成本控制，对于减少浪费、提高酒店经济效益具有重要作用。

餐饮的成本包括直接成本和费用两部分，下面从日常控制的角度分别介绍。

（一）餐饮直接成本的控制

对餐饮直接成本的控制要结合其成本形成的过程，实行全过程成本控制，将过程中的每一环节、环节之间的衔接点控制好，避免更多的成本泄露点的出现，为此需要按照全过程控制的思想注意以下六个环节的控制管理。

1. 采购环节的控制

采购环节控制是餐饮成本控制的第一步，采购合格的原材料将有助于更好地实现成本的控制目标。合格与否主要从原材料的数量、质量及价格来进行分析，为使成本控制更加有效，必须制定标准采购规格。

2. 验收入库环节的控制

首先，原料入库之前要由验收员和使用部门的人员共同对原料进行验货，防止不符合采购要求的原料入库，导致加工的制成品质量下降或成本上升。

其次，要认真实施验收，有关人员应具有高度的责任心和事业心，对采购原料的数量、质量、价格进行检验，验收员有权拒收不符合采购要求的货物。

3. 仓储环节的控制

原料入库后保管质量直接影响成本，因此做好仓储保管工作是餐饮成本控制的重要环节。仓储环节的日常控制主要是做好以下四点：①分类存放，防止原料串味、变潮，影响质量；②合理码放，贯彻物流的先进先出原则；③保质期控制，及时将这方面信息反馈到生产部门，以利于及时消化存放时间较久的原料；④安全保证，防止原料存放中的不安全事故的发生，减少损失和浪费。

4. 领发料环节的控制

领发料环节是控制原料出库的环节，也是餐饮成本控制的重要环节。在这一环节控制中要注意以下三方面：①严格实行领发料制度，领料单的签发要由厨师长签字，领完料后领料人和发料人也要签字；②对发出原料的计价要选择适当的方式，要按确定的方法正确核算发料成本；③对账面存货和实际存货进行比较分析，发现问题及时查找原因，加以解决。

5. 生产环节的控制

首先，制定实施标准菜谱（标准成本卡），这是制作食品菜肴的标准配方卡，上面标明每一种食品菜肴所需的各种原料、配料、调料的确切数量、制作成本、烹饪方法、售价等，以此作为控制成本的依据，如图5-3所示。标准菜谱的制定，有助于确定标准食品成本，有助于合理确定售价，有助于保证制作高质量食品的一致性。

<table>
<tr><td colspan="3">菜名：________
每份成本：________</td><td colspan="2">份数：________
预计售价：________</td><td colspan="2">日期：________
编号：________</td></tr>
<tr><td colspan="2">名称</td><td>单位</td><td>用量</td><td>净料价</td><td>成本额</td><td>备注</td></tr>
<tr><td>主料</td><td></td><td></td><td></td><td></td><td></td><td></td></tr>
<tr><td>配料</td><td></td><td></td><td></td><td></td><td></td><td></td></tr>
<tr><td>调料</td><td></td><td></td><td></td><td></td><td></td><td></td></tr>
<tr><td colspan="2">原料成本合计</td><td></td><td></td><td></td><td></td><td></td></tr>
<tr><td colspan="2">附加成本</td><td></td><td></td><td></td><td></td><td></td></tr>
<tr><td colspan="2">总成本合计</td><td></td><td></td><td></td><td></td><td></td></tr>
<tr><td colspan="2">售价</td><td></td><td></td><td></td><td></td><td></td></tr>
<tr><td colspan="2">成本率</td><td></td><td></td><td></td><td></td><td></td></tr>
<tr><td colspan="2">烹饪方法</td><td></td><td></td><td></td><td></td><td></td></tr>
</table>

图 5-3 标准菜谱配方

确定了标准成本后，将它与实际成本进行比较，如果实际成本超过标准成本，此差异表现为正数，即为不利差异；为负数，则为有利差异。发现差异后，要进一步分析形成差异的原因，提出改进措施，从而提高成本控制水平。

6. 楼面服务环节的控制

楼面服务环节的控制包括领发菜控制、进餐服务过程控制、收银环节控制等。

除饮食制品要依照其流经的环节实行严格的过程控制外，酒水的成本控制也是十分重要的，上述的过程控制原则及一些做法对酒水控制同样是适用的。酒水销售的成本较低，毛利率很高，一般可达60%～70%，正因为如此，也给酒水成本控制带来一定的难度。在酒水成本控制中，同样要使用标准酒水配方进行控制，并对调酒员、服务员进行严格培训，以降低成本。

（二）餐饮费用的控制

餐饮部的营业费用包括人工费、经营用品费、水电燃料费及其他费用。

人工费一般情况下是基本不变的，但是在有些情况下会发生变化，如旺季营业量大增，需雇用一些临时工，为此会增加开支，或不增加人数，而提高现有员工的服务强度、延长工时，会由于提高工资率而造成开支增大。为此，需确定合理的工时标准和工资率标准，依据淡旺季不同加以调整。

水电燃料费是餐饮费用的一大支出项目，要严格加以控制。由于接待业务量不同，水电燃料的开支也不同，因此要编制弹性费用预算，通过标准费用消耗额进行控制，具体内容可查询课外书籍。

餐饮费用控制的另一个重点是餐具的损耗。餐具是指供客人就餐时使用的碗、碟、杯、刀、叉、勺、筷子等。这些物品极易丢失和损坏，控制不好，会造成费用的大幅度上升。为降低损耗率，需要对这些物品实行管用相结合的办法，制定合理损耗率作为控制依据，因此要建立餐具损耗统计表，员工损坏餐具要如实填上，并按合理损耗率进行考核，对超过合理标准的，要予以相应的处罚；对控制损耗有突出贡献的，要依一定标准予以奖励，从而调动员工爱护餐具、降低损耗的积极性。

工作任务三 酒店收入与利润管理

一、酒店营业收入管理

（一）酒店营业收入的概念

酒店营业收入是指酒店按一定的价格，通过提供劳务货物出租、出售等方式取得的货币收入，包括房费收入、餐费收入、自销商品收入、代销商品手续费收入、会场及舞厅租金收入、宴会及风味餐收入、酒吧收入、洗衣收入、美容收入、汽车收入、其他经营收入等。

（二）酒店营业收入管理的特点及意义

酒店营业收入的管理是酒店内部管理的重要组成部分。酒店营业收入有其特殊性：①营业收入实现时，产生大量的现金及应收账款；②每天的营业收入量大，交易时间不断；③营业收入渠道多，品种杂，收银点分散；④各部门员工都有机会接触营业收入；⑤营业收入原始单据多，收入审核工作量大。因此，加强对酒店营业收入的管理与控制，使其能及时、准确地收回，对保证酒店资金的正常循环与周转、树立酒店形象、提高服务水准、增加酒店经营效率、实现利润目标，都具有极其重要的意义。

（三）酒店营业收入的控制

酒店营业收入的控制是指通过酒店各营业部门收入的发生、确认、计算、取得、汇总等一系列工作，对酒店全部收入实施管理控制的过程。营业收入控制的环节包括酒店总台接待、总台收银、餐厅服务、餐厅收银、娱乐服务、娱乐收银、商务中心、房务中心、商场、厨房、酒吧、收入夜审、收入日审等多个岗位。因此，要搞好酒店收入控制，必须明确各岗位的职责及权限，且协调统一，建立相应的收入控制制度，以便有条理地规范操作，从而实现收入控制过程的目标。

(1) 酒店对住店客人的信用消费，一般采用预付定金、入住期间全程消费签单、离店时一次结清账款的方法。因此，酒店应建立起与之相配套的管理办法和控制制度，如确定定金的核定额度、赊账的最高限额等。通过计算机收银系统，准确传递客人的消费信息，一旦住店客人赊账消费超过一定限额，计算机收银系统会自动显示停止该客户的赊账消费信息。收银员每日应至少两次查询超额赊账信息，通过口头和书面形式通知客人补交定金，并告知酒店赊账限额及将采取的措施。

(2) 应收账款是酒店已实现的营业收入但款项尚未收回的赊销部分。通过提供商业信用而实现赊销营业收入，是酒店营销的策略之一，目的是扩大市场占有率、稳定客源、增加消费，最终提高营业收入。但因酒店提供商业信用，产生应收账款，给酒店现金回收带来极大的风险,故加强应收账款的内部管理,制定合理的信用政策,确保赊销收入的及时回收,防止坏账损失的发生,是酒店收入控制的重点和难点。因此,应建立一套应收账款的详细控制方法。

其具体方法:①要建立信用期限、现金折扣、信用标准、收款方针等在内的信用政策,信用政策的松紧直接影响企业的销售政策,也决定了应收账款的大小;②要随时对应收账款进行检查分析。

(3) 设立收入稽核岗位,层层审核、层层把关营业收入。其中,夜审员的主要工作目标是确保营业收入中的各种账单准确无误。日审员则是在夜审员的工作基础上,对前一天的营业收入进一步进行全面的检查稽核,同时负责账单、发票的保管与发放,对使用过的账单、发票存根进行核对、销号及保管等工作。

二、酒店利润管理

(一) 酒店利润的概念与构成

1. 酒店利润的功能

酒店利润是指由正常业务活动所取得的利润,酒店生产经营的主要目的就是获利,如果利润为负数,说明企业的经营是亏损的。因此,酒店在经营过程中需要在一定投入总量和结构的前提下,尽量对外提供自己的产品和服务,扩大主营业务收入,并减少成本费用开支,最大限度地获取利润。同时,利润也是酒店进行分配的基础。酒店需要依法纳税,然后将当期实现的税后净利润按规定提取盈余公积金和公益金,以满足酒店扩大再生产的需要和职工集体福利的需要,并按投资者的投资比例分配利润。

2. 酒店的利润类型

(1) 主营业务利润。主营业务利润由主营业务收入、主营业务成本、主营业务税金及附加构成,计算公式为

主营业务利润=主营业务收入-主营业务成本-主营业务税金及附加

其中,主营业务收入是指酒店在业务经营过程中由于提供劳务和销售商品等所取得的收入,包括客房收入、餐饮收入、娱乐收入、商品销售收入、商务中心收入和其他业务收入等。酒店必须尽可能减少客房闲置,提高出租率,以增加客房收入。各个餐厅也尽量多地销售制作出来的菜肴,提高食品销售收入,降低各种原材料耗费。

主营业务成本是指在经营过程中发生的各项支出,包括直接材料、商品进价和其他直接费用。从理论上讲,经营过程中发生的人工费用应该计入主营业务成本,但是由于酒店业主要是以提供服务为主,而服务是综合性的,没有一个较为合理的分摊标准或分配依据,不便于直接将人工费用对象化,因此人工费用直接计入营业费用。

主营业务税金及附加是酒店主营业务应负担的流转税,包括增值税、城市维护建设税及教育费附加等。酒店、餐馆、理发、浴池、照相、洗染、修理等企业应缴纳增值税。

(2) 营业利润。在计算主营业务利润的基础上,酒店要计算营业利润。营业利润是指酒店在一定时期内从事经营活动取得的利润,是主营业务利润加上其他业务利润,减去营业费用、管理费用和财务费用后的金额。用公式表示如下:

营业利润＝主营业务利润＋其他业务利润－营业费用－管理费用－财务费用

酒店业的期间费用包括营业费用、管理费用和财务费用。

营业费用是指营业部门为进行业务经营而发生的各种费用，包括运输费、装卸费、包装费、广告费、差旅费、折旧费等。

管理费用是指酒店为组织和管理企业生产经营所发生的各项费用，以及由酒店统一负担的费用，包括行政管理部门在经营管理过程中发生的或应由企业负担的公司经费(指行政管理部门人员工资、福利费、差旅费等)、职工教育经费、失业保险费、土地使用费等。

财务费用是指酒店为筹集生产经营所需资金而发生的费用，包括利息净支出、汇兑损失以及相关的手续费等。

(3) 利润总额。酒店不仅向客人提供住宿、餐饮、康乐等服务，而且要进行对外投资等其他业务活动。在计算各营业部门经营成果的基础上，酒店还需要计算整个酒店的经营成果，即利润总额。利润总额又称税前利润，是指营业利润加上投资收益、补贴收入、营业外收入，减去营业外支出后的余额。用公式表示即：

利润总额＝营业利润＋投资收益＋补贴收入＋营业外收支净额

其中，投资收益是指企业对外投资所取得的收益，减去发生的投资损失和计提的投资减值准备后的净额；补贴收入是指企业按规定实际收到退还的增值税，以及属于国家财政扶持的领域而给予的其他形势的补贴等。

营业外收入和营业外支出，是指企业发生的与其生产经营活动无直接关系的各项收入和各项支出。营业外收入包括固定资产盘盈、处置固定资产净收益、罚款净收入等，营业外支出包括固定资产盘亏、处置固定资产净损失、罚款支出、捐赠支出等。

营业外收入和营业外支出应当分别核算，并在利润表中分列项目反映。营业外收入和营业外支出还应当按照具体收入和支出设置明细项目，进行明细核算。

(4) 净利润是指利润总额减去所得税后的金额。用公式表示即：

净利润＝利润总额－所得税

酒店在经营活动过程中要按照税法规定缴纳各种税金，主要包括增值税、城市维护建设税、所得税、土地使用税、印花税等。所得税是指国家对企业或个人的各种所得按规定税率征收的税款。酒店的经营所得和其他所得，依照有关所得税暂行条例及其细则的规定需要缴纳所得税。

(二) 酒店利润的分配

1. 酒店利润分配的概念与意义

酒店利润分配是指酒店将一定时期的实现的净利润按照国家的有关法规在酒店和相关的利益主体之间进行分配。通过利润分配可正确处理酒店与各方面的经济关系，调动各方面的积极性，促进生产经营的发展。

2. 利润分配项目

(1) 企业亏损及其弥补。当酒店的利润总额为负数时，说明酒店是亏损的。酒店经营过程中发生的亏损应当予以弥补。

(2) 盈余公积金。盈余公积金是从酒店的净利润中提取形成的，是利润分配的重要形式。盈余公积金包括法定盈余公积金和任意盈余公积金。按照当年税后利润的10%提取法定盈余公积金，当盈余公积金累积达到公司注册资本的50%时，可不再继续提取。法定盈余公积金的提取是按照抵减年初累积亏损后的本年净利润进行的。而任意盈余公积金的提取是在法定盈余公积金和公益金计提之后，根据企业章程或股东会议决议决定的。

(3) 公益金。公益金是指酒店从净利润中提取的，用于购置或建造职工集体福利设施的资金。公益金的提取在法定盈余公积金之后，支付优先股股利之前，按照税后利润的5%～10%提取。

(4) 向投资者分配的利润。向投资者分配利润，是在提取盈余公积金、公益金之后进行的。分配数量根据企业的盈利状况决定。向投资者分配的利润额，以投资者的投资额为依据，与其投资额成正比。股份有限公司原则上应从累计盈利中分派股利，无盈利时不得支付股利。

3. 利润分配的原则

(1) 依法分配原则。企业在利润分配中必须切实执行国家有关利润分配的法律和法规。

(2) 资本保全原则。一般情况下，企业如果存在尚未弥补的亏损，应首先弥补亏损，再进行其他分配。

(3) 充分保护债权人利益原则。企业必须在利润分配之前偿清所有债权人到期的债务，否则不能进行利润分配。同时，在利润分配之后，企业还应保持一定的偿债能力。

(4) 多方及长短期利益兼顾原则。兼顾投资者、经营者、职工等多方利益；兼顾长期利润和短期利益。

4. 利润分配的顺序

按照我国《公司法》的规定，公司缴纳所得税之后的利润，其分配顺序如下。

(1) 计算可供分配利润。如果可供分配利润为正数，可以进行后续分配；如果可供分配利润为负数，则不能进行后续分配。

(2) 计提法定盈余公积金。法定盈余公积金的提取比例为计提基数的10%。

(3) 提取公益金。按提取法定盈余公积金的基数提取公益金。

(4) 提取任意盈余公积金。

(5) 向投资者分配利润。

工作任务四 酒店财务分析和管理实务

一、财务分析的含义

酒店财务分析是以酒店财务核算资料(主要是财务报表)为主要依据，运用特定的分析方法，以评价酒店过去的财务状况和经营成果，并揭示未来财务活动趋势的一种分析。

二、财务分析的目的

(1) 酒店的投资者进行财务分析的最根本目的是看酒店的盈利能力状况，因为盈利能力是投资者资本保值和增值的关键。

(2) 酒店的债权人进行财务分析的主要目的是确认企业偿债能力的大小和企业盈利能力的状况。

(3) 酒店经营者进行财务分析的目的是综合的和多方面的，其总体目标是盈利能力。在财务分析中，经营者关心的不仅仅是盈利的结果，还包括盈利的原因及过程。

(4) 与酒店经营有关的企业主要指材料供应者、产品购买者等。他们进行财务分析的主要目的在于搞清企业的信用状况。

(5) 国家行政管理与监督部门进行财务分析的目的：①监督检查各项经济政策、法规、制度在企业、单位的执行情况；②保证企业财务会计信息和财务分析报告的真实性、准确性，为宏观决策提供可靠信息。

三、财务分析的方法

(一) 定性分析法

定性分析法是主要依靠熟悉企业经营业务和市场动态，具有丰富经验和综合分析能力的专家和财务管理者进行预测、分析、判断等财务管理活动的方法，可分为经验判断法和调查研究法。

(二) 定量分析法

1. 比较法

比较法又称对比分析法，这是财务分析的基本方法。它是通过对同名指标相互间所进行的对比来确定指标间的差距。一般常用如下主要对比。

(1) 以计划为标准，将报告期实际数与同期的计划数相比。通过这种对比，可以了解酒店计划的完成情况、进度，发现实际结果是否符合期望或理想的标准，以便及时采取必要的措施，解决计划执行过程中存在的问题，确保计划实现。

(2) 以历史为标准，将报告期实际数与去年同期或本酒店历史最好水平相比，也就是纵向对比。与本企业历史比较，其优点是具有高度的可比性，可以帮助酒店了解企业在某些方面是否已有了改进，了解企业经营活动的规律，发现企业经营的纵向变化发展。

(3) 以同行业为标准，将报告期实际数与本地同行业的平均水平、先进水平相比，或是与国内外行业的水平相比，即横向对比。通过此种对比，可以使酒店了解本企业在同行业中所处的水平，以及与先进水平的差距，促使企业改善经营管理。

2. 因素替换法

因素替换法也称因素分析法或连环替代法。它是在运用比较法找出差异的基础上，针对影响经济指标的各个因素的影响程度进行分析。

除上述两种常用的方法外，还有结构趋势分析法等。

四、财务分析的指标

（一）偿债比率指标

这类指标可反映酒店偿还债务的能力。

1. 流动比率

流动比率用于衡量企业流动资产在短期债务到期以前可以变为现金用于偿还流动负债的能力。其计算公式为

流动比率＝流动资产÷流动负债×100％

流动比率高，说明企业偿债能力强。一般认为，企业流动比率以200％左右为最佳。如果该比率过低，企业在偿还流动负债时就可能会遇到困难。从债权人角度看，流动比率越高越好，但就企业本身而言，比率过高，就可能表明企业流动资产大量闲置或存货结构存在问题，以致流动资产无法得到充分的利用。因为不同行业的情况不同，营业周期各异，该比率的评价标准也应有所差别。对酒店企业而言，流动比率在150％～200％均可说明企业的短期偿债能力正常。

2. 速动比率

速动比率用于衡量企业流动资产中可以立即用于偿付流动负债的能力。其计算公式为

速动比率＝速动资产÷流动负债×100％

速动资产＝流动资产－存货

速动比率高，说明企业具有较强的清算能力。从债权人角度看，速动比率越高越好，但速动比率越高，企业速动资产利用就越不充分，闲置越多。一般认为，速动比率在100％或稍超一点为宜。但具体分析时，还应考虑其他因素。因为该比率的分析虽然排除了存货，但速动资产中的应收账款也可能存在账龄过大、尚有未确认的坏账等问题，使速动比率的可靠性受到影响。

3. 资产负债率

资产负债率用于衡量企业利用债权人提供资金进行经营活动的能力。其计算公式为

资产负债率＝负债总额÷资产净值总额×100％

资产负债率低，说明总资产中借入的资产少，企业偿债能力强，债权人得到保障的程度高，债权人和企业双方风险都比较小。从债权人角度看，希望资产负债率越低越好。而对企业所有者而言，如果资产报酬率能高于负债的利率，就会希望资产负债率高一些，以举债经营获取更多的收益。不过，资产负债率过高，财务风险就会明显加大。通常来说，资产负债率高，说明企业承担了较大的风险，也反映了经营者有较强的进取心；反之，则说明企业较为保守，对前途信心不足。当然，该负债比率受企业盈利的稳定性、营业额增长率、行业竞争程度、负债期限等诸多因素的影响，因而应综合考虑分析。若资产负债率大于100％，则表明企业已资不抵债，面临破产。

（二）营运能力指标

这类指标主要反映酒店经营管理水平的高低。

1. 应收账款周转率

应收账款周转率用于反映企业应收账款的流动程度。其计算公式为

应收账款周转率＝应收账款净额÷应收账款平均余额×100％

通过应收账款周转率，酒店还可以进一步计算平均收款期指标，即

应收账款平均收款期＝365 天÷应收账款周转率

应收账款周转率越高，平均收款期越短，则表明酒店所做的应收账款回收的工作越是有效。

2. 存货周转率

存货周转率用于衡量企业的存货是否过量。其公式为

存货周转率＝成本÷(存货期初余额＋期末余额)×100％

存货周转率表示了企业存货的周转速度。通常来说，存货周转率越高，说明企业存货从投入资金到被销售收回的时间越短，经营管理效率就越高。资金回收速度越快，在营业利润率相同的情况下，企业就能获取更高的利润。如果存货周转率低，则说明企业存货积压，不适销对路，导致经营管理效率低下。但如果存货周转率过高，也应注意防止采购供应脱节影响正常经营等现象的发生。

（三）盈利能力

盈利能力是指以较少的耗费获取较大的利润。盈利能力的强弱、盈利的多少、今后的发展趋势，是衡量企业生存价值和管理水平的综合指标。

1. 利润率

该指标用以衡量企业营业收入的利润的水平，它是衡量企业当期的销售水平、控制成本费用能力的尺度。其公式为

利润率＝营业利润÷营业收入×100％

酒店经营决策者一般是加强扩大销售收入，又切实控制成本费用，以增大营业利润率，根据行业水平一般在 30％为宜，否则过高会影响酒店的销售额。

2. 净资产收益率

该指标反映企业运用自有资产所获取的利润能力，是投资者最看中的一个指标。其公式为

净资产收益率＝净利润÷[(期初总资产－期初总负债)＋(期末总资产－期末总负债)]×100％

上述三类财务指标，均采用了比率分析的方法，各个比率指标都从不同的角度揭示了酒店某一方面的财务信息。财务分析时，应注意对指标进行全面、系统的分析，并结合纵向、横向的对比，才能得出全面、正确的结论。

五、酒店财务管理实务

下面为三亚某星级酒店财务管理工作岗位和工作流程介绍。

（一）财务经理

(1) 参与组织酒店经营计划的编制工作，依据计划积极筹措和运作资金。

(2) 重视企业的成本预算，经常检查酒店的财务状况和经济活动。

(3) 审核成本库房关于工作程序、库存限量及各类库存情况的报告，加强成本预算和费用控制及财产物品的管理。

(4) 督导财务部做好各项财务资料和核算报表等的汇总工作，加强档案管理，监督合同的履行及保管等工作。

（二）会计主管

(1) 每月末对营业中需待摊、预提、计提的费用进行账务处理，编辑记账凭证，做月末汇总损益调整。

(2) 对应收、应付、成本控制、审核的凭证进行复核。保证每月月底明细账余额与总账相符。

(3) 每日编制记账凭证，及时登记账簿，确保账账相符。

(4) 每月末编制“资产负债表”“利润表”及税务等有关部门所需的各种报表。保证每月末报表及时、准确，确保账账一致、账表一致。

(5) 负责档案的管理，将每月的会计报表、会计账簿、会计凭证及原始资料入档。

(6) 完成部门经理安排的其他工作。

（三）库管

(1) 上岗前查看库房内的安全状况是否正常，如发现异常状况应及时报告部门经理和保安部，并保护好现场。

(2) 整理货架，根据账册逐一对物品进行清点，做到账实相符。

(3) 对入库的材料、物料、商品逐一清点，做到实际到货数量与申购单上的数量相符。

(4) 根据部门经理签字后的出库单所列项目分类逐一发货，实际发货必须与出库单所列项目一致。

(5) 填写申请补货单，及时补充货物以保证酒店的物品供应。

(6) 每月末进行实地盘点，做到账目与实际相符合。

(7) 在验收中，有权提出退货要求，实属不符合要求的项目，应由采购部办理退货事宜。

（四）出纳

(1) 印章、票据要进行合理的使用和保管。

(2) 部门备用金做到适当储备，既保证日常开支，也不造成闲置。

(3) 月末协助库管员进行库存盘点。对物品收发、结余与总数核对。

(4) 营业收入与收银领班一同清点，做到日清月结。

(5) 日常现金收支明确记账，做到收支两条线。

(6) 每日将现金日记账与库存现金核对。

(7) 每日营业结束后汇总营业收入，编制营业日报表。

(五) 收银员

(1) 做好备用金、账单、发票等用品的班前准备工作。

(2) 检查各种设备是否正常，并做签到，清洁台面卫生。

(3) 打开收银管理系统，随时接收、审核服务员交接来的增、减点菜单及其他单据，单据凭证做妥善保管。

(4) 根据接收的点菜单录入计算机系统中。

(5) 根据客人付款方式，在系统中做相应付款方式的计算。

(6) 班次结束前依次整理账目，根据账单流水号顺序登记在每日收入明细表中，备注账单号、付款方式、金额、发票号。

(7) 盘点当班营业收入，核对现金、卡、支票是否与报表总额一致。将 POS 单明细与 POS 机账目进行核对。

(8) 将账单、报表、营业款等上交领班复核，经审核无误后登记营业款记录，在领班签字证明下投入保险箱。

(六) 审计

(1) 账单核销：接到收银员的结账单后，检查所附的账单是否齐全，然后按照账单的号码，在票证核对表上按号划销。如有缺号，调整作废单据手续不齐，要查明原因，及时处理。

(2) 核对前台结账处的结账单及收银员营业日报表。

(3) 核对餐厅结账单。

① 核对餐厅结账单时应注意账单与附件单的核对，点菜单中每一项都要同计算机结账单相核对，如果不符，要找收银员查明原因，并进行处理。附件单据如有修改，应由修改人在单上说明修改原因，并由餐厅楼面管理人员签名证实，收银员应起监督作用。

② 核对营业对账表：要查看表中填写的数据与收银员上缴的附件单据中的数据是否一致，如有不符，应立即向收银员查明原因并及时做出处理，确保营业收入的正确反映。

③ 打折手续应完整：用酒店优惠卡打折的，要在账单上注明卡号及客人签名；如果是酒店管理人员为客人打折的，要有管理人员签名并注明所打折扣。审核员在核对时，要注意收银员所打的折扣是否正确，如果不正确，要找收银员查明情况，及时做出处理。

④ 免费招待是否符合标准：各级管理人员在酒店免费接待，查看各级管理人员是否在权限范围内签单接待，如果发现接待超标，应立即找其补办手续。

(4) 核对其他部门的缴款凭证及收费单：其他部门的收银员在营业结束后，根据收银单汇总填制缴款凭证，缴款凭证各项金额与所附收费单金额合计应相符。

(5) 收费单的核销及管理：收费单必须按号顺序使用，审核对各部门每日交来的收费单按号在“票证使用单”上逐张划销，发现不联码使用的，应向收费单使用人查询原因，及时催交。作废单必须有领班以上人员签字方可。

(6) 对日常领货单、调拨单、收货记录等工作进行复核。

(7) 根据每期业务活动所发生的直接费用计算成本，做出每日成本报告。

(8) 月末同库管进行存货实物清点，编制盘点表，做出盈亏报告。

(9) 督导并参与厨房原材料、库房饮食原材料和各部门物品的月末盘点工作，做到账账相符和账物相符。

(10) 月末成本核算编制各部门成本、成本费用分摊等凭证。

(11) 负责收入、成本报告的审核工作，定期做出成本分析报告。

（七）采购

(1) 编制贵重物品采购、每月各部门提出的采购计划，根据《物品申购单》，具体实施择商、报价，将填写的《物品申购单》上报总经理签字后办理。

(2) 日常采购如新鲜蔬菜、肉类等由厨房直接下单，厨师长、成本主管签字后直接采购。

(3) 粮食类、干货类、调味类直接入库，由保管员验收并签字；将鲜活类原材料直接拨入厨房，由保管员协同厨师长共同验收并签字。

(4) 货物验收后，采购员将签字的申购单连同入库单、采购发票送交财务部审批做账。

(5) 其他物品的采购，由各部门提出申请采购计划，交财务部审核签字，交总经理批准后，由采购员办理。

(6) 与供应商签订合同后，自存一份复印件，同时将合同文本原件递交财务部一份，以便备查存档。做好供应商资料管理、统计工作，以备及时调用。

(7) 跟进售后服务，对不符合要求的物品负责调换退货。对不能正常如期履行合同的供货商，催讨所欠款项并进行索赔。

（八）网络管理员

(1) 负责内部局域网络的维护和日常管理。每日检查主机运行状态，包括温度、声音是否正常。

(2) 保证对日常资料的管理需要，对主机系统进行必要的维护保养和软件系统的维护保养。

(3) 维护系统打印机，定期保养并及时处理日常故障。

(4) 对线路进行维护检查，确保畅通。维护终端工作站和显示器。

(5) 负责数据资料管理，对数据进行备份，负责技术资料管理。

(6) 对财务部计算机进行定期的维护保养，维护保养收款系统。

模块三　酒店安全管理

任务导入

(1) 分别制定五星级酒店泳池、健身房安全须知。

(2) 制定一份五星级酒店客人食物中毒处理流程。

工作任务一　酒店安全管理的内涵和基本要求

一、酒店安全管理的内涵

在马斯洛需求层次理论中，在人们满足了基本生理需求后就会产生安全方面的需求，在当今酒店的客人当中，无疑他们都超越了生理需求，产生了安全方面的需求，因此，酒店的安全管理是现代酒店经营管理中至关重要的一部分。

（一）酒店安全管理的概念

酒店的安全管理是为保障一切与酒店直接有关的人、财、物的安全而进行的一系列计划、组织、指挥、协调、控制等管理活动。酒店安全管理包括三层含义：①酒店客人和员工的人身与财产安全，以及酒店的财产和财物安全；②酒店内部的服务及经营活动秩序、公共场所秩序，以及工作生产秩序保持良好的安全状态；③酒店内部不存在对酒店人、财、物造成侵害的各种安全隐患。

（二）酒店安全管理的特点

1. 国际性

随着经济的发展和社会的进步，旅游消费越来越多地被民众所接受，而其中的跨国旅游也越来越流行，在酒店特别是高星级酒店的日常接待中，会碰到很多的国际客人，因此，在有国际客人涉足的酒店，其安全管理均具有国际性的特点。

2. 复杂性

众所周知，现代酒店是一个公共场所，是一个消费场所，每天都有大量的人流、物流和信息流，造成了现代酒店安全管理的复杂性，这种复杂性表现在安全管理上兼顾防盗和防火；兼顾客人的生命安全、财产安全和信息安全，还要考虑客人的饮食安全、娱乐安全；还要严防暴力、突变、黄赌毒等突发事件。

3. 全程性

酒店作为公共接待场所，均为全年全天候营业，因此酒店的安全管理具有全程性，不能中断，任何时间都要按照酒店安全管理规范严格管理，方能减少安全问题的发生。

二、酒店安全管理的基本要求

（一）酒店安全管理的基本原则

1. 安全第一

酒店的一切工作都是为了客人，为客人服务，使客人满意，是酒店一切工作的宗旨，因为没有客人，酒店就失去了存在的意义，而客人满意最基本的要求则是安全，所以酒店经营者要有“安全第一”的意识。“安全第一”是指酒店安全工作是其他一切工作的前提条件。

2. 预防为主

所谓预防为主，就是集中主要精力做好积极主动的防范工作，防止治安案件、刑事案件和治安灾害事故的发生。一旦安全事故发生，造成影响和损失则无法挽回。

3. 外松内紧

所谓外松，是指安全管理工作的执行在形式上要自然，气氛要和缓，要适应环境、顺其自然。所谓内紧，是指安全保卫人员要高度警惕，要做好严密的防范工作，要随时注意不安全因素和各种违法犯罪的苗头与线索，保证安全。

4. 全员参与

全员参与就是依靠广大员工做好酒店的安全工作和内部治安管理工作。俗语说得好“人多力量大”，只有充分利用每个员工的责任心，让每位员工都有安全意识，酒店的安全管理工作才能更加有效。

5. 权责明确

谁主管谁负责，其基本理念是分清层次、各司其职、责任到人。

（二）酒店安全管理的基本任务

1. 经常开展安全教育和法制教育

安全无小事，只有员工心目中始终有安全防范意识，才可能减少安全问题的产生。所以，必须提高全体员工对安全工作的认识，树立“安全第一”的观念，加强安全知识培训，开展法制教育，教育员工遵纪守法。

【例 5-1】 礼宾部员工私藏客人财物

7 月 22 日 13：00 左右，礼宾部员工小葛像往常一样帮助客人提行李，当他在总台等待客人登记并离开时，突然发现在总台桌子的另一个角落里有一包东西，他心里一阵莫名的激动，凭经验，他明白那是一笔数目可观的现金。小葛慢慢地走过去，同时朝四周环顾了一下，客人和员工都各自忙碌着，根本就没有注意到他的动作，他迅速将钱放进自己的口袋，装着若无其事，随着客人将行李放进房间。16:00 左右，保安部接到信息：一位客人发现自己丢失了一包大约 20000 元人民币的现金，保安部立即展开调查。根据客人回忆，现金可能丢在了总台。通过监控录像，调查人员发现当天当班的小葛有嫌疑现象，并迅速来到其住处，最后小葛交代了事情经过，追回了 20000 元现金，酒店对小葛作除名处理，罚款5000元并扣除当月奖金。此案例给我们带来了什么启示？

2. 建立和健全安全防范管理制度

在酒店安全管理方面，“人治”不如“法治”。所谓的法制，就是每个酒店的安全管理都要有一套行之有效的制度，这套制度包括以保卫客人安全为主要目的的管理制度、保护酒店员工财产和人身安全的制度、安全保卫岗位责任制度等。只有安全防范管理制度健全，酒店的安全管理工作才持续、有效。

3. 加强酒店内部各区域治安管理

酒店保安部应根据酒店的建筑结构、经营范围、通道及工程设备设施的分布状况，根据酒店内部安全制度，统筹考虑，正确制定巡逻路线和时间。安全管理的重点涉及以下几个方面：①加强客房区域的安全保卫工作；②加强对公共场所的管理，如大堂、餐厅、舞厅、咖啡厅、楼层等，对下班后穿工作服仍在公共场所逗留以及衣履不整的人员，制止其进入营业场所或劝其离开；③火灾的预防和在发生火灾后的处理；④负责维护酒店内的秩序，制止酒店员工违章违纪，如在酒店内骑摩托车或自行车、嬉戏打闹、损坏花草树木等行为；⑤负责对员工通道和员工上下班进出口的纪律检查，对携带酒店物品外出的人员按规定进行检查，防止偷盗行为；⑥加强夜间巡逻。

4. 协助公安机关做好酒店安全保卫

酒店作为一个公共接待场所，面临的安全问题复杂多变，仅仅依靠酒店自身很难完全杜绝安全隐患，因此，酒店应协助公安机关做好酒店安全保卫工作。如协助公安机关查处治安和刑事案件，协助公安机关完成重大接待活动和重要客人的安全保卫工作。

【例5-2】 大连某酒店发生抢劫案件

1999年7月8日23时许，大连市某大酒店发生了一起抢劫案。犯罪嫌疑人叶柏、闻庆、赵爱军在夜总会与服务小姐一起娱乐后，将她们领到该酒店1709房间嫖宿。在该房间，三名犯罪嫌疑人一起用事先准备好的绳子将被害人的手脚绑住，从她们包内抢去信用卡，并逼迫其说出密码和临时租住房屋地点。翌日8时许，由赵爱军在1709房间看押被害人，叶柏、闻庆闯到二被害人分别租住的房屋，将现金、存折、信用卡等物席卷而去，到多家银行将人民币6.6万元、美元1300元、港币4200元悉数取出，占为己有。此外，1999年5、6月间，叶柏还伙同他人，以类似手段，先后在深圳市、大连市经济技术开发区和甘井子区的几家酒店实施抢劫犯罪多起，洗劫10余名服务小姐财物，折合人民币近30万元。

资料来源：抢劫案件频发　酒店治安堪忧[EB/OL]. [1999-11-05]. http://www.sina.com.cn.

此案例给我们带来了什么启示？

（三）酒店基本安全系统

1. 电视监控系统

电视监控系统是酒店安全技术防范体系中的一个重要组成部分，是一种先进的、防范能力极强的综合系统，它可以通过遥控摄像机及其辅助设备（镜头、云台等）直接观看被监视场所的一切情况，可以对被监视场所的情况一目了然。同时，电视监控系统还可以与防盗报警系统等其他安全技术防范体系联动运行,使其防范能力更加强大。

2. 酒店通信系统

通信系统是用以完成信息传输过程的技术系统的总称。现代通信系统主要借助电磁波在自由空间的传播或在导引媒体中的传输机理来实现,前者称为无线通信系统,后者称为有线通信系统。酒店需要建立内部语音及数据通信网络,以实现高效率的语音传输、语音信箱、多媒体呼叫中心、多点分布式话音网络等多种业务合为一体的高效通信网络。酒店通信系统既是提高酒店服务质量的需要,也是酒店基本安全系统之一。

3. 酒店防盗报警系统

酒店防盗报警系统是用物理方法或电子技术,自动探测发生在酒店布防监测区域内的侵入行为,产生报警信号,并提示值班人员发生报警的区域部位,显示可能采取对策的系统。防盗报警系统是预防抢劫、盗窃等意外事件的重要设施。一旦发生突发事件,就能通过声光报警信号在安保控制中心准确显示出事地点,便于迅速采取应急措施。

4. 消防灭火系统

消防灭火系统的配备可使火灾发生后将损失降到最低限度。常见的灭火方式主要有两种:一种是人工灭火,动用消防车、云梯车、消火栓、灭火弹、灭火器等器械进行灭火。这种灭火方法具有直观、灵活及工程造价低等优点;缺点是消防车、云梯车等所能达到的高度十分有限,灭火人员接近火灾现场困难,灭火缓慢危险性大。另一种是自动灭火,自动灭火系统又分为自动喷水灭火系统和固定式喷洒灭火剂系统两种。对于酒店来说,配备消火栓灭火系统、自动喷水灭火系统和有管网气体灭火系统可减少因火灾带来的人身、财产损失。

5. 客房安全设施

客房是客人住店期间使用时间最多的地方,客房的安全对于酒店的安全来说,是首要的。客房安全设施主要有以下几个部分:①门锁,门锁是保障住客安全最基本也是最重要的设施,由于酒店规模、档次的差异,各酒店所使用的门锁各异,现在酒店常用的是磁卡门锁系统且门背装有不锈钢防盗链;②窥镜,窥镜安装在房门上端,为广角镜头,便于住客观察房间的外部情况;③保险箱,供客人存放贵重财物。

工作任务二 酒店消防管理

【例 5-3】

某日 23 时左右,北京某酒店 1020 房间发生火灾,造成住在 1022 房间的两名赴京旅游的女学生死亡,住在 1021 房间的一名女子受伤。

据调查,住在 1020 房间的香港男学生邓某(12 岁)和李某(14 岁)承认,7 月 13 日 22:40 左右,在 1020 房间内划火柴玩,然后离开房间。经专家调查,鉴定这起火灾的起火原因是人为明火所致。由此,警方认定火灾由邓某、李某玩火造成。

一、火灾的危害

（一）可燃烧物较多

酒店内部装饰材料和设备设施都是可燃烧物质。如客房的布草、家具等，一旦发生火灾，将燃烧猛烈、迅速蔓延，不容易扑灭。

（二）火灾蔓延迅速

现代酒店多为高层建筑，特别是都市商务酒店，酒店建筑内的管道、竖井林立，类似于大烟囱，火灾发生后将会沿着这些管道竖井迅速蔓延扩散，危及整个酒店。

（三）造成重大伤亡

酒店是公共接待场所，人流集中，客人多为暂住旅客，一旦发生火灾事故，可能会造成疏散困难、慌不择路、踩踏等问题，造成人员的重大伤亡。

【例 5-4】　长春市夏威夷大酒店“12·26”特大火灾

12 月 26 日凌晨 4 时 01 分，长春市公安消防支队调度指挥中心接到报警，夏威夷大酒店地下一层的洗浴中心发生火灾。接警后相继调集了市区 11 个公安消防中队的 43 台消防车、270 余名指战员赶赴火场参加灭火战斗。并调集市急救中心、煤气、电业、巡警和交警等单位人员配合灭火救援工作。全体官兵经过一个半小时的奋力扑救，于 5 时 30 分将大火扑灭。这起火灾过火面积 347.3 平方米（B1 层的洗浴中心）；死亡 20 人，11 人受伤住院治疗，直接经济损失 22.2 万元。经过扑救保护了酒店 B2 层、1 至 17 层全体客人（150 人）的安全。

资料来源：1999 年 12 月 26 日长春夏威夷大酒店火灾安全事故 20 死 11 人伤[EB/OL].[2016-01-19].http://www.bbaqw.com/js/1243.htm.

二、火灾的种类

引起燃烧或导致火灾的要素有三个：燃料、氧气、引起燃烧的热量。预防火灾的关键是防止出现过热现象而引起燃烧。一般可以把火灾分为下列五类。

(1) A 类火灾。固体物质火灾，一般在燃烧时能产生灼热余烬。

(2) B 类火灾。易燃、可燃液体火灾和可以熔化的固体火灾。

(3) C 类火灾。可燃气体火灾。

(4) D 类火灾。可燃的金属火灾。

(5) E 类火灾。带电物体燃烧的火灾。

三、火灾的原因

（一）吸烟不慎

很多酒店的火灾是因为客人吸烟不注意所致，主要有两种情况：①卧床吸烟，特别是酒后躺在床上吸烟，睡着后引燃床上的布草制品酿成火灾；②吸烟后乱扔烟头。

（二）电器故障

现在酒店的诸多功能集中在同一建筑内，各种电器设备种类繁多，这些设备用电负荷大，再加上部分电器的电路电线安装不符合要求，因而成为引起火灾的主要原因。

（三）操作不当

现在酒店除了拥有各种木器家具、棉织品、地毯、窗帘等易燃材料外，还有设施设备，如果对这些设施设备操作不当，则容易引起火灾，如厨房的电器设备。

（四）人为纵火

现在酒店绝大多数的火灾发生在夜间，因为此时客人已休息，酒店工作人员又少，火灾苗头往往不易被发现，人们一旦发现火情时，火灾已具一定的规模，给补救工作造成很大的困难。如果是有人人为纵火，发生的危害将更加严重。

【例 5-5】 吉林如家酒店纵火案

吉林通化如家快捷酒店 5 月 1 日凌晨 3 点 20 分发生火灾，由于当时报警及时，消防人员用了半个多小时就将火扑灭，但是还是造成了 10 人死亡，35 人受伤，伤亡多数是由于浓烟熏呛导致的，当时从现场看这是楼梯间起火导致的火灾，不过后来随着公安机关介入调查，发现有人为纵火的嫌疑。后经过当地省市公安机关的缜密侦查，确认这起火灾由 7 名犯罪分子人为纵火所致。

资料来源：吉林通化如家酒店火灾案告破 7 名嫌疑人全抓获[EB/OL]. [2011-05-03]. http://news.qq.com/a/20110503/000737.htm.

四、火灾的预防

（一）严控化学危险物品

酒店内禁止储存易燃、易爆化学危险物品，使用少量易燃、易爆化学危险物品的部门，应建立严格的保管、使用制度。禁止员工、住店客人将易燃、易爆、剧毒、有放射性和腐蚀性的化学物品带入酒店区域内。

（二）严厉禁止超员接待

餐厅、酒吧、商场、娱乐部门、会议厅等公共场所，必须规定容纳数的最高限额，严禁超额接待。

（三）熟悉消防设备设施

酒店员工应掌握报警和灭火器材的使用方法，熟悉安全疏散路线。疏散标志和指示灯要保证完整好用，各类报警设备必须灵敏畅通。

（四）定期检查电器设备

工程部要定期对电气设备、开关、线路、照明灯具等进行检查，凡不符合安全要求的要更换。

（五）加强消防监控力度

酒店的消防控制办公室应设专人昼夜值班，随时观察、记录仪器设备的工作情况，及时处理火警信号。

（六）做好火灾应对方案

为防患于未然，酒店应按照本酒店的布局和规模设计出一套应对火灾的方案，即《火灾险情应急流程》和《人员安全疏散方案》，并使酒店全体员工熟知。

五、火灾的处理

酒店一旦发生火灾，切忌慌乱，应按照以下程序处理和应对，确保损失减少到最低和火灾得到控制。

（一）确定火源

当事人发现火情后，应将灾情报告酒店消防监控部门，消防监控部门得到火灾警报后，应确认火情，查清火灾发生的详细地点、着火时间、燃烧物质、火势大小。

（二）及时报警

消防监控部门确定火灾的详细情况后，根据火灾的严重程度选择报警的级别，以便及时消除火灾。通常报警级别有三级：一级火灾是只在消防中心报警，适用于较小的火灾，且火灾容易消除；二级火灾是全酒店报警，适用于火灾较为严重、影响客人较多，但是酒店可以在一定时间消除火灾的情况；三级火灾是向公安消防部门报警，适用于酒店无法处理的严重火灾。

（三）及时扑救

报警后，酒店应该在力所能及的范围内，组织酒店员工及时进行扑救以尽快消除火灾。若火灾较严重则要及时报告公安消防部门，并控制火灾蔓延，同时按照《火灾险情应急流程》和《人员安全疏散方案》作出相应反应。

（四）疏导客人

现代酒店都做有应对火灾的《人员安全疏散方案》，酒店员工在接到火情通报需要疏散客人时，应立即到现场，保证疏散通道及安全出口畅通；按消防中心的消防广播指挥的疏散顺序，负责现场群众从楼梯疏散，疏导、护送客人和员工有秩序地疏散至安全区；逐间客房检查，核实疏散人员是否安全撤离火灾现场。

（五）组织救助

火灾发生后，酒店医务人员应准备好急救物品、抢救器材等，根据火灾应急方案的要求，赶到指定地点，对受伤的人员进行简单的包扎和处理，对重伤者，联系救护车并护送到医院进行抢救。

（六）各司其职

酒店一旦发生火灾而发出灾情报警后，很容易引起酒店的混乱而带来各种安全问题，如偷盗、客人盲目逃生、踩踏、抢劫等，因此，酒店所有员工应根据《火灾险情应急流程》和《人员安全疏散方案》，坚守岗位，各司其职，应对灾情。

【例 5-6】 波多黎各的杜邦大饭店火灾

1986 年 12 月 31 日波多黎各的杜邦大饭店起火，97 人死亡，140 人受伤。由于饭店全部资料都被烧毁，面对烧焦的尸体无法确认死者的身份。

资料来源：美国的旅馆消防法案[J]. 全球科技经济瞭望，1988(11)：39.

此案例给我们带来了什么启示？

六、消防配置要求

消防设施系统一般包括火灾报警系统、消防控制系统、消防灭火系统及防、排烟系统四大部分。

（一）火灾报警系统

酒店火灾的自动报警系统由火灾探测器和火灾报警控制器构成。酒店常见的火灾探测器有烟感探测器、温感探测器和光感探测器。火灾报警控制器是报警系统的控制显示器，它是电子元件及继电器组成的高灵敏火灾监视自动报警控制器。

虽然现代酒店有完备的自动报警系统，但由于火灾发生时的情况较为复杂，火灾探测器也不可能遍布在酒店的每一个角落，所以，还需要通过人工报警系统加以辅助。

（二）消防控制系统

1. 火灾报警控制器

这是火灾报警系统的“主机”，也是消防中心最重要的设备。

2. 设备运行状态监视屏

设备运行状态监视屏用于监控酒店有关在用设备的运行状态。如监视屏可显示电梯、水泵和其他需要显示的设备运行状况。

3. 总控制台

总控制台用于火灾发生后，控制各设备停运或启动的按钮和设备运行指示灯。此外，总控制台还设有紧急广播、报警直通电话(或 119 报警电话)、小型电话总机和对讲机等通信、指挥设备。

4. 备用电源

备用电源用于停电后向总控制台送电，以保证总控制台操作的电用量。

(三) 消防灭火系统

1. 消防栓灭火设备

消防栓灭火设备包括消防栓、水龙带和水枪。消防栓又称灭火栓，是消防用水的水龙头，实际上它是一个直角阀门，以简短的支管连接在消防立管上。水龙带是由帆布制成的输水软管，一端与消防栓连接，另一端也是用内扣式快速接头与水枪连接。水枪由铝合金制成，呈圆锥形，可将水龙带输送的水由喷嘴高速喷出，形成一股强有力的充实水柱，将火扑灭。

2. 自动喷淋系统

自动喷淋系统有自动喷水灭火系统和自动喷淋报警系统两种。自动喷水灭火系统是较经济的室内固定灭火设备，使用面比较广。该系统与消防栓给水系统相仿，平时由生活、消防兼用的高位水箱给水，灭火时则由专用消防泵加压水。

(四) 防、排烟系统

高层酒店的疏散楼梯和消防电梯必须是防烟的。防烟的功能由排烟系统和正压通风系统两部分组成。排烟系统中的排烟方式分自然排烟和机械排烟两种。室外疏散楼梯和敞开式疏散楼梯间都采用自然排烟的方式。正压通风系统是在发生火灾后，启动进风风机，向楼梯间加压送风，使楼梯间压力大于走廊内的气压。

工作任务三　酒店治安与职业安全管理

一、酒店治安管理

治安管理是酒店安全管理的重点内容，主要涉及在酒店范围内的各类纠纷、盗窃、人身伤害甚至死亡等刑事案件。

(一) 酒店前厅部的治安管理

1. 建立重点安全管理区域

(1) 大厅秩序控制。保持大厅正常秩序，配合保安人员管理好出口、电梯口。客人在接待处办理入住手续时接待员一定要验明客人身份、明确付款方式。在前台办理手续时，接待员应警惕客人的行李被人顺手牵羊偷走。

(2) 打架斗殴控制。打架斗殴包括客人与客人之间、员工之间、员工与客人之间的打架斗殴。由于人员的复杂性,在大厅或入口处随时都有可能发生,其处理办法如下:立即通知保安部和值班经理现场处理,其他人员应坚守岗位,防止其他恶性事件的发生;立即制止事态的扩大,把有关人员迅速送到保安部,劝走围观群众,恢复大厅秩序;记录事件发生的详情,并报有关部门处理。

2. 安全监控系统

(1) 设置安全监控系统。现代酒店都应安装先进的闭路电视监控系统,能对酒店重要公共区域进行不间断的监控和录像。重点区域应该涵盖下面这些地方:大堂、客用电梯、财物集中部门、楼层通道、公共娱乐场所和其他重点区域。

(2) 提高安监人员意识。有了完善的监控系统对于酒店的治安管理来说还不够,还必须提高安监人员的责任心。酒店安监人员应提高警惕,履行自己的岗位职责,及时发现隐患和事件苗头。采取的主要方式有:密切关注大堂中的人员活动;从特定的地点发现可疑对象,如收银处、寄存处、商场等地方;从电梯中发现可疑对象;密切关注楼层流动人员的动向。

(二) 酒店客房部的治安管理

1. 客房门锁与钥匙控制与管理

一般来说,对于电子磁卡门锁系统,酒店前台是电子门锁卡编码、改码和发放客房门锁卡的指定地方。当客人完成登记入住手续后,就发给该房间的门锁卡。客人丢失门锁卡时,可以到总服务台补领。补卡时,应要求客人出示身份证等相关证件表明自己的身份,在服务人员核对其身份后方能补发重新编码的门锁卡。工作人员,尤其是客房服务员所掌握的万能钥匙卡不能随意丢放在工作车上或插在正在打扫的客房门锁上或取电槽内。同时,必须防止掌握客房门锁卡的工作人员带来的安全问题。

2. 客房内设施设备安全控制与管理

酒店的客房是客人住店期间使用时间最多的地方,因此对客房安全的管理也不容忽视。房内设施设备安全主要涉及以下方面:电器设备的安全;卫生间及饮水的安全;家具设施安全等。

3. 客人财物保管箱的安全控制与管理

现在的高星级酒店在客房内都有供客人使用的保险箱,客用保险箱的安全控制和管理能有效保障客人的财务和隐私安全。客用保险箱的安全管理主要涉及以下三点:①提醒客人应将贵重物品存放在保险箱内;②保险箱要定期检查,确保保险箱处于可使用状态;③保险箱上或者附近应配有使用说明,方便客人使用。

(三) 酒店餐饮部的治安管理

餐饮部主要涉及客人用餐和酒水休闲等业务。在这种人员复杂、人流量大的区域,易发生突发事件,要注意防范。餐饮部的治安防范主要从以下几个方面落实:①保证客人用餐卫生的安全;②保证餐饮设施的使用安全;③防止酒后闹事、斗殴等现象的发生;

④警惕区域内诈骗等犯罪事件的发生。

（四）酒店康乐部的治安管理

为增加酒店的服务项目，酒店一般会设计一定的康乐项目，康乐项目比较受客人欢迎，特别是家庭客人，但是如器材使用不当、康乐保障人员配备不足也容易引起安全问题。

1. 游泳池的安全管理

游泳是很多客人会选择的锻炼和娱乐活动，因此，在泳池的管理上要尤其注意。泳池的建造要符合国家法律法规的要求；酒店应在醒目的位置安放泳池须知；按照营业时间配备足够的救生员和救生设备；各类安全标识要齐全、醒目等。

2. 健身房的安全管理

健身房的安全管理主要涉及如下方面：酒店应定期检查维护健身房的设备；健身房应张贴健身房使用须知和各类健身器具使用须知；健身房在营业期间要配备合格的服务和指导人员；各类安全标识要齐全、醒目等。

二、卫生防疫

卫生防疫工作主要是预防酒店客人的食物中毒和疾病传染。食物中毒是指客人吃了有害食物而引起的一种疾病现象。疾病传染则是指由不洁食品和不洁用品引起的感染，如皮肤病等。酒店要做好卫生防疫工作，关键是要严格执行食品卫生法和公共场所卫生管理条例。

三、酒店职业安全管理

（一）员工事故发生的主要原因

1. 危险行为

员工自身的危险行为是造成安全意外的原因之一，如进房不开灯、站在浴缸上挂浴帘、忽视安全行为准则、不按规定操作设备设施等。

2. 环境威胁

工作环境的不安全容易造成安全事故，如①地面上有残留的玻璃碎片；②使用破损瓷器和玻璃器皿；③地面上有残留液体或食物；④家具上有未去除的尖锐物；⑤插头的电线没按规定放置；⑥设备堆置或存放方式不当；⑦地板表面过滑和照明不足等。

（二）职业安全操作须知

1. 主管人员职责

主管人员应对业务人员施以正确的指导，监督工作的安全，若有不安全行为时，应随时加以指导和纠正，以防止意外的发生，另外，各个主管负责督导工作地区范围内的清洁及整顿，并为新员工详细解释有关安全的规定及工作方法。

2. 作业人员须知

酒店作业人员应该严格按照酒店相关业务的操作流程和须知进行作业，从而减少作业事故的发生，如不得在酒店工作范围内奔跑、切勿用湿手接触电器、不要将未熄灭的烟头弃置在垃圾桶内等。

工作任务四　酒店保安部工作实务

一、巡逻工作流程

(1) 提前十分钟上岗，要求着装规范、仪表端庄、精神饱满。

(2) 由领班做好与上一班组的交接，布置当班具体工作，召开班前会。

(3) 检查随身携带的值勤设施(如对讲机、警械等)。

(4) 按间隔时间和设计路线进行巡视，要巡逻到位，路线可根据情况灵活掌握，在客人区时，脚步要轻，不影响客人。

① 巡逻中遇到客人要热情问好，做好文明服务，发现可疑人员要进行礼貌查询，并用对讲机向领班汇报。确有问题的，经值班经理同意后向警方报告。

② 对餐饮区、库房、各通道巡视中，将门、窗、水电、燃气、燃油作为重点检查对象，发现问题通知相关部门，并做好巡视记录。

(5) 合理合法处理好突发事件，随时与值班经理、警方保持联系。

(6) 下班时与接班人做好交接，检查值勤设施，做好交接记录，并对本班次工作进行总结，发扬成绩，纠正不足。

二、消防、治安监控中心工作流程

(1) 消防报警监控和治安电视监控实行 24 小时运行和值班，全面监视酒店安全秩序。

(2) 值班人员应密切关注消防监控、治安，及时更换电视监控录像带。

(3) 及时发现可疑的人和事，用电视监控进行跟踪，并迅速通知巡逻保卫赶到现场，进行询问。对外宾可及时通知大堂副理和值班经理协助调查，做好录像和文字记录。

(4) 接到火灾自动报警系统报警，立即通知所在部位和巡逻保卫赶到现场查明情况，如是误报，应清除报警信号；如确实发生火情，应立即按火灾应急预案程序办理。

(5) 正确操作监控系统，使之经常处于相应的温度和湿度，并做好日常维护和定期测试检查工作，使设施处于良好的运转状态，设备异常应立即报告负责人进行检修，并做好记录。

(6) 保持好室内卫生，并且做好保密工作，非值班人员不准进入机房重地。保管好录像资料和各项工作记录。对于录像资料的查询，严格执行相关规定。做好平时的值班记录，并向接班人做好交接手续。

三、失窃、打架、伤亡事件处理流程

（1）发现或接到报告后，保护好现场，在第一时间内赶到现场进行果断处理，并向相关领导汇报。

（2）询问物品丢失的具体情况，查看前台电子锁有关记录，查询服务员是否发现情况，做好各项记录。

（3）对打架的客人进行劝阻，叫保安部处理，进行调解，避免惊吓其他客人。

（4）根据案情进行报警或呼叫救护车。

（5）发现伤亡事件后，封锁现场。通过第一发现人查找嫌疑人，并派人员到酒店门口引领急救中心和公安人员到来。

（6）配合公安机关工作，积极提供线索，协助调查、取证。经公安机关同意后由客房服务中心安排清扫现场。

四、停电事故处理流程

（1）发生停电事故，应立即报告工程部和保安部。

（2）工程部接报后，迅速组织力量进行检查和抢修，如系店外线路发生故障，及时与供电部门联系，并将联系和抢修情况及时通报各有关部室。

① 尽快设法解救因停电而被困在电梯内的客人和员工，并通过电梯内的对讲机，做好对被困者的安抚工作。

② 各有关部室要结合各自情况妥善处置并确保安全，如在夜间前台运作部门应做好以下工作：a. 前厅部。总机话务员和计算机操作人员按故障采取相应的技术措施操作，总台工作人员应打开应急 照明装置，配合大堂副理向客人做好解释工作。对解救出来被困在电梯内的客人要做好慰问安抚工作。b. 餐饮部。打开应急照明或把蜡烛送到每位用餐者的桌面，要以员工的镇静和言行稳定客人的情绪。c. 客房部。要告诉客人可使用房内应急照明灯，并及时告知抢修进程，做好安抚工作，控制好楼面，防止外来人员作案。d. 康乐部及商场。有礼貌地引领客人到休息的地方并做好解释和安抚工作，控制出入口，保护好营业款、商品及各种设施。

（3）保安部接报后，特别是在夜间要及时通过对讲机调集巡逻人员把住酒店各出入口通道，防止不法分子趁乱作案。

五、火灾应急预案

（一）报警和接警

（1）一旦发生火情，应迅速将火警信息传到消防控制中心或保安部，有三种报警方式：①自动报警；②员工报警，应讲清着火地点、部位、燃烧物品、目前状况及报警人姓名和电话；③客人报警，应向报警人了解着火地点、部位、燃烧物品、目前状况及报警人姓名和电话，并准确做好记录。

(2) 消防控制中心或保安部接到报警后，要迅速通过对讲机通知保安巡逻员到现场检查：①如属误报，就解除报警；②如确认起火，即通知电话总机联系相关部门领导或向119报警。

（二）成立消防指挥中心

(1) 灭火救灾指挥部的人员组成：当时在酒店的主要领导和保安、工程及事发部门的负责人。

(2) 指挥部地点设在掌握信息的消防控制中心，或视事发现场另选合适地点。

(3) 指挥部的主要职责是：①确定现场灭火指挥人，成立现场指挥组，由保安部消防主管、工程部有关技术人员和事发部门的工作人员组成，掌握火势发展情况，指挥参战人员灭火，根据火势及时采取进一步措施，并向指挥部汇报，公安消防人员到现场后，协同组织灭火抢救。②根据火情，决定是否通报人员疏散并组织实施，通报的次序为着火层、着火层以上各层，有可能蔓延的以下楼层，语言通报可利用消防应急广播。③指令各部门按火灾应急预案的规定，采取应急措施，履行各自的职责。④密切注意店内的情况，稳定客人情绪，做好安全工作。⑤公安消防到达后，及时向火场指挥报告情况，按照布置的要求，带领员工贯彻执行。

（三）灭火与救护

(1) 组织灭火、指挥参战人员灭火，并根据火势，切断着火层电源和可燃气体源，关闭着火层防火分区的防火门，阻止火势水平或纵向蔓延。

(2) 组织救护，指挥参战人员在着火层救护人员、疏散和抢救物资。

（四）各部门应急措施

保安部、工程部、客房部、餐饮部、其他相关部门要根据情况采取应急措施。下面以保安部为例进行介绍。

(1) 遵命负责现场指挥，组织、指挥义务消防队员和就近员灭火、救人、抢救物资。

(2) 备好手推消防器材车和现场必需的大容量灭火器、防烟防毒面具及破折工具，保障供给。

(3) 指派保安人员或义务消防队员在酒店首层控制消防电梯使用。

(4) 指派保安人员或义务消防队员在着火层执行警戒任务，指导疏散人流向安全区有秩序地撤离，防止有人趁火打劫，捣乱破坏。

(5) 车场组加强酒店外围和各出入口的安全警戒，酒店外围警戒任务是：清除车道上的路障，指导疏散酒店周围和店内的无关车辆，为安全消防队到场展开灭火行动维持好秩序。

(6) 保卫监控室，应严密注视无人警戒的楼面及出入口，及时发现火势蔓延情况，防止违法犯罪分子进行打劫和破坏。

六、其他紧急情况的应对与处理

（一）客人违法的处理

客人违法犯罪一般是指客人在酒店范围内犯有流氓、斗殴、嫖娼、盗窃、赌博、走私等违反我国法律的行为。保安部值班人员在接到有关客人违法的报告后，应当立即问明事情发生的时间、地点和经过，记录下当事人的基本信息，并立即向值班经理汇报。值班经理接到报告以后，要立即派保安主管和警卫人员到现场了解情况，维护现场秩序。如违法犯罪案件涉及外籍客人，处理时必须做到事实清楚、证据确凿、使用法律正确、法律手续完备。此外，要及时通知外国驻华领事馆或大使馆，通知的内容包括外国客人基本信息、客人违法犯罪的主要事实和情况、已采取的法律措施及法律依据等。

（二）食物中毒的处理

酒店客人食物中毒，多以恶心、呕吐、腹痛、腹泻等急性肠胃炎症为主要症状。一旦发现客人出现上述症状，应立即报告值班经理，值班经理在接到客人可能食物中毒的报告后，应立即通知医生前往抢救并将中毒客人送往就近医院进行治疗，餐饮部应对中毒客人所用食品、餐具等相关物品予以封存以备检验。酒店应及时将情况上报当地卫生部门处理，并与中毒客人家属取得联系，做好善后工作。

（三）重大事故的处理

酒店安全中的重大安全事故包括：造成客人人身重伤、残废的事故及暴力事件；重大火灾及其他恶性事故；大宗财物被盗及其他经济损失严重的事故等。这类事故的处理一般由酒店所在地区的政府协调有关部门、事故责任及其主管部门负责共同处理。酒店应保护好现场、实施抢救、配合相关部门做好事故善后工作，并记录存档。

教学案例

案例一　大额换币中藏猫腻

某晚，酒店保安部接到总台员工的报案：半小时前总台收银员 A 不知道怎么回事，一下少了 1000 元现金。保安员立即对监控进行了回放，发现一名 40 多岁的男子到总台后，要求用 3000 元的 50 元面值的现金换成 100 元面值的现金。待服务员换好后，那男子接过去点头钞时，左手开始动手脚（其中 1000 元被藏在手心中），然后将动过手脚的钱放回了服务员面前，转而又要求将这些钱换成港币或美元。当 A 回答内宾不提供外币兑换服务时，该男子要求将这 3000 元再换回 50 元面值的。由于 A 的粗心大意（认为这笔钱点过后放在她看得见的地方，应该没问题），在收回这些钱款时未再进行清点，就直接放回了收银抽屉内，并将刚才 50 元面值的 3000 元现金归还了他。此诈骗行为明了后，保安部立即向各部门做了通报并开展了相应培训，报公安机关备案。

点评：

酒店业是服务性的行业，我们在接受培训时也一直在树立“以客人为中心”的服务思想。但值得注意的是，酒店的服务应该是以酒店产品为依托的。本案中，总台服务员的服务精神可嘉，但却缺乏警惕性。在酒店日常服务中，我们应该对一些没有正常消费但提出其他服务要求的客人保持一定的警惕性，不让他们有机可乘。

案例二　歹徒入室盗窃

刘先生和夫人在“十一黄金周”时入住了某酒店的1118房间，入住的第三天上午购买了些土特产放在了房间，中午就去当地有名的菜馆品尝美食。当两人兴冲冲回到酒店，准备收拾行李返家时，却发现房内一片狼藉，有人在他们出去吃饭时进入了房间并洗劫了房间内的贵重物品！刘先生意识到了问题的严重性，立即通知了酒店的安全部门，保安部人员赶到了现场，据刘先生核实，丢失白金项链一条、笔记本电脑一台、人民币3000多元，总价值超过了2万元。保安部人员询问刘先生有没有将房卡交给他人，刘先生十分肯定地说就一张房卡，而且一直带在身上，出房间门时还将房门带上了。十一层高的房间，又没有阳台，小偷是从哪里进来的呢？安全人员一边查监控录像，一边对现场进行了勘查，监控录像上显示两名男子是推门而入的。仔细检查，又发现房门上有口香糖的痕迹，安全人员恍然大悟，推断刘先生买完东西回来时就被小偷跟踪，趁刘先生开门后不注意，在房间门的磁卡锁上粘上了一团口香糖，刘先生放下东西出门吃饭时，认为酒店门上有复位器，就随手带上门，没有核实是否关上就匆匆离开了。进一步查看录像，画面证实了这一推断：从刘先生入住起就有两名男子在楼层闲逛、踩点。刘先生买完东西回来时，尾随其后，趁刘先生不注意时将口香糖粘在磁卡锁上，刘先生走出房门认为房门已经关上后，歹徒入室作案……

点评：

客房失窃案经常发生于各个酒店，犯罪分子利用各种手段作案，屡试不爽。案件的发生给客人造成财产损失，并且给酒店带来极坏的负面影响。罪犯在作案之前会对楼层进行踩点、观察，利用客人外出的时间差，用各种手段打开房门，或利用客房相连容易攀爬，或门窗没有关上等入室行窃。为防范客房失窃事件，安全人员要做好巡查，遇到可疑人员要主动盘问，对没有房卡的人员要及时进行劝离，同时监控中心要时刻注意客房楼层的情况，发现问题及时处理。楼层服务员要有较高的警惕性，注意对可疑人员进行询问或通知保安部，对客人门窗没有关紧的要及时提醒或关闭。

模块四　酒店营销管理

任务导入

(1) 以合作酒店为对象，分析其经营环境，为其制定品牌提升的经营战略。

(2) 选择本地一家即将开业的酒店，为其拟订一份开业促销推广计划。

工作任务一　酒店营销概述

近年来，酒店业的市场竞争日渐激烈，要在竞争中立于不败之地，应该树立正确的营销观念，并采用适当的营销策略。当然，要做好酒店营销工作，首先要理解现代酒店营销的内涵及工作任务。

一、酒店营销的概念

酒店营销指酒店为满足客人的需求并实现酒店经营目标而开展的一系列有计划、有步骤、有组织的活动。它和推销不同，首先要研究目标客人的需求，根据需求调整酒店的经营内容，设计产品和服务，并通过相关的促销活动向客人宣传酒店的产品和服务，吸引客人购买，最终使酒店获得收入和利润，实现经营目标。而单纯的推销仅仅是研究如何通过公关、广告、宣传等手段，增加现有产品的销量。因此，推销仅仅是营销活动的其中一个环节。

相关链接

四季酒店如何利用社交媒体进行营销

社会化营销正在改变着很多行业的营销策略和手段，尤其对于旅游酒店等服务行业而言，用户对于服务有了更多的发言权，可以通过社交媒体的传播和点评来实现。四季酒店从事社交媒体营销的 Felicia Yukich 这样说道："我们相信在大数据时代能胜出的品牌一定是和他的消费者一块创造的。四季酒店一直以消费者为中心的企业文化能让公司迅速适应以消费者为主导的交流体系。"

1. 社会化营销在品牌战略中的地位

四季酒店在社交媒体平台上进行了很多尝试和营销努力。比如，在 Twitter 上的虚拟品酒会；在 Facebook 上及时与粉丝互动对话，充满活力；在 Youtube 发布信息让四季酒店成为重要的搜索关键词。四季酒店集团总裁兼 CEO 泰勒："我们在数字营销上的投入超过了营销总支出的 50%。每家酒店都有一名社交媒体经理。有些酒店不止一名。他们的职责不光是解答客人的投诉，还要与客户交流他们感兴趣的东西。有时在社交媒体上与我们交流的可能就是楼上房间里入住的客人。他们过去直接给前台打电话，现在他们写博客。"

2. 专业团队运营管理社交平台

四季酒店设有一个专门的部门来运营社交平台，管理内容，将内容传达到所有数字传播渠道。目前，四季酒店在主流的社交平台都开设了自己的账户，并投入足够的资源与消费者互动，如 Facebook、Youtube、Twitter、LBS、Tumblr 等。四季酒店抓住社交媒体平台成功的核心——"真实性""参与度"。有专业的部门进行平台运营，管理用户的评分和点评，通过数据分析，提高在线声誉和盈利能力，对于豪华酒店尤为重要。

3. 具有效果的内容策略

四季酒店集团能提供高度定制化服务与它的内容策略是相辅相成的。专业化的运作部门通过内容倾听消费者心声，将其付诸行动，为消费者提供更好的体验。四季酒店社交平台的内容策略分为两个部分，一部分是用户生成内容，另一部分是在线上和线下渠道提供引人入胜的体验，消费者会在不同的活动当中与品牌进行互动。比如，四季酒店集团进行的婚礼专题策划，开设专门的 Twitter 和 Pinterest 账号向消费者提供来自酒店员工的专业建议和在四季酒店举行婚礼的新娘所分享的故事，以互动的方式为消费者提供一体化和专业的体验。Felicia Yukich 说："我们提供的内容是有趣味性和相关性的，这样的互动性给我们带来的回报收益非常明显。最有效的内容是我们的多媒体内容，如在 YouTube，我们的浏览总量达到了 280000，比去年的这个时候的浏览总量提升了 30%，这些多媒体的内容可以让消费者看到我们的产品，更好地理解四季酒店的服务体验。"当然，作为奢侈豪华的四季酒店集团，这一切都离不开它的个性化服务、待人如己的法则和极具创新的品牌文化，并且能够提供完美睡眠，纯正独特的当地体验，让客人能休养生息。继而通过社交媒体讲故事和利用一体化的内容策略与用户进行交流，向消费者传递这种体验，以使其沉浸在品牌体验当中，这才是关键。

资料来源：四季酒店如何利用社交媒体进行营销[EB/OL]. [2014-04-03]. http://www.traveldaily.cn/article/79188.html.

二、酒店营销的内容

酒店营销是一项细致而复杂的工作，主要内容如下。

（一）市场分析

要在竞争中赢得市场份额，首先需要开展市场分析，通过分析酒店所处的宏观环境和微观环境，明确自身优势、劣势、竞争对手情况，避开不利因素，寻找市场机会。

（二）制定市场营销战略

通过市场分析，掌握市场的需求状况，但是不同客人对酒店产品的需求存在差异，一个酒店不可能满足所有客人的需求，酒店应该对客人特征进行市场细分，并根据自身特点和优势，重点选择目标市场，进行市场定位，在目标市场和竞争对手中明确本酒店的地位，树立企业独特形象。

（三）营销方案策划

要实现酒店的营销战略，必须制定具体的营销方案，包括营销费用、营销策略、营销资源的分配，营销费用应与营销目标相适应，合理分配营销资源，将各种营销策略有效组合，并制定具体实施的内容和步骤。

（四）实施营销方案

营销方案经相关部门审批后，进入具体实施阶段。营销方案的主要内容包括确定具体营销对象，开拓销售渠道，策划各种宣传活动，传递酒店产品信息，协调内外关系，树立酒店形象，联系、拜访目标客户，签署合作协议或销售合同，并建立客户档案。

（五）市场营销控制

在营销方案的实施过程中，会因许多意外因素而导致营销方案未能按正常计划实施，所以整个过程需要进行市场营销控制，从而矫正或弥补行动偏差。控制的手段包括月度计划控制、年度计划控制、战略控制等。

三、酒店营销环境分析

酒店的营销环境一般可分为两种：一种是酒店营销宏观环境，主要包括人口、政治、经济、文化、技术、自然环境等，宏观环境会对酒店的经营活动产生普遍影响；另一种是微观环境，与酒店经营紧密相关，主要包括酒店自身情况、客人、供应商、销售代理商、竞争对手等。

（一）酒店宏观环境

1. 政治环境

政治环境指一个国家或地区的政府机构、政治集团、政治制度、政治形式、方针政策、法律制度等。政治环境会影响酒店的建立与经营活动，如土地配置、政策优惠、星级评定、税收、环境保护等。酒店应该分析、把握当地的政治环境，熟悉政府机构的办事程序，为企业经营争取有利的条件和机会，提高酒店的经营业绩。

2. 人口环境

人口环境是酒店营销需要研究的基本信息，包括酒店所在区域的人口分布、性别结构、年龄结构、职业构成、受教育程度等。关注人口环境可以为酒店制定营销策略、员工招聘等提供相关信息。

3. 经济环境

经济环境是影响酒店营销最重要、最基本的因素，包括人均国民生产总值、人均可支配收入、消费水平与消费结构、通货膨胀等经济指标，其中客人的可支配收入情况会直接影响其购买力的大小。除本地区的经济环境分析外，酒店还应重点研究客源地、客源国的经济环境。

4. 技术环境

技术环境是指一个国家或地区的技术水平、科技政策、新产品的开发与应用水平等。新技术的运用可提高酒店的营销能力，如网络预订能为旅游者提供便捷的网上预订服务。同时，新技术、新设施在酒店的应用，可成为吸引客人的重要因素，提高酒店竞争力，如视频会议系统、建筑智能化等。

5. 社会文化环境

社会文化环境指一个国家或地区的文化传统、民族特征、风俗习惯、教育水平、价值观、宗教信仰等，会对居民的消费偏好和消费行为产生深远影响。酒店营销人员应该注意分析不同社会文化背景客人的特点，以便开展有针对性的营销宣传活动。

（二）微观环境

1. 酒店自身情况

酒店营销首先要重视对自身情况的认识与分析，从而寻找对应的客源市场。销售部需要加强与高层管理部门、财务部、采购部、前厅部、客房部、餐饮部等相关部门的沟通，密切合作，为客人提供满意的产品与服务。

2. 客人

酒店营销的最终目的是让客人购买酒店的产品与服务，所以要认真研究客人的需求特征，根据本酒店的实际情况制定相应的营销策略。

3. 供应商

供应商向酒店提供所需的各种原材料和物资，酒店与供应商的关系非常重要。供应商的供货能力、供应价格、商品质量等因素会直接影响酒店的产品供应，从而对酒店营销产生重要影响。

4. 销售代理商

酒店销售代理商的作用是帮助酒店分销产品和服务，是酒店与最终消费者的中间人，主要有旅行社、网络公司、旅游公司等代理商。酒店借助销售代理商分销产品可以扩大销售渠道，减少自己独立营销在成本上的投入，降低经营风险。因此，酒店应该不断开辟新的销售渠道，选择有实力、可靠的销售代理商，维持双方良好的合作关系。

5. 竞争对手

酒店的竞争对手主要指在一定区域内，与本酒店拥有相同的客源市场，提供相似的产品与服务的那类酒店。酒店应该认真分析竞争对手的数量、规模、竞争手段与策略，对比自身与对手的优势、劣势，才能在竞争中取得胜利。

6. 市场

随着宏观环境的变化，市场需求也会发生变化。酒店要密切注意市场变化和动向，及时调整产品组合、价格、销售渠道，以适应市场变化。

四、酒店市场细分

（一）酒店市场细分的概念

酒店市场细分是指酒店经营者将错综复杂的酒店异质市场分割成若干个同质市场，以确定目标市场，有效分配和利用有限的资源，进行各种营销活动。市场细分有利于酒店了解消费者的需求，发现市场机会，制定有效的营销策略。

（二）酒店市场细分的方法

酒店经营者可以通过许多因素对酒店市场进行细分，主要的市场细分方法有地理细分法、人口细分法、消费者心理细分法、消费行为细分法。

1. 地理细分法

地理细分法是指根据不同地理区域将酒店市场划分为若干细分市场，对研究不同地区消费者的需求特点、需求数量和变化趋势具有一定价值。它可以根据旅游者的流动方向和流量，将旅游市场细分为一级市场和二级市场，也可以根据客源国的距离将旅游市场细分为近程市场和远程市场。酒店营销的方向是保持一级市场和近程市场的稳定，有步骤地开发二级市场和远程市场。

2. 人口细分法

人口细分法是根据消费者的年龄、性别、职业、家庭、婚姻状况、收入、文化程度、民族等因素，划分不同的细分市场。例如，根据消费者的年龄，可以划分为老年市场、中年市场、青年市场、儿童市场，他们的消费方式和消费能力随年龄变化发生变化。老年人喜欢安静，时间宽裕，没有工作压力，是酒店在淡季的重要客源。中年市场的消费水平高，但停留时间短。青年人寻求刺激、新颖的产品，消费能力不高，但潜力大。儿童市场更倾向新奇、趣味的产品，对成年人依赖大，又能带动成年人消费。又如，男性和女性在购买酒店产品和服务时也会呈现不同的特征。总之，对人口市场进行细分，了解客人的不同特征，并建立客户档案，对于酒店营销有着重要意义。

3. 消费者心理细分法

消费者心理细分法是根据消费者的生活方式、性格、兴趣爱好、动机、价值观等心理因素，对旅游市场进行细分。

4. 消费行为细分法

消费行为细分法是指根据消费者的旅游偏好、购买动机、购买行为、购买频率等特征进行的市场细分。以购买频率为例，将客人分为不经常使用、中等使用频率和经常使用。对于不经常使用的客人，酒店应给予更多的指导和帮助，使客人尽快熟悉酒店的各项产品和服务。而使用频率中等和经常使用的客人，酒店应掌握其消费特点，有针对性地提供服务，还应该特别重视对于常客的服务。

(三) 目标市场的选择

目标市场是企业计划进入的市场领域。酒店应根据自身的条件和优势选择目标市场，围绕消费者需求，从经济角度对细分市场进行评价和取舍，选择重点细分市场开展营销工作。

五、酒店市场定位

(一) 市场定位的概念

市场定位是指酒店为使自己的产品和服务在目标市场客户群中树立与众不同的鲜明形象而开展的各种决策和营销活动。

(二) 市场定位的意义

市场定位可以明确企业所处的位置和面对的客户，生产适应市场需求的产品，开展有针对性的营销活动，建立独特形象，获得消费者的认同，在激烈的竞争中占据优势。

（三）市场定位的步骤

1. 明确竞争对手

酒店竞争对手的产品与本酒店相同或相似，是本酒店产品的替代者，应通过各种渠道了解竞争对手的情况，分析其产品类型、质量、服务、特色、价格，本酒店产品的优势与不足。

2. 确立产品特色，树立市场形象

通过对目标市场的选择和竞争对手的研究，酒店应结合自身情况，挖掘优势，评估和选择最适合的项目，初步确定酒店在目标市场中的位置，打造产品特色，树立市场形象，赢得消费者的认同。

3. 巩固市场形象

由于竞争对手众多，容易影响消费者对酒店的认知和选择。因此，一方面为客人提供标准化、个性化的服务，让客人深刻感知酒店的服务理念和文化；另一方面，通过市场宣传和各种公关活动，巩固酒店的市场形象。

工作任务二　酒店营销组合策略

酒店营销组合策略是指酒店为获得最佳经济效益，对酒店的产品(Product)、价格(Price)、营销渠道(Place)、促销策略(Promotion)，即4P因素进行组合，使其相互配合，发挥综合性优势的整体营销策略。营销组合是制定酒店市场营销战略的重要基础。酒店应认真研究、分析这四种策略，并使其有机结合，发挥最大功效。

一、产品策略

酒店产品是满足客人需要的核心内容，品质优良、质量上乘的产品才能被市场认可，因此产品策略是酒店营销组合中最基本、最关键的策略。

（一）产品组合

客人需要的产品由酒店多个部门共同提供，并且不同客人的产品需求又存在差异，因此酒店需要提供不同的产品组合供客人选择。一般可以从产品的广度、长度、深度、密度四个方面入手。

1. 产品组合的广度

广度指酒店的产品生产线，即酒店经营的分类产品数量。例如，酒店可以提供餐饮、客房、娱乐等多项产品和服务，产品组合的广度较宽。

2. 产品组合的长度

长度指酒店产品生产线中不同服务项目的数量。例如，餐厅有四种类型，娱乐服务中又包含健身房、KTV、网球场、游泳池、水疗等多个项目。酒店除已有的服务项目外，可以根据客人需要的变化和竞争情况开设新的服务项目，从而增加产品组合的长度。

3. 产品组合的深度

深度指每一项服务项目中能提供多少相关服务内容。例如，健身房中有跑步机、健身车、踏步机、划船机、哑铃、按摩椅等多种健身器材。

4. 产品组合的密度

密度指各类产品中各项目之间的使用功能、生产条件、销售渠道或其他方面的关联程度。例如，客房产品的使用功能不同，但从销售渠道方面却存在关联程度。

总之，酒店可以通过调整产品组合的广度、长度、深度、密度，以适应市场的变化，增加酒店产品的竞争力。

（二）整体产品设计

根据现代营销理念的整体产品观念，酒店产品包括核心产品、形式产品、延伸产品三部分。

核心产品是酒店产品的主要构成部分，酒店在产品设计时应抓住不同客人对酒店产品和服务的核心需求，并予以满足。

形式产品是酒店产品的外在表现形式，是一种无形的服务，包括酒店的地理位置、环境、氛围等，这些形式产品可以影响客人的购买决策。例如，圣诞节期间，酒店可以通过圣诞树、圣诞老人、马车等形式产品突出酒店圣诞产品的核心利益，吸引客人购买。

延伸产品是指酒店为客人提供的各种附加利益。例如，为老客户办理会员卡，可以享受折扣房价和赠品，促进购买。

（三）新产品开发

产品的生命周期指产品从进入市场到被市场淘汰，停止生产所经历的时间，分为投入期、成长期、成熟期、衰退期四个阶段。酒店产品也要经历这一变化。所以，应该及时调整产品组合，不断开发新产品，以适应客人需求的变化。

对于新产品的开发，主要有三种类型：①全新产品，酒店可以通过一些新技术、新材料配置新产品，如客房 VOD 视频点播系统、高速网络宽带、视频会议；②改进产品，对现有产品在性能、形式、结构、规格等方面进行改良，如餐厅创新菜式、主题客房等；③仿制产品，酒店可以模仿市场中已有的其他产品进行仿效，如学习其他酒店已推出的个性化特色服务。总之，只有不断开发新产品，才能满足日新月异的变化，跟上酒店市场发展的脚步。

二、价格策略

价格对消费者选择酒店有重要影响，是营销组合中十分敏感的因素。价格策略是否适当，会直接影响酒店产品的销量和利润。

（一）酒店定价的方法

1. 以成本为中心的定价法

它是以酒店经营成本为基础制定产品价格的方法。产品成本加利润就是产品的价格，以保证企业回收成本，但却忽视市场需求和竞争因素，完全从企业角度出发考虑问题。

2. 以需求为中心的定价法

以需求为中心的定价法是从市场角度出发，根据客人对商品的需求和价值认同程度定价。

3. 以竞争为中心的定价法

如果酒店行业竞争异常激烈，特别是在一定区域范围内，酒店在定价时就会重点考虑竞争因素，形成以竞争为中心的定价法。

（二）影响酒店产品定价的因素

1. 成本

酒店生产和销售产品需要支出一定的成本，一般情况下，产品定价不应低于成本。

2. 市场

市场因素主要包括需求和竞争状况，如果产品价格偏高，需求就会减少，反之需求增加。在竞争激烈时，酒店为争取更多的客源会降低价格，反之竞争对手较少，酒店的产品在市场上优势明显，可以提高定价。

3. 酒店产品质量

一般情况下，酒店产品质量与定价成正比，质量好，则定价高。例如，许多知名酒店，将其产品定位于高端奢华，其价格不菲。另外，产品的生命周期、品牌、知名度都会影响定价。

4. 营销目标

酒店在不同时期有着不同的营销目标。例如，刚进入某一地区，为打开市场、扩大知名度，往往会调整产品价格。因此，不同的营销目标会影响酒店产品的定价。

5. 政策因素

国家对一些产品规定了最高限价或最低保护价，酒店产品的价格应服从国家政策，在其规定范围内再根据具体情况进行浮动定价。

6. 通货膨胀

如果酒店所在区域出现通货膨胀，其各项成本都会受到影响而上扬，酒店为避免亏损而不得不提高产品价格。

（三）定价策略

酒店业常用的定价策略如下。

1. 新产品价格策略

（1）撇脂定价法。产品高价进入市场，迅速收回投资，待其他竞争者进入时，通过降价限制对手进入，这种定价法要求酒店产品相当优质，或具有独特性。

(2) 渗透定价法。产品以低价进入市场,薄利多销。一般在买方市场,新进入酒店通常采用此方法。

(3) 满意定价法。兼具撇脂定价法和渗透定价法的特点,选取适中价格,既能使酒店获利,又能令客人满意。

2. 心理定价策略

(1) 尾数定价策略。酒店产品价格以零头数结尾,让客人产生低价印象,一般适用于低档产品定价。

(2) 整数定价策略。酒店产品价格为整数,多适用于价值高、质量好的产品。

(3) 分等定价策略。根据酒店产品的质量、价值等情况,将它们分为不同的档次价位,以体现差异。

(4) 吉数定价策略。根据人们对数字的喜爱和禁忌所采用的一种定价策略,如以6、8、9等数字作为产品的价格。

(5) 声望定价策略:对于质量高,在消费者心目中有一定声望的产品制定高价。例如,总统套房价格,入住客人往往不在乎价格,而在意产品能否显示其身份和地位。

3. 折扣定价策略

(1) 即期折扣策略指客人在购买酒店产品时立刻获得优惠,主要有:①数量折扣,规定一定的消费额,达到或累积达到则给予折扣;②现金折扣,主要针对批发商或提前支付账单的客人所采取的优惠;③季节折扣,根据客人购买酒店产品的时间确定是否给予优惠,如在淡季,酒店可以通过折扣优惠吸引消费者;④功能折扣,根据客人的身份或产品的功能确定折扣,如酒店给予旅行社、网络公司、散客的价格存在较大差异;⑤整体折扣,将酒店的部分产品组合成一个整体,客人整体购买时可以享受较多优惠。

(2) 延期折扣策略。延期折扣策略指客人在购买酒店产品时获得的优惠在第二次购买时或以后的特定时间才能使用。例如,客人购买酒店产品后可获得优惠券,在下次购买时可得到优惠。又如,向在酒店举办婚宴的客人赠送周年纪念消费券。

当然,酒店在实施价格策略时要注意严格控制,防止以虚假价格进行营销,使酒店名誉受损,同时也要避免实施恶性价格竞争,使酒店利益受损。

三、营销渠道策略

营销渠道又称分销渠道,指酒店在营销时通过何种途径和手段销售产品和服务。

(一) 营销渠道的种类

酒店的营销渠道主要有直接营销渠道和间接营销渠道。直接营销渠道指酒店直接向客人出售产品,如客人直接到酒店预订或入住,客人直接到酒店订餐、用餐。间接营销渠道指酒店通过中间商来组织客源。酒店营销的中间商主要有旅行社、酒店代理商、网络公司、交通运输部门等。

（二）酒店选择营销渠道的考虑因素

1. 产品因素

产品因素主要是产品的质量，高价优质的产品往往被少数富有者重复购买，因此，营销此类产品宜采用直接营销渠道或窄短营销渠道。反之，大众化的产品由于购买对象多、分布广，应采用宽长的营销渠道。如果是新产品，宜采用直接营销渠道，能省去与中间商接洽的精力。

2. 酒店自身因素

酒店自身因素主要考虑酒店的经济实力和营销管理能力。如果酒店资金实力雄厚，可以组建自己的营销团队，也可以花较多佣金吸引更多、更好的中间商。如果酒店营销能力较强，可以用自己的营销队伍开拓市场。反之，则需要借助中间商营销。

3. 营销对象

营销对象的人数、分布、购买习惯等都会影响营销渠道的选择。如果营销对象人数多、分布广，可通过中间商营销，如网络公司。

（三）营销渠道的发展趋势

随着酒店业竞争的加剧，单一的营销手段无法满足企业发展的需要。因此，通过联合营销，组建全国乃至世界性的营销网络，通过特许经营权、签订经营管理合同、组建共同体，拓展营销渠道的长度、宽度，可以最大限度地接近目标客户。

除实现网上预订和网上交易外，酒店还可以与旅行社、航空公司、景区等共建营销网站，实现资源共享。另外，时下流行的分时度假也带动了酒店营销方式的革新。

四、促销策略

促销策略是指酒店采用不同的促销手段将产品信息传递给消费者，广泛组织客源，促进购买。酒店常用的促销策略如下。

（一）广告

广告是酒店支付一定的费用，通过媒体制作、发布相关的产品信息，引起消费者注意，说服消费者购买，提升酒店的知名度和影响力，以达到促销目的的一种广告形式，如电视广告、招牌广告。

（二）公共关系

公共关系指酒店通过协调各方关系，与公众沟通，树立酒店良好形象来提高知名度，为酒店开展营销活动创造良好的外部环境而进行的一系列日常性或专题性活动，如新闻发布会、大型庆典活动、酬宾活动、服务性活动、广告活动、礼仪活动。

（三）营业推广

营业推广的主要内容有产品展销、赠送样品、现场展示等多种方式，目的是促使消费者产生强烈的购买欲望，诱导消费者购买某一特定产品。营业推广一般适用于短期营销，对于建立长期品牌效应而言并不理想。

(四) 人员促销

人员促销是指酒店通过人际交往的方式向客人介绍酒店产品，增进客人对产品的了解、喜爱，并最终购买。例如，走访中间商、代理商、机关事业单位、企业、散客等。该方式有利于培养稳定的交易关系，效果较好，但成本偏高。

工作任务三　酒店营销新理念

随着酒店业的发展和竞争环境的变化，营销理念也在不断创新。例如，绿色营销、主题营销、网络营销、分时营销等。

一、绿色营销

目前，许多国家和地区将生态与环境可持续发展放在越来越重要的位置，因此营销学领域也出现了绿色营销的新概念。

(一) 绿色营销的含义

绿色营销指酒店将可持续发展思想作为经营理念，从环保、合理利用资源的角度出发，通过生产绿色产品、变废为宝等措施，以满足客人绿色消费为中心的一种营销活动。

(二) 绿色营销的实施步骤

1. 树立绿色形象

酒店在实施绿色营销时，首先要树立绿色形象，主要包括绿色经营形象、绿色产品形象、绿色服务形象、绿色员工形象等。按 ISO 14001 进行生产经营，力争通过 ISO 14001 国际质量认证，进一步提升酒店良好的绿色形象。

2. 培养绿色理念

酒店每天都会倒掉大量食物；更换大批尚未使用完的牙膏、香皂、洗发水、沐浴露；水、电空耗等。因此，培养管理者和员工的绿色观念，树立节能、环保意识，进行宣传，带动客人参与，才能进一步推进绿色理念。

3. 生产绿色产品

酒店的绿色产品主要包括绿色客房、绿色餐厅、绿色服务三类。产品的设计和开发应重视节省原料和能源，容易回收分解，低污染或没有污染，有利于消费者健康。

(1) 绿色客房。一方面，建筑材料、装饰装修、家具设备、布草等均采用环保、低耗能材料。例如，使用无氟冰箱、棉质洗衣袋。另一方面，节约客房能耗。例如，将一次性小瓶装洗发水和沐浴露改成壁挂式大瓶盛装，供客人取用。在满足清洁卫生和客人要求的前提下，适当减少床单、被套的更换次数。使用房卡总控电源开关，以便客人离开房间时及时切断电源。

(2) 绿色餐厅。绿色餐厅的主要任务是为客人制作环保、安全、新鲜、优质的绿色食品。选取远离化肥、农药、激素饲料的原材料，不用珍稀动植物作原料，在烹饪过程中不使用化学添加剂，干净、卫生。

(3) 绿色服务。绿色服务指既满足客人的正常需求，也要在服务中将绿色理念传递给客人。酒店绿色产品的推广离不开客人的绿色消费，因此绿色服务至关重要。例如，倡导客人节约使用客房消耗品，不浪费粮食。为吸烟客人设置吸烟区、吸烟楼层。总之，将绿色理念贯穿到整个服务之中，只有客人主动参与，才能进一步推进绿色行动。

4. 推广绿色宣传

绿色宣传一方面是将酒店的绿色环保理念融入广告活动中，如酒店推出的绿色客房、绿色餐饮的特点和优越性。另一方面，积极进行绿色公关，参加重大的环保活动，与环保机构、环保人士保持经常的沟通与联系，表彰、奖励酒店的优秀绿色员工，通过新闻媒体宣传酒店的绿色行动等。

相关链接

喜达屋宣布旗下全球所有酒店禁售鱼翅

康涅狄格州斯坦福德市2014年4月11日电(美通社)——喜达屋酒店与度假村国际集团(NYSE: HOT)今日宣布，自2014年7月起，旗下近1200家酒店共1300间餐厅将不再采购鱼翅，以推进集团可持续发展的目标。集团承诺将于年底前在其全球范围内的所有餐饮场所全面停售鱼翅。喜达屋是第一家如此立场坚定地做出此种承诺的全球酒店运营商。

喜达屋总裁兼首席执行官陈盛福(Frits van Paasschen)表示："在喜达屋，我们相信经济发展与社会繁荣离不开环境的健康，其中世界海洋及其生物的健康亦尤为重要。我们在全球范围内禁售鱼翅是一个至关重要的环保举措，有助于实现海洋保护这一共同目标。喜达屋旗下酒店遍布全球，拥有得天独厚的条件去影响全球客人，倡导我们与星球万籁共生共荣。"

"这真是个极大的喜讯，也是企业领导力在维护海洋健康方面的典范之举，"保护国际基金会(自2009年起一直是喜达屋的全球合作伙伴)首席执行官、会长兼联合创始人Peter Seligmann说道，"鲨鱼处于食物链的顶端，在维护健康海洋生态系统方面扮演重要的角色，而海洋生态系统又直接支撑着我们的渔业、经济、文化发展和生命健康。喜达屋旗下的所有酒店均禁售鱼翅，正是向世人传递一个强有力的信号：企业可以成为积极的变革推动者，共同致力于合理使用地球自然资源的伟大事业。"

地球鲨鱼生存正面临严峻危机。每年近亿头鲨鱼丧生于非法捕杀和偷猎，成为亚洲许多传统奢侈菜肴的食材，尤其常见于婚宴之中。部分品种的鲨鱼数量在最近几十年中锐减了90%～99%。

自2012年首次从公共菜单中取消鱼翅以来，喜达屋与酒店业主及合作伙伴共同努力，开始全面禁售鱼翅，在过去两年内的鱼翅总采购量已减少了79%。

除禁止采购和消费鱼翅外，喜达屋还在全球酒店菜单上取消了鲸鱼和海龟。停止在集团餐饮场所供应濒危海鲜品种是喜达屋可持续餐饮政策的重要举措之一。2012 年，喜达屋启动了“畅食本地，放眼全球”计划，为全球喜达屋酒店进行可持续餐饮采购、生产、消费和处理提供了一系列指导方案。

“作为全球首屈一指的酒店集团，喜达屋承诺将减少每个业务环节对环境的影响，包括厨房食品供应，这反过来也会带动客人的可持续发展行为。”喜达屋首席行政官兼法律总顾问 Ken Siegel 说道，“我们不断寻找改进经营方式的良方，以实现集团对于可持续餐饮、海洋保育和可持续社区的承诺，并且相信，禁售鱼翅或其他濒危物种这样的举措会让我们离目标更进一步。”

资料来源：美通社. 喜达屋宣布旗下全球所有酒店禁售鱼翅[EB/OL]. [2014-04-11]. http://biz.xinmin.cn/2014/04/11/24023556.html.

二、主题营销

（一）主题营销的本质

主题营销指酒店根据自身特色、消费时尚、时令季节、地域环境、热点事件等因素，赋予营销活动某一主题，吸引广大消费者购买酒店产品。主题营销应强调差异化与个性化，并且往往具有一定的文化内涵，给客人物质与精神的双重满足。主题营销宣传的内容可分三种：①主题酒店本身从经营管理、建筑设计等各方面都围绕某一主题；②主题产品，指酒店根据市场情况设计的主题产品，如主题客房、主题餐厅；③主题活动，指酒店根据某一时期的消费趋势而设计的主题活动引导消费。

（二）主题营销的类型

1. 历史文化型

酒店可以根据当地的历史文化，结合目标客户的文化背景，进行主题营销。例如，唐代主题文化、清代主题文化等。

2. 民俗地域型

不同国家、地区、民族有着不同的地方特色与民俗文化，酒店可以将其作为主题进行营销。例如，非洲撒哈拉沙漠文化、地中海主题、我国东北的冰雪主题、云南少数民族民俗文化等。

3. 艺术特色型

艺术领域的文学作品、音乐、电影、建筑、美术都可以作为艺术特色型营销主题。例如，以鲁迅作品为原型的绍兴“咸亨酒店”，以电影《美国丽人》为背景的 Madonna Inn 的美国丽人玫瑰房，以西游记、红楼梦为主题的餐饮宴会。

4. 回归自然型

城市一族厌倦了都市生活，在闲暇之余渴望回归自然，许多以农家乐为主题的酒店应运而生，在餐饮方面体现得尤为明显，如酒店推出捕鱼、钓虾的娱乐项目，并烹制客人亲手捕获的战利品，还有诸如吃野菜、摘水果都成为酒店回归自然营销的主题。

5. 运动休闲型

许多酒店也利用体育运动、休闲文化作为营销的主题。例如，高尔夫主题酒店、滑雪主题酒店、温泉主题酒店，这些活动成为吸引客人的重点。

三、网络营销

网络营销是指酒店以互联网为宣传手段进行的营销。网络营销具有全球性、互动性、虚拟性、经济性等特点。

网络营销的方式有网络广告宣传、网络预订、酒店联合营销等。

四、分时营销

（一）分时营销

分时营销(time share markting)是指酒店将客房的使用权分时段出售给客人，这些客人共同拥有、分时使用客房，并且可以通过分时交换系统与其他客人交换该系统中其他酒店客房的使用权。

（二）分时营销的特点

1. 降低住宿成本

与其他酒店产品相比，分时营销提高了酒店客房的出租率，最大限度地利用空间、分摊费用，满足客人到不同地方旅行的住宿需求。

2. 使用方式灵活

分时营销给客人提供了选择的空间，可以较灵活地选择旅行住宿的地点和住宿的时间长短，分多次使用分时产品。

（三）分时营销的运作关系

典型的分时营销包含了四个主体，分别是酒店、客人、销售代理商、交换公司，各主体相互联系，形成分时营销的运作关系。

(1) 酒店与客人：酒店直接将分时产品销售给客人，双方形成买卖关系，通过销售合同明确各自的权利与义务。

(2) 酒店与交换公司：酒店将自己的分时产品加入到交换公司的交换系统中，双方是一种加盟关系，酒店向分时公司支付加盟费用。

(3) 酒店与销售代理商：酒店委托销售代理商销售分时产品，双方形成委托代理关系。

(4) 客人与交换公司：客人通过交换公司的网络交换系统实现分时交换，向公司支付一定的费用，属于服务产品的消费者与提供者关系。

(5) 客人与销售代理商：客人向销售代理商购买酒店的分时产品，双方形成买卖关系。

(6) 客人之间：客人与客人之间通过交换系统形成商业交换关系，交换系统作为中介机构使客人之间相互联系，共享分时产品。

工作任务四 酒店公关营销实务

一、公关营销部概述

公关与营销在酒店业务中具有举足轻重的作用。根据酒店规模、业务等差异，有的酒店设置公关部和销售部两个部门，有的酒店合并设置公关营销部。本书采用合并设置方式进行阐述。

(一) 公关营销部的职责

(1) 结合酒店发展战略，制定酒店公关营销工作规章制度。
(2) 根据酒店经营目标和市场环境，制定并实施各类营销方案。
(3) 组建销售队伍。
(4) 建立、扩展客户渠道，维持客户关系。
(5) 开展市场调研，掌握市场动态、客户和竞争对手情况。
(6) 根据销售目标，开展各类公关营销活动，负责客户订单。

(二) 公关营销部的岗位设置

通常，公关营销部设公关营销总监，下设公关经理和销售经理，并根据需要设置相应的主管、领班岗位。公关处一般设有市场调研员、公关专员、广告策划员、美工。销售处设有旅行社销售专员、会议销售专员、商务销售专员、长包房销售专员、宴会销售专员、预订员。部分酒店根据自身情况将预订业务划归前厅部管理，本书在项目三中已有介绍，此处不再详述。

二、公关营销部的业务流程

(一) 公关处业务流程

公关处具体业务有：制订市场计划，安排促销活动，策划公关广告，组织新闻发布会，制作和发放宣传材料，处理公关突发事件，负责联络媒体和政府。

下面以策划公关广告为例，进行流程介绍。

1. 起草广告策划方案

(1) 公关处根据酒店的经营计划和目标起草广告策划方案，内容包括市场调查与预测、广告计划、选择媒体和费用预算。
(2) 报公关营销总监审批。
(3) 审批通过后，组织实施广告策划方案。

2. 实施广告策划方案

(1) 公关处组织市场调查员和广告策划员开展市场调查,内容包括酒店营销环境、产品服务、消费者、竞争对手及其宣传方式。

(2) 根据调查结果,确定广告创意,并交广告公司设计制作。

(3) 设计经公关营销总监和总经理审批后正式制作。

(4) 联系相关媒体,落实发布。

3. 广告效果评价

(1) 广告发布后,广告策划专员对广告效果进行评价。

(2) 经验总结。

(二) 销售处业务流程

销售处具体业务有:实地拜访客户,引导客户参观酒店并介绍,宴会客户销售,会议客户销售,旅行社客户销售,长包房客户销售,商务客户销售,网络公司销售与合作,签订销售合同,跟进销售订单。

下面以宴会客户销售业务流程为例进行介绍。

1. 制订宴会销售计划

(1) 宴会销售主管根据公关营销部计划,制订宴会销售计划,并报本部门审批。

(2) 宴会销售专员根据已审批的宴会销售计划做好相关工作:确定宴会销售对象,如政府、机关事业单位、大中型企业;收集对象信息,并做好宣传促销工作。

2. 销售洽谈

(1) 销售专员带资料上门洽谈,如果客人愿意到酒店实地查看,则带客人参观。

(2) 如果客户有预订意向,应详细确认宴会日期、时间、规模、赴宴人数、菜单、饮料酒水、预算、定金、付款方式、布置装饰、联系人和联系方式等细节。

3. 签订销售合同

(1) 拟定合同,报酒店审批。

(2) 签订合同,备案。

4. 宴会开始前

(1) 宴会销售专员填写宴会通知书,送相关部门。

(2) 宴会开始前数天(酒店规定时间),再次与预订联系人确认。如有变动,立刻以变更单形式通知相关部门。

5. 宴会期间

宴会期间,销售专员随时与联系人保持联络,听取意见,改进工作。

6. 宴会结束

(1) 宴会结束后,向客人了解宴会活动的反馈评价。

(2) 跟进合同,直至客人支付应收账款。

(3) 总结并改进。

教学案例

如家酒店的成功营销

如家酒店集团创立于2002年,旗下拥有如家快捷酒店、和颐酒店两大品牌,始终以客人满意为基础,打造宾至如归的“家”文化服务理念和民族品牌形象。如家酒店集团现已在全国形成了庞大的连锁酒店网络体系,特别是如家快捷酒店品牌,为客人提供标准化、干净、舒适、贴心的经济型酒店产品。请分析如家酒店的营销策略。

点评:

(1) 市场定位准确。国内的豪华星级酒店价格较高,而便宜的旅馆在舒适度、安全感和品牌方面又无法使消费者完全信赖。因此,如家将市场定位在经济、舒适、安全的酒店产品上。摒弃高星级酒店的豪华装修、娱乐设施,如家酒店风格简单,倡导“五星服务,四星大堂,三星品质,二星价格”,吸引了大批的消费者。

(2) 门店扩张迅速。如家的扩张速度超过了国内第一家经济型酒店锦江之星,一开始就通过直营店、特许经营、管理合同和市场联盟四种方式进行扩张。而锦江之星在达到80多家门店时才开始考虑特许加盟。

(3) 主打情感营销。如家在情感营销中,一方面,重视品牌命名,“如家”就是让客人感受到“家”的温暖与舒适,使消费者产生积极的品牌联想。另一方面,情感营销也渗透到服务细节中。例如,卫生间的牙刷、毛巾是两种不同的颜色,使得同时入住的两位客人容易区分,避免混用。

项目小结

人力资源部、财务部、保安部、销售部是酒店的重要职能部门,不直接从事对客接待工作,但其日常工作与接待部门紧密相关,应做好相应的管理、辅助与服务工作,以保障酒店的正常运营。

人力资源是酒店最根本、最重要的资源,酒店人力资源管理讲求“以人为本”的管理原则,凡是涉及人的问题,都是酒店人力资源管理研究的对象。酒店人力资源管理,既包括传统的人事管理,又包括运用各种管理方法对员工潜能的开发与利用。

酒店财务管理就是根据客观经济规律和国家政策,通过对酒店资金的形成、分配、使用、回收过程的管理,利用货币价值形成对酒店经营业务活动进行综合性的管理。掌握基本的财务管理知识对从事酒店管理工作有重要作用。

酒店的安全管理是为保障一切与酒店直接有关的人、财、物的安全而进行的一系列计划、组织、指挥、协调、控制等管理活动,是现代酒店经营管理中至关重要的一部分。掌握酒店消防、治安、紧急情况的应对与处理有重要意义。

酒店营销指酒店为满足客人的需求并实现酒店经营目标而开展的一系列有计划、有步骤、有组织的活动。除销售外,许多对客岗位都可承担一定的酒店产品销售任务。因此,掌握酒店营销基本知识,有利于增加酒店产品销售,提高酒店利润。

复习思考题

一、选择题

1. 酒店进行招聘，确定职位空缺时，提出用人申请的应该是(　　)。

A. 人力资源部　B. 用人部门　C. 酒店领导　D. 以上都不是

2. 酒店内部招聘的主要方法不包括(　　)。

A. 推荐法　B. 借助中介法　C. 布告法　D. 档案法

3. 校园招聘的优势是(　　)。

A. 具有广泛的宣传效果

B. 能招聘到具备丰富的社会经验和工作经验的员工

C. 具有时间上的灵活性

D. 能够找到相当数量的具有较高素质的合格申请者

4. 在应聘人员较多的情况下，为在短时间内筛选一部分人员，最好采用(　　)。

A. 面试　B. 笔试　C. 情景模拟　D. 心理测试

5. 企业与政府之间的财务关系体现在(　　)。

A. 债权债务关系　B. 强制和无偿的分配关系

C. 资金结算关系　D. 风险收益对等关系

6. 下列属于酒店的营业费的是(　　)。

A. 广告费　B. 失业保险费　C. 汇兑损失　D. 职工教育经费

7. 利润分配的基本原则不包括(　　)。

A. 依法分配原则　B. 资本保全原则

C. 兼顾政府利益原则　D. 多方及长短期利益兼顾原则

8. 一般认为，流动比率保持在(　　)以上时，资金的流动性较好。

A. 100%　B. 200%　C. 50%　D. 300%

二、问答题

1. 简述酒店人力资源管理的内容。

2. 探讨酒店员工离职的主要原因。结合所学知识和实际经历，请谈谈如何降低员工流失率？

3. 酒店如何加强对客房成本的控制？

4. 酒店安全管理的基本原则是什么？

5. 酒店发生火灾的主要原因有哪些？

6. 酒店客房治安管理主要涉及哪些工作？

三、案例分析题

1. 三亚一五星级酒店2016年总营业收入7829.20万元，经营毛利134.99万元，净利润−364.74万元，平均入住率69.95%，平均房价455.28元/间。酒店管理方针对收入利润问题，进行了深入分析，认为导致该酒店2016年亏损的主要原因如下。

(1) 三亚湾市场高星级酒店竞争激烈，直接竞争对手铂尔曼、喜来登酒店价格体系同比去年有所下降。为获得本酒店应有的市场占有率和市场份额，致使本酒店的价格体系未能按预算要求执行。

(2) 受国家政策影响(三亚作为滨海城市，整体会议接待量对比去年有所下降)，本酒店2016年全年会议接待数量为58个，略超去年，但由于大型会议的减少，整体会议收入与去年持平，未完成预算应有的增长幅度。

(3) 11月底，因配合政府对海边围墙进行拆除，多功能泳池已停止营运，部分在店客人的投诉影响相关渠道商推广本酒店的信心，同时由于户外场地的施工影响3个会议团的确认(约96万元)。

(4) 酒店业主方在12月强行终止了与某旅行社的包房协议，导致酒店与旅行社产生纠纷，酒店同时也无法在短时间内完成相关渠道的搭建。

如果你是该酒店的总经理，请问该如何提升酒店收入和减少亏损?

2. 一天，某药业集团正在酒店开会，由于是全年营销会议，所以云集了全国各地的分销商，宴宾楼开元厅作为本次会议的主会场，在离开会还有一段时间时，一些到会客人便在会议走廊上聊天吸烟，随着开会时间的临近，客人开始陆续走进会场。突然电梯旁边的垃圾桶冒出了浓烟，此时正好几位客人也看到了，都非常紧张；消控中心人员发现了信号报警，立即告之外围保安前去处理，停车场保安滕翔在接到通知后火速拿着灭火器来到起火的垃圾桶旁将其扑灭，并向客人做好解释和说明；后查看监控录像发现是客人将未熄灭的烟头扔进了垃圾桶内引起的。这次事情发生以后，保安部开始积极寻找解决类似问题的办法，最后经讨论决定，将垃圾桶上的白色石子改用石英砂，主要是给客人提供放烟蒂的场所，并要求公共区域清洁员在清洁垃圾时要在垃圾袋里放一定量的水，即使是客人将未熄灭的烟头扔进了垃圾桶里也不会引燃里面的物品。请谈一谈此案例带来的启示。

3. 盛夏中的一天，小刘像往常一样在酒店泳池边巡检。此时已经是23:30了，就在这时来了三位客人，其中有一位抱着小孩。看到客人到来，小刘首先向他们问好，并向他们介绍了游泳池的相关情况，其中一位很快就换好衣服下水游泳了。还有一位中年客人抱着小孩在泳池边边看边玩耍。过了一会儿，泳池里的客人走上池边回到更衣室里，这时，旁边的那位中年客人依然在和小孩玩耍。突然，中年客人的脚在泳池边滑了一下，身体迅速摇摆起来，加上抱着小孩，很快就失去了重心，只听“扑通”一声，大人和小孩一起掉进了水里。大人一边挣扎一边喝着水，却无法叫出声来，而那个小孩更是一点反应都没有。听见有人落水的声音，小刘一个箭步跃起跳进水中，先把小孩托起捞了起来，然后又迅速回来将大人扶起。此时，孩子在不停地哭着，大人在不停地咳嗽、打嗝。凭着经验，小刘判断孩子没什么事，只是受了惊吓，然后转向大人，安慰了他一会儿，让他做了几个深呼吸，看反应还正常，小刘这才松了一口气！这时，另一位客人从更衣室里换好衣服出来了，看见同伴特别是小孩此时此景，赶忙跑了过来，问这问那，在确认没有问题后，将目光转向一身湿漉漉的小刘，激动地握住了小刘的手，不停地说着“谢谢，谢谢”！请谈一谈此案例带来的启示。

4. 美国有一家旅馆，名叫西尔维亚·奇，规模很小，只有20间客房，其布置和摆设与众不同，每间房的设计都以一位世界著名作家为主题。客人可以通过房间的布置和摆设联想到不同作家名作中的经典场景和情节，从而引起一连串遐想。这家旅馆吸引了众多爱好读书的客人，生意十分兴隆。请分析旅馆成功的原因。

参考文献

[1] 邓峻枫.国际酒店集团管理[M].广州：广东旅游出版社，2006.

[2] 全国旅游星级酒店评定委员会办公室.星级酒店经典服务案例及点评[M].北京：中国旅游出版社，2008.

[3] 张翠菊.餐饮服务与管理[M].北京：化学工业出版社，2009.

[4] 刘哲.康乐服务与管理[M].北京：旅游教育出版社，2009.

[5] 陈志学.酒店服务质量管理与案例分析[M].北京：中国旅游出版社，2006.

[6] 郑向敏.酒店安全控制与管理[M].重庆：重庆大学出版社，2009.

[7] 曹艳芬.酒店前厅服务与管理[M].天津：天津大学出版社，2011.

[8] 汝勇健.客房服务与管理实务(修订版)[M].南京：东南大学出版社，2012.

[9] 刘伟.现代酒店前厅运营与管理[M].2版.北京：中国旅游出版社，2009.

[10] 刘伟.现代酒店房务运营与管理[M].2版.北京：中国旅游出版社，2009.

[11] 王宏.酒店服务精细化管理[M].北京：人民邮电出版社，2009.

[12] 刘伟.酒店前厅与客房部运行与管理[M].北京：中国旅游出版社，2016.

[13] 苏枫.酒店管理概论[M].重庆：重庆大学出版社，2008.

[14] 傅生生.酒店管理[M].上海：上海交通大学出版社，2011.

[15] 徐桥猛.现代酒店管理[M].北京：高等教育出版社，2009.

[16] 沈建龙.酒店管理概论[M].西安：西安交通大学出版社，2012.

[17] 周志宏，熊丽娟.酒店概论[M].长沙：湖南大学出版社，2009.

[18] 韩鹏，刘晓芬.酒店服务实训教程[M].北京：旅游教育出版社，2013.

[19] 陈丹红，王蕾.酒店服务技能与实训[M].北京：中国旅游出版社，2016.

[20] 刘慧玉.酒店管理实训教程[M].大连：大连理工大学出版社，2014.

[21] 胡章鸿.餐饮服务与管理实务[M].北京：高等教育出版社，2014.

[22] 闫宏毅.酒店管理实务[M].北京：电子工业出版社，2009.

[23] 黄莉.客房服务与管理[M].长沙：湖南大学出版社，2014.

[24] 杨欣，许培培.酒店服务质量的特点及控制体系[J].商业经济与管理，1992(4)：73-76.

[25] 韩静怡.关于我国酒店人力资源管理的几点思考[J].管理与财富，2009(4)：117-118.

[26] 蒋丽娟.酒店服务质量的重要性[J].中国商界，2007(178)：99-101.

[27] 李洁.酒店人力资源管理的现状及对策[J].经济与管理，2012(34)：173-174.

[28] 高志鑫.浅谈酒店人力资源管理[J].现代物业·现代经济，2012(11)：32-33.

[29] 徐玉琴，杨艳蓉.浅谈酒店人力资源管理[J].企业技术开发，2012(12)：107-108.

[30] 王伟.试论我国酒店人力资源管理[J].北方经贸，2013(3)：155.

[31] 邓军华.新形势下酒店人力资源管理对策研究[J].鸡西大学学报，2012(12)：123-124.

[32] 中国职业餐饮网，http://www.canyin168.com/glyy/yg/ygpx/fwzl/201011/25272_4.html.